Notre-Dame des Valeurs

Retour sur une émotion patrimoniale

Sous la direction de
Nathalie Heinich

Notre-Dame des Valeurs

Retour sur une émotion patrimoniale

puf

Cet ouvrage a bénéficié du soutien du Centre de recherches sur les arts et le langage (CRAL-EHESS/CNRS).

ISBN 978-2-13-086202-4

Dépôt légal – 1re édition : 2024, avril

170 bis, boulevard du Montparnasse, 75014 Paris

À la mémoire de Daniel Fabre

Introduction

Nathalie Heinich

Cet ouvrage collectif a été élaboré dans le cadre de l'atelier « modélisation des valeurs » qui, depuis 2017, expose au regard de différentes disciplines (sociologie, anthropologie, histoire, histoire de l'art, droit, philosophie) le modèle d'analyse axiologique des jugements de valeur proposé dans l'ouvrage *Des valeurs*[1]. Sous la forme de séances mensuelles réunissant dans les locaux du CRAL[2] un petit nombre de participants, cet atelier a consisté à mettre ce modèle à l'épreuve de différents sujets d'actualité librement choisis par les uns et les autres, dans le but de tester ses capacités d'éclairage mais aussi ses éventuelles imperfections[3].

1. Voir Nathalie Heinich, *Des valeurs. Une approche sociologique*, Paris, Gallimard, 2017.

2. Centre de recherche sur les arts et le langage de l'EHESS, que je remercie ici.

3. Que soient remerciés tous ceux qui ont collaboré, régulièrement ou épisodiquement, aux travaux de l'atelier : Verena Aesbischer, Martin Aranguren, Cyril Arnaud, Sarah Benaïm, Franck Beuvier, Hernan Bouvier, Gérald Bronner, Valentine Carneiro, Véronique Champeil-Desplats, Nicole Dyonet, Zinedine Gaid, Alexandre Gefen, Jean-Claude Guerrini, Jacques de La Porte des Vaux, Claudine Leleux, Arnaud Le Pillouer, Quentin Mazel, Eric Millard, Tsolag Paloyan, Raphaël Paour, Alvaro Santana, Nicolas Sarzeaud, Maho Sebiane, Carole Talon-Hugon, Vincent Timsit, Frédéric Vandenberghe, Lionel Zevounou.

À partir de l'année universitaire 2019-2020 (avec une interruption en 2020-2021 due à la pandémie), les travaux de cet atelier se sont concentrés sur les commentaires de l'incendie de Notre-Dame de Paris advenu le 15 avril 2019. Celui-ci en effet avait fait spontanément l'objet de la séance qui l'avait suivi, et la richesse des observations nous avait convaincus de l'intérêt de consacrer la suite de l'atelier à ce thème, tant il s'était révélé riche de potentialités en matière d'analyse axiologique menée à partir de plusieurs disciplines.

Face à cette diversité des disciplines sollicitées, le travail commun a été permis et par l'unicité de l'objet – Notre-Dame de Paris incendiée – et par l'unicité de la méthode – l'analyse axiologique.

*

Pourquoi soumettre à une analyse relativement complexe des jugements de valeur hétérogènes, allant du plus banal au plus excentrique ? C'est que leur profusion ainsi que leur familiarité n'incitent guère à en explorer les raisons. Or l'analyse axiologique part d'une double hypothèse : d'une part, toute expression normative – qu'il s'agisse d'une évaluation ou d'une prescription – répond à une nécessité pour le locuteur ; et d'autre part, cette nécessité n'est pas forcément intelligible, en tout cas directement, à lui-même ainsi qu'à ses destinataires, car elle répond à des impératifs de pertinence, d'adéquation au contexte et de maîtrise de la « grammaire » axiologique qui ne sont explicités nulle part, même s'ils font partie de l'équipement cognitif commun aux membres d'une même culture.

L'analyse axiologique permet de voir se déployer alternativement – et parfois dans un même énoncé – le consensus sur la « valeur » (au premier sens de « grandeur ») accordée à

Notre-Dame et, corrélativement, sur son statut de « valeur » (au deuxième sens de « bien ») ; et les divergences voire les dissensions concernant les « valeurs » (au troisième sens de « principe ») au nom desquelles doivent lui être attribués cette grandeur et ce statut : divergences dont on aurait du mal à comprendre la logique sans le recours à l'analyse typologique en termes de « registres de valeurs », « amplificateurs » et « régimes de qualification », qui permet de résumer de façon intelligible la profusion des jugements[1]. Ainsi le partage par les acteurs d'un équipement axiologique commun mais mis en œuvre de façons différentes révèle sa double fonction : être à la fois ce qui unit, en permettant de se comprendre, et ce qui sépare, en explicitant et en argumentant les dissensions.

*

Conformément à la méthode pragmatique, qui étudie les actions en situation réelle, le travail collectif de l'atelier a consisté tout d'abord à rassembler un corpus varié de jugements de valeur publiquement exprimés à propos de l'incendie et/ou de la cathédrale elle-même, en marquant bien leur date voire leur heure (contexte temporel) et leur lieu d'expression et support de publication (contexte spatial). En un second temps, ces éléments ont été organisés en différents thèmes distribués selon les intérêts et compétences des membres de l'atelier. Chacun de ces thèmes fait l'objet d'une analyse axiologique dont le résultat est exposé dans un chapitre du présent ouvrage, rédigé par l'un des participants puis discuté par l'ensemble du groupe[2].

1. Pour un récapitulatif des outils de la grammaire axiologique (des prises aux valeurs, registres de valeurs, amplificateurs et régimes de qualification), voir l'annexe 1 en fin de volume.

2. Un mode d'emploi succinct de l'analyse axiologique figure en annexe 2.

Le premier chapitre, dû à Franck Beuvier (anthropologue), est le seul qui obéisse à un découpage chronologique, puisqu'il repose sur une recension exhaustive de tous les articles parus sur la version en ligne du journal *Le Monde* dans les vingt-quatre heures qui ont suivi le début de l'incendie. Les autres chapitres procèdent d'une logique thématique, soit par types d'auteurs des jugements exprimés, soit par types d'objets. Concernant les auteurs, ce sont d'abord les hommes politiques, analysés par Tsolag Paloyan dans la perspective de l'analyse de discours ; puis les prélats, analysés par Nicole Dyonet du point de vue de l'histoire ; les auteurs de selfies, analysés par Vincent Timsit à partir de la sociologie. Concernant les objets des jugements, ce sont la controverse sur les dons, analysée par Franck Beuvier et Nathalie Heinich ; la controverse sur les matériaux de reconstruction, analysée par le sociologue Quentin Mazel ; la controverse sur la restauration, analysée par Tsolag Paloyan et Nathalie Heinich ; les débats sur la loi votée au Parlement, analysés par le juriste Jacques de La Porte des Vaux ; et, enfin, les modes de valorisation du travail des scientifiques à Notre-Dame, observés par le philosophe Pablo Fontoura. Une synthèse finale dégage en conclusion les principaux acquis en termes de sociologie axiologique.

L'ordre d'exposition des chapitres suit la chronologie des événements, depuis les premières vingt-quatre heures et les réactions des différentes catégories de protagonistes jusqu'aux controverses et aux débats parlementaires de l'été 2019, puis au chantier scientifique mis en place ultérieurement. Entre chaque chapitre un « intermède » propose un gros plan sur un texte isolé, appartenant à un corpus d'interventions publiées dans l'un des supports propres au monde intellectuel, et passé au radar de l'analyse axiologique. Enfin deux annexes fournissent quelques outils de familiarisation avec le modèle proposé dans *Des valeurs*.

*

Face à cette « émotion patrimoniale[1] » d'ampleur exceptionnelle, l'enjeu de ce travail collectif est double : il s'agit, d'une part, de donner sens tant aux variations qu'aux constantes des opinions exprimées ; et, d'autre part, de déterminer dans quelle mesure et de quelle façon une modélisation sociologique telle que celle proposée dans *Des valeurs* peut être appropriée et utilisée par différentes catégories de chercheurs, et s'avérer – ou pas – éclairante. Un modèle sociologique doit permettre à la fois de « monter en généralité » et de rendre pleinement intelligibles les infinies variations de l'expérience révélées par l'investigation : il s'agit donc ici de faire tenir ensemble les deux extrêmes du travail des sciences sociales, à savoir l'élaboration théorique et le travail empirique, autrement dit « le modèle et l'enquête[2] ».

Le dispositif adopté a ceci d'original qu'il consiste à soumettre à un test collectif un modèle théorique en l'appliquant à un unique objet envisagé sous différentes perspectives : dispositif qui, espérons-le, rencontrera l'intérêt non seulement de tous ceux qui s'intéressent à l'objet « Notre-Dame de Paris », ainsi qu'à la problématique des valeurs, mais aussi, plus généralement, aux méthodes des sciences sociales et à la spécificité de leur épistémologie. Au lecteur de décider si, pour finir, cette expérience collective est à même de répondre à ces attentes.

1. Voir Daniel Fabre (dir.), *Émotions patrimoniales*, Paris, Éditions de la Maison des sciences de l'homme, 2013.

2. Selon les pistes évoquées dans *Le Modèle et l'Enquête*, dirigé par Louis-André Gérard-Varet et Jean-Claude Passeron (Paris, Éditions de l'EHESS, 1995).

Chapitre premier

Notre-Dame se consume

Les 24 Heures du *Monde* ou les valeurs de l'Émotion

Franck Beuvier

> Sur fond de ciel froid et gris, la dentelle aux vitraux éclatés de la rotonde avait, mardi 16 avril au matin, des airs squelettiques. La cathédrale Notre-Dame de Paris a brûlé. Autour de sa dépouille échouée sur son île interdite d'accès, Parisiens et voyageurs s'arrêtaient le long des quais, aux débouchés des ponts, pour prendre conscience du vide. [...] Le long du parapet du pont d'Arcole, la journée n'a pas vraiment commencé, on écrase une larme, on prend une photo avec son téléphone. « C'est comme si on avait perdu un être cher. C'est notre grande dame... »[1].

15 avril 2019, 18 h 45. Alors que le président de la République doit s'exprimer dans un peu plus d'une heure pour annoncer les mesures prises au terme des consultations engagées dans le cadre du Grand débat, des alertes apparaissent bientôt sur les téléphones portables : un incendie s'est déclaré à Notre-Dame de Paris. L'information surprend au premier abord, sème le doute au vu des circonstances, et demande à être confirmée par l'image. Qu'en est-il exactement ? À 19 h 20, une fois établie la connexion aux sites des chaînes d'information continue, l'étonnement vire à la

1. Allan Kaval, « Au lendemain de l'incendie de Notre-Dame, "c'est le cœur de Paris qui saigne" », *lemonde.fr*, 16 avril 2019, 17 h 29.

stupéfaction. Les éditions spéciales ont déjà commencé et des séquences filmées depuis des immeubles surplombant l'édifice sont diffusées : l'ampleur du sinistre laisse sans voix, l'intensité du brasier frappe, d'épaisses fumées se dégagent, la toiture est la proie des flammes et le filament incandescent qui tient désormais lieu de flèche heurte la conscience. Malgré la vérité crue des images, identiques d'une chaîne à l'autre, on se croit victime d'une illusion tant ce tableau de braises rougeoyantes semble improbable. Les pompiers sont à pied d'œuvre, le temps est suspendu et nul ne peut prédire l'issue d'un tel événement.

Pour beaucoup, le cours de cette journée du 15 avril vient de s'arrêter, troublé par l'invraisemblance du présent, l'indignité de la scène suscitée par ce coup du sort qui frappe sous nos yeux le monument. Le souvenir ou l'image de la cathédrale s'anime brusquement sous l'effet de la surprise, comme une perturbation de l'ordre établi, signe de la portée de ce qui est déjà qualifié de drame. « L'immense émotion » soulevée, l'onde de choc que nous allons tenter de décrire, n'est pas simplement « patrimoniale ». Quelque chose de plus est en train de se jouer, qui balaye pour quelques heures les habitudes de chacun. L'incendie ravageur jette dans l'affliction, où l'épreuve se mêle à la douleur ressentie par la perte d'un proche. Loin de s'en tenir à un monument, Notre-Dame de Paris est un lieu et un objet dont les traits se confondent avec ceux attribués aux personnes[1]. Un large processus de personnification se déploie à la faveur du vocabulaire choisi pour la dépeindre et s'y référer. Telle une Muse, Notre-Dame se situe à la croisée des temps et des chemins.

1. Nathalie Heinich, « Les objets-personnes. Fétiches, reliques et œuvres d'art », *Sociologie de l'art*, 6, 1993, p. 25-56.

Le chant funèbre qui se fait entendre au travers des mots consolateurs d'Allan Kaval cités en exergue est composé le lendemain, au terme des déambulations du journaliste près du lieu du sinistre. Inspiré de l'étrange atmosphère qui règne aux premières heures de la matinée, ce témoignage sera publié sur le site du journal *Le Monde* le 16 avril à 17 h 29. Il contribue au lot impressionnant d'articles mis en ligne durant les premières vingt-quatre heures qui suivent l'incendie. Dans l'intervalle, plus d'une cinquantaine seront soumis aux lecteurs, reflet de la forte mobilisation de la rédaction. Pas moins de trente journalistes couvrent l'événement, sur place et sur les réseaux sociaux, interrogent les publics touchés et dévoilent progressivement les ressorts de l'émotion. Religion, histoire, géographie, culture, littérature, nation, renommée, tout ou presque nous ramène à Notre-Dame, socle hexagonal ancré dans un territoire planétaire.

Nous allons reprendre ces articles en suivant l'ordre chronologique de leur publication pour examiner ce temps de l'émoi. Ils se déclinent en différents formats : bulletins d'information, montages vidéo, reportages photographiques, chroniques, recensements des réactions diverses, déclarations, interviews, analyses, *live* et tribunes[1]. En faire l'analyse axiologique dépend dans une large mesure des contenus

1. Hormis l'information apparue sur le « fil info » du site du journal, le premier reportage est publié le 15 avril à 20 h 45. Ces premières vingt-quatre heures s'achèvent avec le *live* – 18 heures-22 heures – ouvert dans le cadre de la déclaration du président de la République le 16 avril au soir. Entre-temps, cinquante-quatre contenus intéressant Notre-Dame furent mis en ligne. Bien que 50 % des articles intéressent la rubrique « Société », onze au total seront concernées : « Culture », « Politique », « Idées », « Les décodeurs », « Economie », « International », « Société-Police », « Police et justice », « Argent & placement », « Histoire », soit presque la moitié des grands thèmes de la rédaction. Vingt articles ont fait l'objet de l'analyse axiologique ainsi que deux allocutions, un *live* et deux montages vidéo.

proposés. Sans délaisser complètement les articles présentant un caractère factuel ou informatif, nous privilégierons ceux qui s'appuient sur des énoncés évaluatifs. Face au tourment subi, la ligne de partage se brouille parfois, et l'information ou l'exposé peut outrepasser l'exigence de neutralité. Le ton adopté en sera souvent le révélateur.

En dressant l'aperçu des motifs et des valeurs en jeu, la présente étude revient principalement sur deux modalités : les facettes de l'émotion, révélées au gré des réactions, des mots scandés et des thèmes mis en avant par les différentes catégories d'acteurs ; les corps de Notre-Dame, dont la matérialité et la substance sont rendues tangibles par l'expression de sentiments filiaux et par les marques d'affection prodiguées. Paroles et attentions adressées à cet être meurtri dans sa chair dévoilent finalement les caractères de cet objet-personne qu'est la cathédrale. L'image instantanée, dépliée au travers de cette couverture journalistique décidée dans l'urgence, devient le reflet de valeurs mobilisées dans l'épreuve. Du drame vécu surgit l'éclat de ce trésor intime.

Le monde politique dans l'émotion

Le premier temps choisi par la rédaction est dédié aux réactions politiques. L'état des lieux, publié à 20 h 57 sous le titre « L'"immense émotion" des politiques français devant l'incendie de Notre-Dame[1] », fait figure de premier article sur le sujet. Il inaugure une séquence qui se terminera dans

1. Lorsque le nom des journalistes n'est pas précisé, nous indiquons « la rédaction » en tant qu'auteur, comme c'est le cas ici.

la nuit avec un ensemble de messages réunis sous le titre : « Notre-Dame de Paris : et soudain le monde politique se rassemble dans l'émotion ». Entre-temps, un recueil des témoignages de solidarité venus de l'étranger sera publié dans la soirée du 15, puis la vidéo de l'allocution du président de la République devant la cathédrale, aux alentours de minuit, et une courte revue entre 1 heure et 2 heures du matin. La rédaction relaie une cinquantaine de messages – sous la forme de tweets essentiellement –, plusieurs déclarations et billets, qui manifestent tristesse et compassion devant le cataclysme. Vive et profonde, l'émotion signale une atteinte à des valeurs chères[1], et il convient de relever à cet égard les qualificatifs apposés à Notre-Dame.

L'incendie fait l'effet d'un séisme et les mots employés expriment tous l'idée du désastre. L'intensité du sentiment est portée au paroxysme : « je n'ai pas de mot assez fort pour exprimer la douleur que je ressens » (A. Hidalgo) ; « Les images [...] nous brisent le cœur » (M. Schiappa) ; « immense tristesse » (R. Ferrand) ; « immense émotion » (O. Faure) ; « désolation » (L. Wauquiez) ; « les images [...] sont insoutenables » (B. Griveaux). Au malaise ressenti est associée une ou des valeur(s) incarnée(s) par la cathédrale : « emblème de notre histoire commune » (A. Hidalgo) ; « le métronome des Français » (J.-L. Mélenchon), « notre histoire millénaire, notre mémoire, notre culture touchées au cœur » (B. Lemaire) ; « notre patrimoine culturel et historique à tous » (M. Schiappa) ; « le cœur de l'histoire de Paris » (R. Ferrand) ; « ce joyau de notre histoire » (O. Faure) ; « ce symbole de nos racines chrétiennes, de la littérature de Victor Hugo [...], une part de notre histoire, de nous-même » (L. Wauquiez) ; « cette merveille de notre

1. Voir Nathalie Heinich, *Des valeurs*, *op. cit.*, p. 393-397.

patrimoine et de notre culture » (M. Le Pen) ; « ce joyau de notre civilisation » (B. Griveaux)[1].

Si certaines tournures peuvent paraître convenues, notons que les jugements sont inspirés par les images du brasier et le sentiment de destruction qu'elles éveillent, ne laissant guère de place à l'hypothèse d'un simulacre d'émotion. Face à l'incendie, l'importance accordée à l'édifice s'affirme au travers des valeurs de communauté, d'identité, d'ancienneté et d'héritage. Pour en signifier les propriétés vitales on mobilise des mots qui tendent à exprimer son absolue singularité : « cœur », « métronome », « symbole », « emblème », « merveille » ou « joyau ». Notre-Dame est érigée en bien moral et public, un fondement[2] au nom duquel on mesure l'étendue de la perte, suivant une référence insistance au temps long[3]. L'expérience, confinant à l'épreuve, a pour corollaire l'appui apporté aux soldats du feu qui tentent de sauver le monument : « Courage et soutien aux pompiers de Paris pour faire face à ce terrible incendie » (M. Schiappa). La valeur de solidarité prévaut dans la reconnaissance exprimée, et le mot « soutien » revient à plusieurs reprises pour saluer l'action de ces derniers, « courageux » et « valeureux » (O. Faure ; M. Le Pen) dans la bataille menée.

Le funeste spectacle sème également l'émoi à l'étranger[4]. Les condoléances reçues témoignent d'un éventail de valeurs

1. Ces extraits sont tirés de l'article : « L'"immense émotion" des politiques français... », publié à 20 h 57.

2. Nous privilégions le terme « fondement » dans le sens de « qui sert de base ou d'appui à quelque chose », lorsque l'on se réfère à un État, une société ou à un « édifice conceptuel ». Voir https://www.cnrtl.fr/definition/fondement

3. Ce que Nathalie Heinich appelle « amplificateur de valeur ». L'ancienneté constitue une variable très importante, bientôt rejointe par celle d'universalité (voir *Des valeurs*, *op. cit.*, p. 258-265). Nous y reviendrons dans la dernière partie.

4. « Incendie de Notre-Dame : de Washington au Caire, "une perte énorme pour l'humanité" », la rédaction, 15 avril 2019 à 22 h 42.

plus ouvert : « C'est une très belle cathédrale. [...] il n'y a probablement pas de cathédrale au monde comme celle-là » (D. Trump) ; « un symbole emblématique de foi dans le monde entier » (M. Pence) ; « Le cœur de la France et l'esprit de l'Europe ont été arrachés » (*The Guardian*[1]) ; « Les flammes ravagent 850 ans d'histoire, d'architecture, de peinture et de sculpture » (P. Sanchez) ; « Lieu si beau qui a vu tant d'histoire » (P. Iglesias). Avec des mots qui trahissent des sentiments analogues, responsables et journalistes, européens et étrangers, enrichissent le tableau des valeurs inspirées par l'édifice : « beauté », « unicité », « notoriété », « foi chrétienne », « vertu européenne », « ancienneté », « art ». Là encore, par le choix des termes « cœur », « esprit », ou « symbole » – affecté de l'adjectif « emblématique » –, Notre-Dame fait figure de bien, de bien commun de l'humanité cette fois. À son inscription dans le temps s'ajoute l'aura planétaire, conférant à la cathédrale une renommée universelle.

Ce temps politique du deuil se poursuit avec l'allocution du président de la République[2], peu après minuit, lorsque l'incendie est en passe d'être maîtrisé. L'épicentre du drame se déplace dès lors de l'agent responsable – le feu – aux sauveteurs et aux communautés touchées. « Courage extrême », « grand professionnalisme », « détermination » qualifient l'engagement des pompiers, au travers des valeurs de bravoure, de compétence et d'abnégation mises en avant par

1. L'éditorial affirme encore : « À un tel moment, quelle folie de prétendre que nous ne sommes pas tous européens », trad. *Le Monde*, 15 avril 2019.Voir https://www.theguardian.com/world/2019/apr/15/the-guardian-view-on-the-notre-dame-fire-we-share-france-terrible-loss

2. « Incendie de Notre-Dame : "Nous la rebâtirons", déclare Emmanuel Macron », la rédaction, 16 avril 2019 à 00 h 33. La vidéo publiée consiste en extraits de l'allocution filmée par une équipe de CNEWS. L'analyse de contenu porte sur l'intégralité du discours.

Emmanuel Macron. Puis il fait sien l'outrage subi par les catholiques, en invoquant la valeur de solidarité sous les deux registres affectif et domestique. « Je veux avoir [...] avant tout une pensée pour les catholiques, [...] en particulier en cette semaine sainte. Je sais ce qu'ils ressentent, et nous sommes avec eux. » Sur un mode assez similaire, son message s'adresse ensuite aux habitants de la capitale, en soulignant que Notre-Dame, « c'est leur cathédrale et plus encore ». Le président témoigne pour ces derniers du vide laissé par l'incendie, que seul l'attachement peut mesurer. « Et je veux avoir aussi une pensée pour l'ensemble de nos compatriotes. Parce que Notre-Dame, c'est notre histoire, notre littérature, notre imaginaire. Le lieu où nous avons vécu tous les grands moments, nos épidémies, nos guerres, nos libérations. C'est l'épicentre de notre vie. C'est l'étalon d'où partent les distances, et où l'on se mesure depuis Paris. C'est tant de livres, tant de peintures. »

L'énumération de ces « valeurs-objet » s'appuie sur deux principes : l'identité et la communauté. « Histoire », « littérature », « imaginaire », « grands moments », « épidémies », « guerres », « libérations » – précédés d'un pronom possessif – mais aussi « épicentre », « étalon » : ces qualificatifs apposés les uns après les autres contribuent à l'attribution d'un sens, formant un éventail d'images où chacun peut reconnaître Notre-Dame. Ou, pour le dire autrement, le président met ce que Daniel Fabre nommait des « mots-valeurs[1] » sur ce qu'elle représente. En outre, la valeur de sens est constamment invoquée dans le rapport à l'événement, comme si elle incarnait une sorte de clef de voûte, le point d'équilibre du récit et

1. Qui manifestent la « qualité superlative » d'un bien consacré. Voir Daniel Fabre, « Instituer la culture : approches comparatives », communication présentée dans le cadre du 16 IUAES World Congress Humanity, *Development and Cultural Diversity*, Kumming, Chine (27-31 juillet 2009).

du destin national. Le lendemain, Yannick Jadot aura cette phrase : « Il faut se saisir de cette occasion pour dire à quel point on n'a pas à disparaître ! On a à être fier de ce que l'on a fait dans notre histoire[1]. » L'incendie soulève manifestement des questions touchant à l'enracinement existentiel.

La teneur de l'allocution augure un autre temps de l'émotion, celui de la reconstruction et de la fraternité, avec le lancement d'une souscription nationale : « Je veux aussi avoir un mot d'espérance. Cette espérance, c'est la fierté que nous devons avoir [...]. Cette cathédrale, nous la rebâtirons. Tous ensemble. » Le mot « fierté » est repris trois fois, en hommage au combat mené par les soldats du feu, à l'œuvre accomplie par les bâtisseurs de cathédrales, au « destin » national qui commande sa réédification. Les valeurs de dignité et de pérennité sont ainsi alléguées pour aborder cette nouvelle phase. Le devoir moral qui s'impose à la nation, l'élan de solidarité venu des autres pays préfigurent un appel aux dons adressé « bien au-delà de nos frontières ». La valeur de communauté se voit dès lors associée à celle d'universalité. Dans ce temps de l'espérance retrouvée Notre-Dame est élevée au rang de « cause »[2].

Il convient également de relever les usages de la métaphore : « Une partie de nous [qui brûle] » (E. Macron) ; c'est « un membre de notre famille » (J.-L. Mélenchon) ; « les êtres humains [qui] se sont surpassés en mettant au monde Notre-Dame » (J.-L. Mélenchon). Au fil des communiqués deux métaphores sont privilégiées : la métaphore organique du corps et de ses fonctions vitales, et la métaphore familiale

1. « Incendie de Notre-Dame de Paris : les réactions des personnalités politiques », vidéo, 16 avril 2019 à 14 h 39.

2. Manon Rescan, « Notre-Dame de Paris : cagnottes, promesses de dons et souscription nationale pour financer la reconstruction », 16 avril 2019 à 1 h 18.

pour souligner les valeurs de filiation, d'intimité et d'attachement, en écho aux liens de dépendance réciproque qui caractérisent la parenté. En ce sens le ressenti est assimilé à l'expérience du « deuil », et la concorde politique s'impose au nom de la référence à l'ancêtre commun qu'est Notre-Dame. Alors que la campagne pour les élections européennes bat son plein, Mélenchon demande « vingt-quatre heures de pause politique » tandis que Bruno Retailleau déclare : « C'est la même souffrance que nous éprouvons. Je suis étonné de l'unisson des voix de tous les responsables[1]. »

Notre-Dame de la Communion

La valeur de sens surgit avec plus d'acuité dans l'expression de l'émotion des publics. Ce second temps fort consacré aux réactions se dessine au travers de cinq reportages réalisés principalement sur place, où de courtes interviews des personnes rencontrées ponctuent le récit de la situation. Bien que les sujets d'enquête aient été décidés en amont, leur préparation demande davantage de temps, et les premiers témoignages seront publiés au milieu de la nuit et au petit matin. En prélude, une première vidéo postée à 00 h 39 montre des images de pompiers félicités par des voisins et des passants, de croyants agenouillés vers la cathédrale en flammes, communiant à la gloire de Marie, de Parisiens et de touristes rassemblés, les yeux rivés sur l'édifice et immortalisant pour

1. Sarah Belouezzane, Abel Mestre, Sulvia Zappi et Olivier Faye, « Incendie de Notre-Dame de Paris : et soudain, le monde politique français se rassemble dans l'émotion », 16 avril 2019, à 2 h 36. L'incendie intervient en pleine campagne pour les élections européennes.

certains l'incendie sur leur téléphone portable. La tension est perceptible, aucun bruit confus, aucune parole saugrenue ne trouble les instants saisis. La rédaction retient « foule sidérée » dans les mots du titre choisi pour cette séquence[1].

Quatre minutes plus tard, un court reportage illustre le sentiment de stupéfaction qui règne sur place et le caractère invraisemblable de l'événement : « Comment est-ce possible que quelque chose comme ça se produise ? » Alors que le feu fait rage[2], les impressions évoquées reflètent un vaste carambolage d'idées et de scènes singulières. Les voix du journaliste, d'un prêtre et d'une Parisienne de confession catholique s'entremêlent sans que nous puissions réellement les différencier. Chacun endosse les habits du témoin désemparé face à une situation extraordinaire. Ce bouleversement dans le cours des choses se traduit par des expressions outrées : « C'est horrible, j'étais en train de célébrer la messe quand les paroissiens m'ont prévenu. [...] C'est un désastre pour nous » (curé O. de Cagny) ; c'est « une persécution contre les chrétiens » (un passant). L'aversion et le malheur du prélat sont à considérer à l'aune de l'hommage religieux rendu au même moment, de même que le tourment invoqué par ce passant sous la forme d'une accusation qui se réfère à la Bible. Ce vocabulaire de l'anathème s'appuie sur des anti-valeurs. Une croyante dit préférer « prier » que se « mettre en colère », tandis que, mesurant l'incongruité du moment, le journaliste se laisse aller à des jugements désolés : « Devant les yeux du curé, les pompiers semblent totalement inutiles » ; « Les derniers bateaux-mouches [continuent] à faire

1. « Incendie de Notre-Dame de Paris : des pompiers applaudis et une foule sidérée », 16 avril 2019 à 00 h 39.

2. Choses dites et images ont été consignées en début de soirée. Jean-Baptiste Chastand, « L'incendie de Notre-Dame de Paris vu des quais de Seine », 16 avril 2019, à 00 h 43.

tourner le disque de présentation des monuments devenu parfaitement absurde face au spectacle ». La lutte des soldats du feu semble aussi vaine que la mise en valeur du patrimoine, devenue aberrante en la circonstance.

L'adjectif « absurde » sera employé une seconde fois, en conclusion d'un autre reportage[1] auprès des fidèles de la paroisse Saint-Pierre de Montmartre. Du haut de la butte, le journaliste conclut par ces mots : « Dans le manteau nocturne, les flammes au loin continuent de défier des siècles et des siècles d'une lumière absurde. » Pour conjurer le mauvais sort, l'archevêque de Paris propose aux prêtres de « faire sonner les cloches pour inviter à la prière ». Il salue l'engagement des pompiers et appelle les fidèles à faire corps avec eux. Les valeurs de foi et de communion sont mises en avant, à la manière d'un secours : « Du coup, le temps de l'adoration [du Saint Sacrement] a été très intense » (père Esclef). Interrogée sur ce qu'elle ressent, sœur Geneviève fait valoir la singularité de l'édifice : « Notre-Dame, c'est un sanctuaire marial. Il y a quelque chose qui se passe. » La religieuse exprime le caractère sacré et éminemment vénérable du lieu saint en invoquant la valeur de pureté : consacrée en l'honneur de la Vierge Marie en tant que patronne primaire, la cathédrale incarne cette valeur-principe importante pour les catholiques. Foi personnelle et sacralité du lieu se conjuguent dans l'outrage enduré par cette fidèle : « Je suis blessée jusqu'au fond de moi-même. » L'incendie est vécu comme une profanation.

Un troisième reportage[2], mis en ligne à 6 h 14, détaille les réactions du clergé. On s'en remet d'abord à la métaphore

1. Laurent Carpentier, « Incendie de Notre-Dame de Paris : au Sacré-Cœur, on prie pour éteindre la tristesse », 16 avril 2019 à 3 h 34.

2. Cécile Chambraud, « Incendie de Notre-Dame : pour les catholiques, "c'est comme si notre maison de famille partait en fumée" », 16 avril 2019 à 6 h 14.

familiale pour insister, un peu différemment, sur les valeurs de filiation et de protection : « Pour nous, c'est l'église-mère. On perd une mère. C'est comme si notre maison de famille partait en fumée » (père Vivares). En vertu du caractère féminin de l'édifice – l'un des prélats dira : « C'est le lieu où j'ai été enfanté prêtre » – et de sa consécration à la Vierge Marie, on mesure la perte en marquant l'ascendance et la filiation matrilinéaire. De la métaphore à la parabole, c'est la valeur de sens, de signification qui, une fois encore, sous-tend la teneur des énoncés. On souligne le sens de l'engagement personnel, le sens donné à sa vie : « À ce moment, toute ma vie a défilé devant moi », confesse ce prêtre qui a été baptisé et ordonné à Notre-Dame ; ou bien l'on interpelle le sens de l'histoire nationale : « Ce n'est pas seulement une réalité chrétienne que nous avons perdue ce soir, c'est une réalité française » (père Vivares) ; « Elle est l'une des plus significatives expressions de l'âme française » (archevêque P. d'Ornellas). C'est aussi le dialogue entendu comme valeur qui est avancé pour justifier l'estime universelle dont elle jouit : « Notre-Dame, sur son île, parle à tout le monde » (*ibid.*).

Parallèlement, le clergé s'attache à relativiser la perte. Certes l'affliction est grande, mais la foi est première, non la « pierre » : « Nous nous reposons sur autre chose que des bâtiments » (père Esclef) ; « Ce qui fait l'Église, c'est la personne du Christ et ce sont les chrétiens, ce ne sont pas les pierres » (père Vivares). Ces représentants insistent davantage sur les valeurs de foi et de communauté chrétienne que sur la valeur patrimoniale, presque reléguée au rang d'antivaleur. Derrière ces jugements se devine une approche plus politique de l'ouvrage d'exception, tiraillé entre deux vocations : lieu saint et monument. À l'instar des responsables politiques, les représentants de l'Église s'appuient aussi sur les valeurs de communauté nationale, d'héritage, d'ancienneté et d'universalité attachées à Notre-Dame[1].

Un quatrième reportage[2], publié à 9 h 21, rend palpable l'émotion ressentie par les nombreuses personnes réunies sur place, ébahies devant l'incendie. Mêlant interviews et propos échangés, cette séquence couvre une période un peu plus longue. Au vu des commentaires, les réactions furent consignées pendant et après l'incendie. Invariablement, elles oscillent entre sidération et quête de sens : « Mais qui a fait ça, c'est pas possible ? ! » (un passant) ; « J'arrive pas à partir », dit un Parisien à son voisin, « c'est vrai qu'on reste scotchés ». Le premier en appelle à un miracle : « On aimerait tellement que ça s'éteigne là, sous nos yeux. » La scène inspire des antivaleurs exprimées sur le mode de la mise à mort : « On est en train d'assister à un meurtre » (Jocelyne) ; « J'ai l'impression d'assister au martyre de Notre-Dame » (un architecte). Dans les deux cas on retrouve l'idée de supplice et un sentiment d'impuissance face à l'épreuve. Rompant la fatalité, un jeune homme s'en remet à la ténacité du bâtiment comme à une certitude : « Elle a résisté aux nazis, elle ne va pas nous lâcher maintenant. »

Touchés par ce qui se passe, les journalistes semblent pénétrés par la magie du moment et décrivent avec soin l'atmosphère unique qui règne sur place :

> La nouvelle était folle, impensable. Il leur fallait s'approcher au plus près, être là, comme pour soutenir l'édifice dans sa souffrance ou dans son agonie. Et puis être ensemble. C'est peut-être cela qui est le plus frappant, dans la foule toujours

1. Voir la contribution de Nicole Dyonet dans cet ouvrage.

2. Henri Seckel, Pascale Robert-Diard, Marie-Béatrice Baudet, Jean-Baptiste Castand, Raphaëlle Bacqué et Annick Cojean, « Incendie de Notre-Dame de Paris : “Elle a résisté aux nazis, elle ne va pas nous lâcher maintenant” », 16 avril 2019 à 9 h 21.

> plus dense, qui se presse sur la rive gauche [...] : ce désir de vivre l'événement en réunion, certains, beaucoup, disent « en communion », dans un silence impressionnant qui ne s'interrompt que pour applaudir le passage des camions de pompiers.

Ainsi à quelque chose malheur est bon : « C'est un jour triste mais ça fait du bien de voir les Parisiens rassemblés » (Florian) ; « c'est formidablement réconfortant de voir tant de gens rassemblés dans la paix et une certaine harmonie. On est unis. Et c'est très fraternel » (Aurélie). Du drame naît la concorde, et plusieurs personnes se réfèrent aux valeurs d'union et de fraternité pour apprécier la communion établie. Le rapprochement rappelle à certains Parisiens celui qui avait suivi la vague d'attentats en 2015[1].

Pour les voisins, ce sont les valeurs de proximité, d'intimité et d'attachement qui prévalent, à l'image de l'affection que l'on porte à des proches ou à des biens personnels jugés très précieux : « On vit avec ! On vit à son rythme, à ses couleurs, à sa musique. [...] On y passe, on y entre, on y fait une courte pause, une petite méditation. C'est comme une maison de quartier » (une résidente du quartier). Dans ce témoignage délicat, la cathédrale devient une présence vivante et un refuge. Elle est un lieu, une voix et une autorité irrésistible qui remplit le quotidien. « Je l'aimais en toute saison la pauvre Dame » (une personne âgée) ; « Elle m'a donné tant de belles émotions, je viens lui rendre hommage » (Jeanne). L'image de l'être cher en souffrance domine, et la blessure infligée à Notre-Dame invite au recueillement.

1. L'archevêque de Reims, Éric de Moulins-Beaufort, relèvera également le précédent dans une tribune publiée sous le titre : « Rien ici-bas ne peut durer mais tout est appelé à la résurrection », 16 avril 2019 à 10 h 21.

Enfin l'heure du contrecoup sonne avec ce dernier reportage[1] mis en ligne à 9 h 34 : dans un champ de ruines, prisonnier des vapeurs de fumée, son auteur se fait l'écho de l'état d'esprit morose qui règne au petit matin parmi les personnes venues prier et méditer, ou prendre la mesure de l'ampleur du sinistre[2].

Des canadairs à Victor Hugo

Viennent ensuite les réactions exprimées sur les réseaux sociaux pendant la soirée et au cours de la nuit[3]. La rédaction choisit d'abord de relayer une série de tweets alimentant la controverse autour de l'usage de canadairs, à la suite de la suggestion du président américain : « On ne fera rien avec des échelles » (@lasource75006) ; « Incroyable qu'un tel plan ne soit pas prévu à Paris » (@tcros). On doute de la pertinence d'une intervention au sol au nom des valeurs d'efficacité et de savoir-faire. Et c'est au nom de ce même savoir-faire, conjuguant connaissance et compétence, que la sécurité civile répond : « Le largage d'eau par avion [...] pourrait entraîner l'effondrement » de l'édifice (@SecCivileFrance).

Mais Twitter révèle surtout une autre figure : celle de Victor Hugo et son *Notre-Dame de Paris* (1831). Très tôt,

1. Christophe Ayad, « Incendie de Notre-Dame de Paris : "C'est une partie de moi qui s'effondre" », 16 avril 2019 à 9 h 34.

2. Signalons également ce reportage photographique publié en fin de matinée, où de courtes légendes font état des ressentis : « Notre-Dame de Paris : le jour d'après », 16 avril 2019 à 12 h 20.

3. « La longue nuit de l'incendie de Notre-Dame sur les réseaux sociaux », la rédaction, 16 avril 2019 à 11 h 12.

les citations abondent dans les messages postés, tirées de passages louant la « puissance » de la cathédrale, sa grandeur au regard de l'histoire du pays, des savoirs et des arts, dont chacune des pierres porte la trace. Tel un visionnaire, Hugo avait imaginé l'édifice frappé par un incendie, qui éclate aujourd'hui sous nos yeux. Les temps et les descriptions se croisent et se superposent : « Notre-Dame est aujourd'hui déserte, inanimée, morte. On sent qu'il y a quelque chose de disparu – mais "cette vieille reine" renaîtra » (citation de V. Hugo, @AliBaddou). Les morceaux choisis par la rédaction illustrent la présence dans l'ouvrage des valeurs d'attachement, de pureté, de force et d'éternité inspirées par Notre-Dame, que les utilisateurs du réseau ont fait leurs. De la littérature émergent ainsi de nouveaux contenus affectés à ces valeurs.

Avant de reprendre l'éditorial du *Monde* du 16 avril, faisons un rapide tour d'horizon des autres articles parus qui, sans être proprement évaluatifs, relaient sujets et engagements motivés par la catastrophe. À 1 h 18, un premier état des lieux des promesses de dons est fait, actualisé plus tard dans la matinée. En raison de l'affluence, deux dispositifs de souscription en ligne sont mis en place[1]. Puis deux articles, édités coup sur coup au petit matin[2], retracent le destin littéraire et cinématographique de la cathédrale, marqué par le roman de Victor Hugo. Le portrait que l'écrivain brosse de Notre-Dame est à l'origine de l'imaginaire contemporain attaché au monument, en France comme à l'étranger. *Notre-Dame de Paris* est aussi un cri de détresse

1. Voir l'article de Franck Beuvier et Nathalie Heinich dans cet ouvrage.
2. Raphaëlle Leyris, « Notre-Dame de Paris : une "cathédrale de poésie", source d'inspiration de la littérature », 16 avril 2019 à 6 h 30 ; Thomas Sotinel, « Sur grand écran. Notre-Dame prisonnière d'un rôle écrit pour elle par Victor Hugo », 16 avril 2019 à 6 h 35.

qui résonne en la circonstance, et le style lyrique adopté dans l'ouvrage influence le ton pénétré pris par la rédaction.

Quatre tribunes sont publiées dans la première partie de la matinée : celle de l'historien Xavier Kawa-Topor, qui revient sur la place centrale occupée par le monument dans l'histoire et la puissance du mythe qui y est attaché (8 h 18) ; celle de Philippe Dagen sur le patrimoine artistique et liturgique de la cathédrale (9 h 29) ; celle d'Anne-Marie Thiesse sur l'intégration de Notre-Dame dans le récit national à la suite du roman de Hugo (9 h 38) ; et celle enfin de l'archevêque de Reims, qui livre un témoignage personnel du lieu et un message d'espoir au nom de la foi en la résurrection (10 h 21). Après les éclairages apportés par les historiens, *Le Monde* revient dans une chronique sur les grands moments qui ont ponctué l'histoire contemporaine de la cathédrale, du sacre de Napoléon aux obsèques de François Mitterrand (9 h 48). Visages et décors de cet édifice hors du commun sont ainsi dessinés et plantés, à l'exception d'un aspect plus mercantile : le tourisme.

Sensible, le sujet est évoqué dans un article[1] mis en ligne à 9 h 23. Interrogés sur le sinistre, responsables et professionnels du secteur reviennent sur l'incendie et ses conséquences : « Notre-Dame est un monument éminent, une expérience de la destination France, qui touchait au cœur des millions de touristes internationaux chaque année » (J.-B. Lemoyne). Ici l'expérience de la mobilité s'associe à la fois à la valeur d'intimité et à la valeur d'universalité. C'est, finalement, une autre façon de dire que la cathédrale « parle à tout le monde ». Quant à l'impact de la catastrophe sur la fréquentation,

1. Jean-Michel Bezat, « Après l'incendie de Notre-Dame de Paris, le secteur du tourisme craint une baisse de la fréquentation », 16 avril 2019 à 9 h 23.

le directeur général d'Atout France élude : « Pas l'âme à parler d'économie. [...] Notre-Dame, qui a résisté à tout ! J'étais sur la Seine avec des agents de voyages. [...] Certains avaient les larmes aux yeux. Ils ne pensaient pas à leur portefeuille, car c'est notre histoire qui est touchée au cœur » (C. Mantei). En ces temps de deuil, le registre économique et le gain financier sont frappés d'interdit.

En matière de tourisme, Notre-Dame, comme Paris et la France, se déclinent en représentations dûment élaborées : la cathédrale est une « image », combinée à celles de la capitale et du pays. Comme dans un château de cartes elles sont interdépendantes et reposent les unes sur les autres : « Pour l'image de Paris, après l'Arc-de-Triomphe saccagé par des casseurs [...], ce n'est pas une bonne nouvelle. Cela ne donne pas une image d'un Pays qui maîtrise. Comment peut-on, en 2019, avoir un monument qui brûle aussi facilement ? » (D. Arino, Protourisme). Que le sinistre puisse être imputé à la faiblesse des pouvoirs publics ne présage rien de bon, avec le risque que l'image globale se ternisse de plus en plus.

Les deux corps de Notre-Dame

« Œuvre colossale d'un homme et d'un peuple [...] ; sorte de création humaine, en un mot, puissante et féconde comme la création divine dont elle semble avoir dérobé le double caractère : variété et éternité », écrivait Hugo dans *Notre-Dame de Paris*.

« Hugo, encore, qui d'autre ? » Les six journalistes qui cosignent le quatrième reportage analysé plus haut décident de s'en remettre à l'écrivain, comme si lui seul avait trouvé les mots justes, comme si sa langue poétique rendait palpable l'aura de la cathédrale et l'ampleur du choc. Ils retiennent dans l'extrait ces deux valeurs cardinales que sont l'universalité et la pérennité[1], et observent que, à la manière d'un miracle, « l'autel en bronze est intact, et dans l'obscurité brille la grande croix dorée », signe que Notre-Dame vit encore. Un peu plus tôt dans la soirée, on apprenait avec soulagement que « le trésor et la Couronne d'épines, des reliques de la passion du Christ constituées par un morceau de la croix et un clou de la Passion » avaient été « sauvés » (P. Chauvet, recteur de Notre-Dame). Comme un miracle ne vient jamais seul, le coq fiché au sommet de la flèche, contenant trois reliques – une parcelle de la Couronne, une relique de saint Denis, premier évêque de Paris, et une de sainte Geneviève, patronne de la ville – sera retrouvé le 16 au matin[2]. Si Notre-Dame est un « immense récit » historique (J.-L. Mélenchon), elle est aussi un creuset où les restes des saints s'épurent en mémoire de la Passion.

L'éditorial du journal publié le 16 avril au matin relève d'abord la trace ineffaçable laissée par le sinistre, avant d'en mesurer la profondeur :

> Tel un vaisseau de pierre majestueux enserré par les deux bras de la scène, Notre-Dame semblait, depuis toujours, entretenir un dialogue singulier avec l'histoire des hommes et l'éternité des dieux. Les flammes terribles, voraces, longtemps insatiables qui ont ravagé la cathédrale de Paris [...] n'auront pas mis un terme à ce dialogue. Mais elles y auront ajouté la sidération à la catastrophe, le drame des Parisiens, le deuil de

1. Voir Nathalie Heinich, *Des valeurs*, *op. cit.*, p. 258-265.

2. « Incendie de Notre-Dame de Paris : ce qui a été perdu et ce qui a été sauvé », la rédaction et l'AFP, 16 avril 2019 à 14 h 02. Résumé et mise à jour des informations données depuis la veille.

> la France touchée au cœur et cette immense onde de tristesse qui a parcouru la planète à la vue du désastre en direct par ces millions de voyageurs qui la visitaient chaque année[1].

L'emploi du terme « sidération » dans ce constat fait figure de révélateur et de point de bascule : un révélateur dans le sens où la suspension des fonctions vitales est provoquée par un phénomène physique décrit sous les traits d'une pulsion et d'une force animales. Le feu est ainsi doté d'un appétit furieux à la manière d'un mauvais fétiche. Il est l'incarnation du mal. L'état de choc résulte de l'intenable, un état que peinent à décrire les mots « drame », « deuil », « tristesse » ou « désastre ». Le sinistre ne laisse personne insensible et la communauté humaine dans son ensemble est accablée. Mais plus encore, la grandeur du mal est inversement proportionnelle à celle de l'édifice, à la fois sujet et objet dans l'énoncé : un « vaisseau » dont le sillon laissé à la poupe et la voie ouverte à la proue – pour reprendre la métaphore – dessinent une longue trajectoire joignant l'humain et le divin. Depuis longtemps, Notre-Dame intercède et rassemble.

Au fil de l'énumération des catégories de population touchées – chrétiens, parisiens, visiteurs et amateurs d'art, citoyens – Notre-Dame devient tour à tour « haut lieu d'une foi qui a façonné l'Europe », « silhouette de la ville », « pôle magnétique », « joyau gothique somptueux », « miracle d'architecture », « musée inestimable », « épicentre du pays ». Les traits de la cathédrale s'animent au gré des qualificatifs et des caractères soulignés, en conciliant plusieurs valeurs : foi, repère, virtuosité, exploit, trésor, origine. À y regarder

1. « Incendie de Notre-Dame de Paris : la France touchée au cœur », la rédaction, 16 avril 2019 à 10 h 54.

de près, l'énumération révèle que la cathédrale réunit finalement les divers sens donnés au mot trésor, et le choix des valeurs qui s'y rapportent éclaire les registres sous-jacents. Nous y reviendrons en conclusion.

« Sur la façade de cette vieille reine de nos cathédrales, à côté d'une ride, on trouve toujours une cicatrice », pointe l'éditorial en écho au chef-d'œuvre de l'écrivain. Notre-Dame est une personne, inlassablement soutenue et consolée depuis la veille. « Un être cher », « une vieille dame », « une grande dame », une « pauvre Dame », « souffrante », « agonisante », qui provoque les larmes et inspire le recueillement. Pour les chrétiens, elle est à l'image d'une mère, pour les Parisiens, d'une matriarche, pour les riverains, d'une voisine âgée, une présence féminine et apaisante qui agrémente le quotidien. La cathédrale est une personne respectable, sensible, et son enveloppe – charnelle – composée de pierres est assimilée à un « squelette ». Le 16 au matin, on recourt au substantif « dépouille » pour mesurer l'ampleur des dégâts faits à cette enveloppe, aux pièces qui la couvrent et la protègent tel un vêtement.

Nathalie Heinich a identifié les trois façons pour un objet d'être à la fois sujet et objet, suivant les caractéristiques qui s'attachent à la relique, au fétiche et à l'œuvre d'art[1]. Notre-Dame est les trois à la fois, et nous rappelle que le sujet est aussi un corps : un corps qui accueille et abrite, que l'on regarde et que l'on partage. Ce corps, double à l'évidence, est profondément marqué : non pas simplement institué par le droit, le politique et la théologie qui façonnent celui des rois[2], mais consacré par l'art, l'histoire, la géographie,

1. Voir Nathalie Heinich, « Les objets-personnes », art. cité.

2. Voir Ernst Kantorowicz, *Les Deux Corps du roi*, Paris Gallimard, 2000 [1957].

la littérature, la nation, le tourisme, autant d'empreintes que le temps ne fait que cimenter. Comme le roi, Notre-Dame est *personna ficta* : « une personne construite[1] ». Mais, contrairement au corps physique du souverain, le squelette de pierres de Notre-Dame, bien que fragile aussi, est immortel, à l'instar de son corps constitué. Du corps constitué à la corporation unitaire[2] il n'y a qu'un pas très ancien, et la « majesté duale[3] » Notre-Dame incarne à ce titre « l'état de perfection [le plus] absolu »[4].

Un trésor

Dans l'après-midi du 16 avril, la rédaction alternera points et reportages portant sur le bilan matériel de l'incendie, le bouleversement du calendrier politique, les aléas de la reconstruction des monuments détruits, l'afflux des dons, le complotisme né des images de l'incendie, l'enquête ouverte et les procédures suivies par la police scientifique. Ce premier temps de l'émoi s'achève avec le discours du

1. *Ibid.*, p. 654.
2. *Rapports de Plowden*, 242a, cité *ibid.*, p. 661 : « Le roi [...] a deux Corps [...] ; l'autre est un corps Politique, dont les Membres sont ses sujets, et lui et ses Sujets forment ensemble la Corporation, [...] il est incorporé à eux et eux à lui, et il est la Tête et ils sont les Membres [...]. » Sans doute pourrions-nous remplacer l'attribut « politique » par « consacré ». Au corps politique du roi succédera celui de la Nation, constitué en « Grand héritage du passé » (Daniel Fabre, « Le patrimoine porté par l'émotion », *in* Daniel Fabre [dir.], *Les Émotions patrimoniales*, Paris, Éditions de la Maison des sciences de l'homme, 2013, p. 13-98, ici p. 34).
3. Frédéric Maitland, cité *in* Ernst Kantorowicz, *Les Deux Corps du Roi*, *op. cit.*, p. 655.
4. *Ibid.*

président de la République prononcé à 20 heures, dans lequel il insiste sur la valeur de don, le don de soi, suivant le modèle du sacrifice chrétien. Le président revient sur les séquences du drame en soulignant la mobilisation de chacun. Au fil de la déclaration, la valeur de don s'agrège à celles de communion, d'engagement et de communauté, à l'image d'une nation universelle se levant comme un seul homme face au péril. Le drame de Notre-Dame se mue en élan œcuménique.

Dans ces vingt-quatre heures, une gamme de valeurs peu commune se déploie. Le coup du sort frappant la cathédrale fait s'exprimer valeurs et antivaleurs, qui dessinent le rôle et le statut assignés aux protagonistes. Elles dévoilent également des interdits dans le champ de la parole et des conduites. Le consensus prévaut à ce stade initial de l'émotion, et la « déploration » des misères de Notre-Dame écrase et disqualifie momentanément velléité contestataire et scénario accusatoire, telle « la recherche des fautes, des imprévisions, des imprudences » à l'origine du sinistre[1]. De même la douleur ne peut être que sincère, la générosité, désintéressée, la concorde, parfaite, et nulle place n'est donnée à l'intérêt mercantile ou à l'intention polémique, devenus tabous. En ces instants, « rien ne [doit venir] briser l'effondrement du deuil et le réveil des énergies réparatrices[2] ». Dans ce concert de louanges délicates, seul se reconnaît finalement l'écho au déclin national.

Mais une telle épiphanie nous renvoie d'abord à un domaine institué du précieux que nous avons qualifié plus haut : le trésor. Déclinons en guise d'épitaphe les différentes acceptions du mot : lieu où l'on garde des objets de grande

1. Voir Daniel Fabre, *Les Émotions patrimoniales*, *op. cit.*, p. 72-73.
2. *Ibid.*

valeur ; collection d'œuvres, de sculptures, de réalisations architecturales ; ensemble de ressources, non pas naturelles mais mystiques, dans le double sens de pensée et de corps. Par analogie, « trésor » désigne ce qui est considéré comme beau et noble « sur un plan affectif, intellectuel, moral », et, plus largement, un « ensemble [de] témoignages (littéraires, philosophiques, scientifiques, etc.), fruits de la pensée humaine, et qui constituent l'essentiel des ressources intellectuelles et de la culture d'un pays, d'une communauté[1] ». Les corps de Notre-Dame contiennent et reflètent tous ces trésors à la fois.

1. https://www.cnrtl.fr/definition/trésor

Intermède n° 1

« L'imminente résurrection du peuple français » par Michel Maffesoli, sociologue

(*Le Courrier des stratèges*, 17 avril 2019)

Publiée en ligne le lendemain même de l'incendie, l'analyse du sociologue Michel Maffesoli s'appuie sur les réactions émotionnelles de la foule pour réaffirmer l'importance de deux catégories axiologiques : d'une part, les valeurs relevant du registre mystique, abondamment sollicitées (« esprit », « sublimation », « âme », « piété », « méditation », « sacré », « divin », « au-delà », « sacramentel », « transcendance », « charisme », « spirituel », « plus-être », « résurrection ») ; et, d'autre part, le régime de la communauté (« foule », « communion de destin », « être ensemble », « piété collective », obstacle à « l'enfermement égotiste »). S'y ajoutent quelques registres de valeurs marginalement mobilisés : l'éthique et le civique pour la protection de la cité, l'opératoire pour la solidité, l'esthétique pour l'appel à l'imaginaire, l'herméneutique pour le symbole. Et, sans surprise, les amplificateurs sont essentiellement l'universalité et la pérennité.

Il n'y a là, somme toute, rien de bien étonnant concernant une cathédrale : ce pourquoi, probablement, l'auteur renforce son éloge de Notre-Dame comme emblème d'une communauté mystique par quelques diatribes contre des cibles elles-mêmes assez classiques : la « canaille médiatique », le « tourisme », les partisans de la « réduction utilitariste » ou de la « marchandisation dominante ». Dans ce contexte, le régime de communauté se renverse en facteur de dévalorisation (les 14 millions de touristes), tandis que sont mobilisés à titre de repoussoirs les registres réputationnel, économique et aesthésique, dont relève typiquement l'activité touristique (célébrité des lieux, exploitation marchande et quête de plaisir).

L'auteur cependant tente de compenser la trivialité du propos en mobilisant la référence à des penseurs (Heidegger, Durkheim, Saint-Augustin – cité en latin), en utilisant un vocabulaire recherché voire ésotérique (« catabase », « irréfragable perdurance », « unidiversité », « rites piaculaires », « matrimonium »), et en recourant à des oxymores tels que « esprit de pierre », « unidiversité », « enracinement dynamique », « transcendance immanente », « dialogie du visible et de l'invisible ». Ces audacieuses stratégies rhétoriques – par lesquelles la tentation du style semble parfois guider l'argumentation plus qu'elle n'en procède – culminent avec le jeu de mots sur « pieux » (ceux qui ont la « piété ») et « pieu » (la « pièce de bois » qui « sert de fondation ») : métaphore pour le moins hardie, qui permet d'associer le registre mystique de la foi au registre opératoire de la force – mais, face à un événement à ce point hors du commun, que n'oserait-on pas ?

N. H.

*

En cette nuit funeste Notre-Dame de Paris brûlait ! Et tout autour, peu à peu, une immense foule se rassemblait [RÉGIME DE COMMUNAUTÉ]. *Impuissante, mais comme en communion de destin* [RÉGIME DE COMMUNAUTÉ] *avec cet esprit de pierre* [oxymore : valeur = spiritualité ; registre MYSTIQUE] *tout en incandescence. Peuple silencieux. Puis, soudainement, chantant ou priant le « Je vous salue Marie ». Place Saint-Michel, Quai d'Orléans, pont Saint-Louis, l'émotion* [attestation de valeur] *se sublimait* [MYSTIQUE] *en un chant n'ayant rien d'offensif, mais où l'on entendait comme un écho d'une âme collective* [MYSTIQUE + RÉGIME DE COMMUNAUTÉ], *qui, depuis le Moyen Âge* [amplificateur = ancienneté], *entoure cette figure protectrice* [ÉTHIQUE] *de la cité* [CIVIQUE].

Nombreux sont ceux ayant célébré, tel Victor Hugo « Notre-Dame de Paris » (1831). Ne soulignent-ils pas que ses cloches, son bourdon en particulier, émeuvent les esprits les plus rassis et certains jours, enflamment l'ensemble de la ville [RÉGIME DE COMMUNAUTÉ].

Ce qui frappe est le climat de piété [MYSTIQUE] *régnant autour de la cathédrale. Quelque chose d'une pensée méditante* [MYSTIQUE]. *Me vient à l'esprit la remarque de Heidegger, considérant « la pensée comme un exercice de piété ». Piété caractéristique de ceux qui sont pieux* [MYSTIQUE]. *Le pieu c'est, également, cette pièce de bois droite permettant d'être assuré et solide* [OPÉRATOIRE].

Notre-Dame comme un pieu fiché en terre pour servir de fondation à tout être ensemble [OPÉRATOIRE + RÉGIME DE COMMUNAUTÉ].

La canaille médiatique sévissant dans la presse main stream [antivaleur[1] : #RÉPUTATIONNEL + # RÉGIME DE COMMUNAUTÉ] *déplorait à loisir cet incendie, car il mettait en danger l'attraction qu'exerçait cette église, mondialement connue et attirant 14 millions de touristes par an. La mettant, ainsi, sur le même plan que Disney World* [#ÉCONOMIQUE + #AESTHÉSIQUE + #LUDIQUE + #RÉPUTATIONNEL + #RÉGIME DE COMMUNAUTÉ].

1. Dans tous les textes cités en « intermèdes », les énoncés en position d'antivaleur (dévalorisation) feront l'objet d'un codage marqué du signe #.

Réduction utilitariste [#OPÉRATOIRE] *à bien courte vue, ne saisissant pas la force de l'imaginaire* [ESTHÉTIQUE], *cause et effet d'une telle construction. Les bâtisseurs des cathédrales étaient animés par un autre objectif : une incarnation du sacré* [MYSTIQUE]. *Et l'émotion collective éprouvée en voyant cette cathédrale brûler n'est pas autre chose que l'irréfragable perdurance* [amplificateur = PÉRENNITÉ] *de ce que Joseph de Maistre nommait « le résidu divin »* [MYSTIQUE].

Résidu comme solide substrat de toute société, voire de toute culture. Résidu qui comme le pieu de la piété est, certes, enraciné en un lieu donné, mais ne manque pas de rayonner d'une manière on ne peut plus large [amplificateur : UNIVERSALITÉ ; régime de communauté]. *Et il suffisait d'entendre, dans la foule compacte, les murmures prononcés en nos langues latines, pour comprendre « l'unidiversité » dont Notre Dame de Paris est le symbole. Elle rassemble ce qui est épars* [RÉGIME DE COMMUNAUTÉ]. *C'est le prototype de l'enracinement dynamique. Celui du « commerce », en son sens large, qui était pré-moderne, et qui sera, certainement, postmoderne* [amplificateur = PÉRENNITÉ].

« Commerce » que l'on retrouve dans le roman de Victor Hugo, où Quasimodo, Esmeralda, la Gitane et le beau Phoebus de Châteauperce se mêlent en une symphonie baroque où le parler en langues diverses n'en souligne pas moins l'unicité fondamentale [amplificateur = RARETÉ] *autour d'un principe commun* [amplificateur = UNIVERSALITÉ]. *En la matière, la nostalgie de l'ailleurs, celle de l'homme de désir, toujours taraudé par la transcendance* [MYSTIQUE].

C'est bien cela que les prières, les chants jaillissant spontanément, les pleurs surgissant sans honte traduisaient :

une transcendance immanente, confortant, réconfortant un peuple rassemblé [MYSTIQUE + CIVIQUE].

Durkheim parlait des « rites piaculaires » : rites de pleurs. Moments où l'émotion collective a une fonction charismatique [MYSTIQUE], *c'est-à-dire une fonction d'union, de communion* [RÉGIME DE COMMUNAUTÉ]. *Renaissance d'un lien que l'individualisme moderne n'a pas réussi tout à fait à rompre et qui à certains moments retrouve une force et vigueur indéniables. Certes le bavardage médiatique ou politique « pérore » sur l'attraction touristique de la cathédrale, ce qui est bien loin d'être essentiel. Car au-delà ou en deçà du tourisme* [#ÉCONOMIQUE + #AESTHÉSIQUE + #RÉPUTATIONNEL + # RÉGIME DE COMMUNAUTÉ], *la véritable attraction est spirituelle ou même sacramentelle* [MYSTIQUE]. *C'est-à-dire à l'image du sacrement, ce qui rend visible une force invisible* [MYSTIQUE + OPÉRATOIRE]. *En la matière le besoin d'un au-delà* [MYSTIQUE] *à l'enfermement égotiste propre* [#RÉGIME DE SINGULARITÉ] *à la modernité* [#amplificateur = NOUVEAUTÉ]. *Dialogie du visible et de l'invisible faisant fi de la marchandisation dominante* [#profit = ÉCONOMIQUE].

Ainsi, au-delà de la destruction d'un joyau du patrimoine de l'humanité, la crainte se lisant sur les visages apeurés, c'était celle de voir disparaître un véritable « matrimonium » collectif. Lieu servant de matrice spirituelle [MYSTIQUE] *à toute vie en société.*

Mais tout comme dans une carrière humaine, il faut, selon l'expression de Saint Augustin : « In te ipsum redi », *rentrer en soi-même afin de renaître à un plus-être* [MYSTIQUE]. *Tout est symbole* [HERMÉNEUTIQUE]. *Dans la nef, la croix lumineuse sur l'autel central a continué à briller. Peut-être faut-il comprendre cet incendie comme « catabase ».*

Notre-Dame des Valeurs

Descente aux enfers étant l'indice d'une résurrection à venir [MYSTIQUE]. *C'est bien cela que l'on ressentait dans la piété collective* [MYSTIQUE + RÉGIME DE COMMUNAUTÉ] *autour de Notre-Dame de Paris en feu !*

Chapitre 2

De la plume au micro

Les prises de parole des hommes politiques

Tsolag Paloyan

15 avril 2019 ; Notre-Dame vient de brûler. Alors qu'il se rend sur les lieux, Emmanuel Macron envoie un texto à sa plume officielle, Jonathan Guémas : « Envoie-moi un truc, dis-moi comment tu le sens. » Aussitôt, Guémas et quelques collaborateurs saturent sa messagerie cryptée[1].

Dans un contexte de concurrence pour la visibilité médiatique, où les personnalités politiques paraissent tenues de réagir, il paraît impossible de ne pas s'exprimer « aussitôt » sur un événement tel que l'incendie de Notre-Dame. Et justement, le président de la République, après une première intervention le soir même sur le parvis de Notre-Dame au micro des journalistes, s'exprimera à nouveau le lendemain dans une déclaration télévisée retransmise à l'échelle nationale, puis à nouveau le 18 avril à l'occasion d'une réception donnée à l'Élysée[2]. À ces prises de parole présidentielles

1. Michael Moreau, *Les Plumes du pouvoir*, Paris, Plon, 2020, cité par F.-G. Lorrain, « Ils ont écrit pour Mitterrand, Chirac, Sarkozy, Hollande, Macron... », *Le Point*, 5 mars 2020.

2. Emmanuel Macron, Intervention sur le parvis de Notre-Dame, 15 avril 2019 ; déclaration sur l'incendie de Notre-Dame de Paris, 16 avril 2019 ; discours de réception en l'honneur des sapeurs-pompiers et de l'ensemble des forces qui sont intervenues à Notre-Dame de Paris, 18 avril 2019.

s'ajoute le discours du Premier ministre, Édouard Philippe, prononcé lors de la conférence de presse du 17 avril. Enfin, outre les prises de parole médiatiques éparses mais nombreuses qui satureront les médias à la suite de l'événement, les personnalités politiques auront notamment l'occasion d'enrichir le discours sur Notre-Dame à l'occasion d'une séance de Questions au gouvernement le 30 avril dédiée à l'incendie, mais surtout tout au long de la discussion du « Projet de loi pour la conservation et la restauration de la cathédrale Notre-Dame de Paris et instituant une souscription nationale à cet effet », étalée sur trois lectures et deux chambres entre le 10 mai et le 16 juillet 2019.

Tous les propos des parlementaires cités ici proviennent de ces discussions en séance publique, et constitueront, avec les discours précités, l'essentiel du corpus d'interventions politiques sur lesquelles nous nous pencherons, en nous intéressant seulement ici aux qualifications de Notre-Dame par les acteurs au cours des débats parlementaires, et non aux désaccords sur les articles du projet de loi lui-même ayant trait aux modalités de la restauration et de son financement.

« Notre-Dame, c'est notre histoire, notre littérature, notre imaginaire », déclare le président de la République le soir même de l'événement, sur le parvis de Notre-Dame, devant les caméras ; elle abrite des « trésors artistiques, historiques et spirituels »[1] souligne le surlendemain son Premier ministre lors de la conférence de presse ; elle revêt un « intérêt historique, artistique et architectural[2] » et sa restauration est « un devoir artistique, patrimonial, républicain ; une nécessité

1. Édouard Philippe, conférence de presse, 17 avril 2019.

2. Député MoDem, en deuxième lecture à l'Assemblée nationale (AN), 2 juillet 2019.

française[1] », affirment ainsi des députés de la majorité. Dans un contexte de surproduction concurrentielle de prises de parole, les orateurs semblent contraints de surenchérir dans des sortes d'inventaires à la Prévert, où s'égrènent les qualités les plus diverses de l'édifice, *a fortiori* quand celles-ci paraissent pouvoir s'additionner sans encombre. Si cette propension à l'investir de qualités diverses laisse indécis quant à la nature de la valeur de Notre-Dame, elle témoigne cependant de ce que l'édifice est considéré comme un incontestable bien commun : « joyau national », « joyau français » ou « de notre civilisation », « joyau patrimonial », « du patrimoine », « de notre patrimoine »[2], ou encore « grande œuvre collective », « œuvre de toute une ville », « chef-d'œuvre universel »[3], « chef-d'œuvre porteur de l'âme d'une nation[4] ».

L'émotion comme attestation de la valeur

La menace de ce bien commun n'a pas manqué de susciter une forte émotion, preuve supplémentaire de l'attachement dont il fait l'objet. Or, si l'incendie a d'abord offert l'occasion d'un rappel consensuel de la grandeur, de l'importance, du caractère précieux que revêt Notre-Dame, bref de sa « valeur-grandeur[5] », ce fut prioritairement par l'expression verbale de l'émotion produite par l'atteinte à Notre-Dame.

1. Député LREM, en deuxième lecture à l'AN, 2 juillet 2019.
2. Première lecture à l'AN, 10 mai 2019.
3. Députés LREM, 10 mai 2019.
4. Député LREM, 10 mai 2019.
5. Voir Nathalie Heinich, *Des valeurs. Une approche sociologique*, *op. cit.*, p. 133-134.

Le soir même de l'incendie, sur le parvis et les réseaux sociaux, et le lendemain devant l'ensemble des compatriotes téléspectateurs, le président de la République s'étend en tout premier lieu sur la charge émotionnelle d'un tel événement en soulignant l'« atteint[e] dans [l']esprit [et] dans [le] cœur » et « l'émotion de toute une nation » face à « un terrible drame »[1], dont le chef de l'État se dit atteint lui-même dans un tweet (« Comme tous nos compatriotes, je suis triste. »). Quelques heures après la première intervention du 15 avril, la porte-parole du gouvernement insiste sur la volonté du chef de l'État de « partager la peine que ressent chacun de nos concitoyens[2] », et le lendemain de l'allocution télévisée le Premier ministre entame sa conférence de presse en rappelant que « le président de la République a exprimé hier soir l'émotion de la nation ». Le rappel de la valeur se fait ici principalement par l'explicitation de l'émotion produite par la catastrophe et par l'affirmation que l'incendie a porté atteinte à un bien, sans qu'il soit nécessaire de justifier cette affirmation par des qualités précises ou à l'aune de principes particuliers. De plus, ces déclarations sont faites le plus souvent en préambule des prises de parole, soit pour décrire pathétiquement l'événement, soit pour exprimer le sentiment du locuteur ou celui de la communauté.

Il n'en va pas différemment lors des débats parlementaires qui suivent, où la majeure partie des intervenants font également une place voire une première place à l'émotion suscitée par l'événement. Ainsi, lors de la première discussion du projet de loi en séance publique, les députés

1. Emmanuel Macron, intervention sur le parvis de Notre-Dame, 15 avril 2019 et déclaration sur l'incendie de Notre-Dame de Paris, 16 avril 2019.

2. P. V. Hacot, « Incendie de Notre-Dame : Macron annule tout pour partager "l'émotion de toute une nation" », *leparisien.fr*, 15 avril 2019.

de toutes appartenances politiques ne cessent d'évoquer l'« attachement » à cet édifice et l'« émotion » suscitée par ce « douloureux » épisode[1], ce « terrible » événement, ce « drame », cette « tragédie », ces images « terribles », « terrifiantes », voire « cruelles » qui laissent les Français « impuissants », « prostrés », « sous le coup de l'émotion », « saisis d'effroi » et « touchés au cœur »[2]. À chaque fois il s'agit de rappeler, voire d'expliciter, l'émotion produite par l'atteinte à Notre-Dame, sans toutefois s'embarrasser de justifier et d'étayer cette émotion.

En somme il s'agit moins ici d'attribuer une valeur déterminée à Notre-Dame que de la créditer d'une appréciation positive, d'une grandeur intrinsèque si évidente qu'elle n'a pas besoin d'être démontrée, et dont l'émoi se veut l'indice et la preuve suffisante. Ainsi lorsque le ministre de la Culture déclare devant les députés que ce qui a été atteint, « c'est une part de la France, une part de nous-mêmes dirai-je. Elle est si importante pour nous tous que son incendie [...] nous a laissés meurtris[3] », l'émotion répétée ici contribue à faire de l'édifice une chose valable pour elle-même. C'est ce que participe plus explicitement encore à faire la qualification récurrente de Notre-Dame comme « joyau », « œuvre » ou « chef-d'œuvre »[4], qui constitue l'édifice comme valeur en soi, sans déterminer davantage les ressorts d'une telle appréciation. Bref, ces énoncés ont essentiellement pour fonction de constituer Notre-Dame comme une entité à laquelle on

1. 10 mai 2019.

2. Première séance du mardi 30 avril 2019 ; première lecture à l'AN, 10 mai 2019 ; deuxième lecture à l'AN, 2 juillet 2019 ; lecture définitive à l'AN, 16 juillet 2019 ; première lecture au Sénat, 27 mai 2019 ; seconde lecture au Sénat, 10 juillet.

3. Ministre de la Culture, deuxième lecture à l'AN, 2 juillet 2019.

4. Voir les débats des 10 et 27 mai ainsi que du 2 juillet 2019.

accorde de l'importance pour elle-même, d'en affirmer la nature de « valeur-objet[1] ».

Certes, les interlocuteurs étayent parfois cette valeur sur des arguments esthétiques : un « joyau du XIIe siècle » ou de « l'architecture gothique », dont on souligne la « beauté », la « splendeur », le caractère « sublime » ou plus précisément encore le statut d'« œuvre d'art » en arguant éventuellement des intentions de son auteur[2]. Ainsi se confirme l'observation de Judith Schlanger selon laquelle l'esthétisation – à quoi nous ajouterons ici l'émotion – peut n'être qu'une façon de valoriser indirectement « ce qui nous paraît précieux et que nous voulons garder visible en mémoire sans prendre en compte sa motivation ou sa valeur d'usage[3] ».

Mais dans un contexte de saturation des discours de louanges à l'égard de Notre-Dame, les responsables politiques ont montré que d'autres valeurs peuvent aussi s'avérer utiles.

La valorisation par le symbole

Les débats parlementaires ont également révélé une tendance largement répandue à créditer Notre-Dame de « multiples symboles[4] », mobilisant ainsi non plus le registre

1. Nathalie Heinich, *Des valeurs*, *op. cit.*, p. 134.
2. « La flèche de Notre-Dame a été pensée par Viollet-le-Duc et Lassus pour être en harmonie avec celle de la Sainte-Chapelle, ces deux sœurs jumelles constituant les deux mâts du navire que forme l'île de la Cité », dit la députée LR Valérie Boyer, le 2 juillet 2019 à l'AN.
3. Cité par Nathalie Heinich, *La Fabrique du patrimoine. De la cathédrale à la petite cuillère*, Paris, Éditions de la Maison des sciences de l'homme, 2009, p. 252.
4. MoDem, 2 juillet 2019.

esthétique mais le registre herméneutique. La « portée symbolique[1] » ou bien encore l'« importance symbolique[2] » de Notre-Dame sont le plus souvent énoncées sans autre précision ; il s'agit simplement de souligner par un commode déictique « ce qu'elle symbolise[3] », de dire que « tout est symbole[4] », d'évoquer « un symbole à la fois matériel et immatériel[5] », « un monument en matière [...] de symboles », ou un « symbole » tout court, comme on l'entend dire régulièrement en séance publique[6]. Une telle tendance, remarquons-le, s'ancre plutôt au centre de l'échiquier politique. Dans de tels énoncés la qualité de symbole semble valoir pour elle-même et contribuer à elle seule à renforcer la valeur-grandeur de l'objet, de sorte que Notre-Dame peut se voir attribuer la valeur de significativité indépendamment des sens qu'elle est présumée délivrer. Le sens, ici, paraît si évident qu'il n'aurait pas besoin d'être précisé.

Même lorsque d'autres qualités sont invoquées, c'est au titre de symboles. Il en va ainsi de la « valeur fonctionnelle » attachée à l'étalon géographique que constitue Notre-Dame, et que rappellent aussi bien le Président, le soir même de l'événement sur le parvis de Notre-Dame, que deux parlementaires en séance publique. Mais cette utilité bien prosaïque semble n'avoir valeur qu'illustrative : si le président rappelle que « c'est l'étalon d'où partent les distances, et d'où l'on se mesure depuis Paris », c'est seulement pour illustrer combien Notre-Dame est, plus poétiquement,

1. LR, 30 avril 2019, *op. cit.* ; LREM, 10 mai 2019.
2. LREM, 10 mai 2019.
3. Ministre de la Culture, 2 juillet 2019.
4. Groupe Union des démocrates et indépendants (UDI), 10 mai 2019.
5. Groupe Union des démocrates, radicaux et libéraux, 10 mai 2019.
6. Le 10 mai 2019, respectivement par le ministre de la Culture, un député LREM et deux parlementaires du groupe Liberté et Territoires.

« l'épicentre de notre vie[1] » ; et si telle députée de la majorité précise encore que l'édifice est « au point zéro des routes de France », c'est pour signifier combien « cette grande dame » est au cœur du cœur de la France, « le centre de notre capitale »[2]. L'idée d'étalon a tellement le statut d'image qu'elle fait directement l'objet d'un emploi métaphorique chez cette sénatrice qui situe Notre-Dame « au kilomètre zéro de notre mémoire commune » (Groupe socialiste, écologiste et républicain, SER)[3]. En somme, c'est bien à nouveau à l'aune du registre herméneutique que Notre-Dame se trouve ici valorisée dans une rhétorique du symbolisme.

Mais si ce symbolisme est si évident, c'est qu'il est partagé par la communauté des interlocuteurs, que son sens est *communément* admis dans l'hémicycle. C'est donc sans surprise que l'on retrouvera cette dimension commune de la symbolique affleurer par moments sans qu'il soit possible de déterminer une coloration politique précise : « un symbole fort de notre histoire collective, patrimoniale[4] », « symbole de notre culture et témoin de notre histoire[5] », « un symbole, celui du collectif[6] », « symbole du génie français dans le monde[7] », « un symbole qui rassemble[8] ». Amené ainsi de façon abstraite, non déterminée, le registre herméneutique paraît éviter commodément aux acteurs de se prononcer sur des interprétations ou des échelles d'appartenance qui risqueraient davantage de cliver, comme on le verra.

1. Emmanuel Macron, intervention sur le parvis de Notre-Dame, 15 avril 2019.
2. 2 juillet 2019.
3. 27 mai 2019.
4. PS, 10 mai 2019.
5. MoDem, 10 mai 2019.
6. LREM, 10 mai 2019.
7. LREM, 30 avril 2019.
8. Sénatrice du groupe Union centriste, 27 mai 2019.

Toutefois, dans la mesure où « l'histoire de Notre-Dame est une histoire d'appropriation perpétuelle et de symbolisme politique récurrent[1] », ainsi que l'énonçait devant ses collègues une sénatrice du Groupe socialiste et républicain, il ne sera pas étonnant de trouver au sein de ce consensus sur la portée symbolique de l'édifice quelques infléchissements de sens plus politiquement marqués. Ces colorations politiques sont d'autant plus nettes qu'aux raisons proprement idéologiques dont on peut supposer qu'elles les sous-tendent s'ajoute un contexte de production et de circulation des discours qui favorise une certaine homogénéité des propos pour chaque groupe. En effet, outre les emprunts informels entre semblables, chaque groupe parlementaire possède son propre cabinet qui peut faire circuler auprès des députés et sénateurs de multiples notes dans la perspective des débats dans l'hémicycle ou en commission ; par ailleurs il n'est pas rare que les membres de la majorité présidentielle, comme les ministres, reçoivent les éléments de langage rédigés par le cabinet du porte-parole du gouvernement. On ne s'étonnera donc pas qu'au sein de chaque formation la recension des prises de parole successives confine à la lecture de palimpsestes.

Ainsi, proviennent plutôt de la droite des énoncés renvoyant au registre civique, faisant plus spécifiquement de Notre-Dame « un symbole fort de notre pays » (Les Républicains, LR)[2], un « symbole de l'unité nationale » (LR)[3], un « symbole de l'unité culturelle [des] Français » (LR)[4], « le symbole de notre civilisation européenne » (LR)[5], « le symbole

1. *Ibid.*
2. 16 juillet 2019.
3. 2 juillet 2019.
4. *Ibid.*
5. 27 mai 2019.

du rassemblement des Français » (Debout la France), le « symbole de notre unité, de notre histoire, de notre civilisation » (Rassemblement national, RN), ou encore « le symbole centenaire de la civilisation européenne et des racines chrétiennes du continent européen » (LR)[1]. En revanche, sont davantage situés à gauche de l'hémicycle les parlementaires qui attachent une dimension technique et épistémique à la significativité de l'édifice, lequel à leurs yeux « symbolise une victoire de nos anciens sur l'obscurantisme » (La France insoumise, LFI)[2] ou « symbolise [...] une victoire de la pensée et de la technicité humaines » (LFI)[3] ; ou encore ceux qui y ajoutent une dimension éthique en considérant qu'il constitue un « immense symbole d'émancipation [puisque] d'un point de vue technique, symbolique et historique, elle est un murmure de liberté » (LFI)[4].

Du bien commun
à la question de l'appartenance

Nul doute que Notre-Dame constitue un bien commun, un objet de fort attachement, qui suscite des réactions à la fois vives et largement partagées. Les parlementaires en séance publique ne cessent ainsi de faire référence à l'« émotion populaire unanime », à l'« émotion collective simultanée dans une communion [...] jamais constatée dans l'histoire »[5],

1. 10 mai 2019.
2. 2 juillet 2019.
3. 10 mai 2019.
4. *Ibid.*
5. LR, 27 mai 2019.

à une « émotion [qui] s'est répandue immédiatement [...] car ce monument fait partie de notre quotidien[1] », quand ils n'expliquent pas tout simplement que « nous étions effrayés à l'idée [de perdre] une partie de notre histoire commune[2] ». Bref, « l'incendie n'a pas uniquement ravivé notre émotion, il a aussi réveillé notre conscience collective[3] ».

De la droite à la gauche, députés et sénateurs insistent lors des débats sur le dépassement des clivages par l'émotion : du député PCF insistant sur « une communauté d'émotion réunissant ceux qui croient au ciel et ceux qui n'y croient pas[4] », au sénateur LR voyant dans « l'incendie dramatique de Notre-Dame » un de ces moments qui « nous rassemblent parce qu'ils transcendent nos désaccords [et] éteignent pour un temps nos querelles [...]. Ce soir-là, les fumées s'échappant de Notre-Dame ont pour un instant recouvert les clivages et rallié les regards de tous ces Français reliés dans une même émotion et rassemblés comme une seule nation »[5]. Ce registre civique peut même se marier au registre affectif lorsqu'un député de La France insoumise cite Ernest Renan pour affirmer que « la souffrance en commun unit plus que la joie[6] ».

Tant la portée symbolique que la portée émotionnelle de l'édifice font donc office de preuves d'une communauté d'appartenance de ce « joyau », régulièrement rapporté à sa dimension collective : « ce lieu qui est le nôtre[7] », « cette bâtisse est fondamentalement "notre dame" », « Notre-Dame

1. Député Régions et peuple solidaire, 2 juillet 2019.
2. 30 avril 2019.
3. Groupe socialiste, écologiste et républicain (SER), 27 mai 2019.
4. 2 juillet 2019.
5. 27 mai 2019.
6. 16 juillet 2019.
7. Emmanuel Macron, 18 avril 2019.

est nôtre », « Notre-Dame, c'est un peu notre âme »[1]. Toutefois de multiples compléments le rattachent plus spécifiquement à telle ou telle communauté : si les politiques peuvent ne pas éprouver le besoin d'expliciter *pour quelles raisons* Notre-Dame a de la valeur, ils peuvent avoir à cœur d'affirmer *pour qui* elle importe. Et c'est peut-être même précisément le rôle des politiques que de soulever une telle question, et d'y apporter des réponses.

Loin d'être monolithique, cet « espace d'appartenance » conjoint quantité d'échelles « disparates »[2] à l'intérieur du registre civique : « Pour les Parisiens, pour les croyants, pour les Français, pour tous ceux qui éprouvent cet attachement... » (La République En Marche, LREM) ; « Catholiques pratiquants, simples croyants ou athées, des millions de Français ont partagé ce soir-là un sentiment commun... » (RN)[3]. Or le choix de telle ou telle communauté – entre l'appartenance à la nation, l'appartenance à l'humanité ou l'appartenance à la communauté catholique – va de pair avec le choix de telle ou telle valeur ou registre de valeurs.

Une appartenance consensuelle à la nation

L'échelle d'appartenance à l'aune de laquelle Notre-Dame est la plus souvent valorisée est, de loin, celle de la communauté nationale. Les notions de « patrimoine » et d'« histoire » sont largement invoquées par

1. Député LREM, 2 juillet 2019 ; sénateurs du groupe Union centriste et du groupe LR, 27 mai 2019.
2. Nathalie Heinich, *Des valeurs*, *op. cit.*, p. 252.
3. 10 mai 2019.

des parlementaires de tous bords[1], qu'il s'agisse de « notre patrimoine », du « patrimoine français » ou « national », « historique » ou de « notre histoire ». L'invocation de la notion de patrimoine permet de réaffirmer la « continuité du groupe[2] », fondée sur le caractère « inaliénable » et donc pérenne du bien considéré. Si « le patrimoine mobilise une pluralité d'épreuves émotionnelles, elles-mêmes associées à la pluralité des valeurs, des registres de valeurs[3] », la « valeur patrimoniale[4] » elle-même, comme l'énonce une députée de la majorité en séance publique, resserre le champ des valeurs et registres de valeurs invoqués dans la mesure où la notion de patrimoine implique notamment « l'hypothèse d'intemporalité et d'appartenance à une communauté[5] ».

C'est d'une articulation similaire que procède la valorisation de Notre-Dame à l'aune de sa portée historique. Ainsi la valorisation dans chacune des chambres de Notre-Dame comme part de l'histoire de France, comme élément du « patrimoine historique[6] », ou encore, selon le Président, comme « le lieu où nous avons vécu tous nos grands moments[7] », est bien constitutive de la valeur authentique de l'édifice, et des valeurs à la fois domestiques et civiques qui lui sont attachées, amplifiées par son caractère pérenne.

L'on notera pour preuve que Notre-Dame n'est (presque) jamais désignée comme un legs ou un témoignage de « l' »histoire en général, mais bien plus précisément, et tous

1. 10 et 27 mai 2019
2. A. Weiner, cité par Nathalie Heinich, *Des valeurs*, *op. cit.*, p. 160.
3. Nathalie Heinich, « Les émotions patrimoniales : de l'affect à l'axiologie », *Social Anthropology*, 20/1, 2012.
4. Député LREM, 10 mai 2019.
5. Nathalie Heinich, *Des valeurs*, *op. cit.*, p. 272.
6. 10 et 27 mai 2019 ; 2 juillet 2019.
7. Emmanuel Macron, 15 avril 2019.

bords confondus, de « notre histoire[1] » : « notre histoire commune » répètent plusieurs députés, comme la « [cathédrale] de tout un peuple et de son histoire » ainsi que le dit encore le président de la République[2], comme un édifice qui détient une « place éminente [...] dans notre histoire et dans notre présent » selon une députée du Groupe socialiste et républicain, qui constitue un « élément indissociable de l'histoire de France » selon tel autre député du Rassemblement national. Cette dimension civique se colore parfois d'emprunts au registre mystique (« sanctuaire de l'épopée nationale ») ou herméneutique (« au-delà de réciter la Nation, cette cathédrale [...] l'incarne » selon une députée En Marche). Et elle peut recevoir des connotations plutôt sociales, dans la bouche de deux députés socialistes (« De par son histoire [...] Notre-Dame est porteuse d'un esprit populaire[3] ») ou simplement républicaines chez une députée de la majorité (« Haut lieu de notre histoire, la cathédrale a accueilli bien des événements de portée nationale, y compris républicains, qui la lient de façon indissociable à notre histoire et aux Français[4] »).

Cette affirmation d'une communauté d'appartenance[5] définie dans le cadre national (« Cette histoire, c'est la nôtre[6] », souligne le président de la République le soir de l'incendie) s'accompagne d'un recours à l'amplification par la pérennité : « Le caractère intemporel de la cathédrale » est évoqué notamment par une députée LR[7]. Or ce qui se trouve

1. Voir l'intervention d'Emmanuel Macron le 15 avril et les débats parlementaires des 10 et 27 mai et des 2 et 16 juillet 2019.
2. Emmanuel Macron, 16 avril 2019.
3. 10 mai 2019 et 2 juillet 2019.
4. 2 juillet 2019.
5. Nathalie Heinich, *Des valeurs*, *op. cit.*, p. 259, 263.
6. Emmanuel Macron, 15 avril 2019.
7. 10 mai 2019.

également amplifié, c'est la capacité de la cathédrale à solliciter chez les acteurs des valeurs éthiques qui les rassemblent dans un même devoir vis-à-vis d'un héritage commun : cette « mémoire de pierre », « cette œuvre des siècles [qui] nous dépasse »[1] (LR) nous oblige comme nous oblige « le jugement des siècles qui nous attend[2] » (LR) ; en d'autres termes, il s'agit « d'être à la hauteur d'une longue, d'une belle et d'une grande histoire[3] » selon le Premier ministre, d'« être à la hauteur de cet héritage[4] ». Cette exigence éthique vis-à-vis de ce « qui s'inscrit dans le temps long[5] », selon ce député LR, et « appartient à notre passé comme à notre avenir[6] », selon une sénatrice centriste, s'inscrit dans un cadre indissociablement domestique et civique de cohésion et de liens, rassemblant non pas seulement les contemporains mais « l'ensemble des Français, passés et à venir », que les députés voient aussi bien, à droite, réunis autour « de ses tours qui se dressent, protectrices et immuables, traversant les âges et servant aux Français de repères »[7] (LR) que, à gauche, « attachés à ce que nous pouvons tous avoir en commun, qui se traduit notamment par des œuvres qui traversent le temps »[8] (LFI).

L'appartenance nationale du bien Notre-Dame semble ainsi faire consensus, sur fond toutefois d'un risque implicite de dissension. Car en arguant qu'elle appartient à « toutes les Françaises et les Français, qu'ils soient athées, croyants, etc.[9] », ou en affirmant qu'elle est « bien plus

1. 2 juillet 2019.
2. 10 mai 2019.
3. Édouard Philippe, 17 avril 2019.
4. Régions et peuples solidaires, 2 juillet 2019.
5. LR, 2 juillet 2019.
6. 27 mai 2019.
7. 2 juillet 2019.
8. LFI, 10 mai 2019.
9. 16 juillet 2019.

qu'un lieu de culte, l'un des symboles d'une unité nationale[1] », de nombreux députés de bords différents (ici La France insoumise et Les Républicains) ne font pas qu'évoquer son appartenance à la nation, mais ils insistent aussi sur la prévalence de cette échelle par rapport à celle, plus réduite, de la seule communauté cultuelle.

Une appartenance variable à l'humanité

Le rattachement d'un bien commun à l'échelle nationale paraît constitutif de la position des « représentants de la nation » comme de celui qui l'« incarne ». Toutefois, d'un bout à l'autre de l'échiquier politique, les parlementaires s'accordent également à affirmer dans leurs interventions que Notre-Dame constitue « un trésor de l'humanité[2] », un « joyau de l'humanité[3] », « légué à l'humanité[4] », qu'elle tient « du génie créateur humain[5] », et l'on ne cesse de rappeler tout au long des discussions du projet de loi que Notre-Dame appartient au « patrimoine mondial[6] ».

Parallèlement à la valeur cardinale de pérennité, celle d'universalité compte en effet parmi les attributs fréquents de Notre-Dame : elle « appartient à tout le monde[7] » (LFI), elle « est un bien commun, pas seulement national, mais

1. 2 juillet 2019.
2. LR, 27 mai 2019 ; LR, 2 juillet 2019.
3. LR, 10 mai 2019.
4. LREM, 10 mai 2019.
5. LFI, 10 mai 2019.
6. Interventions de parlementaires LREM, LFI, MoDem, LR, Debout la France, SER, lors des séances des 10 et 27 mai et du 2 juillet 2019.
7. LFI, 10 mai 2019.

de l'humanité tout entière », elle « vit dans le cœur et dans les yeux du monde entier » (SER), elle relève du « [patrimoine] de notre humanité »[1] (PS), elle constitue un « témoignage de la richesse de l'humanité[2] » (UDI). Elle doit être restaurée pour les « Européens, et plus largement pour l'humanité[3] » selon le ministre de la Culture ; et selon le Premier ministre elle « est un peu le clocher du monde » et doit « continuer, comme l'écrivait Marcel Proust dans un article de 1904, "dans son immensité de donner asile aussi bien aux lettrés qu'aux croyants, aux vagues rêveurs qu'à l'archéologue"[4] », etc. Ainsi retrouve-t-on à l'échelle planétaire le consensus sur l'appartenance nationale, tandis que seule l'échelle européenne, intermédiaire entre les deux, n'est présente que chez les députés et sénateurs LREM, LR et RN[5].

Cependant l'extension de la valeur-objet à l'échelle planétaire puise à des valeurs-principes qui peuvent varier selon l'orientation politique. Ainsi la justification de la valeur universelle de Notre-Dame par sa dimension populaire, ou bien encore technique et scientifique, est davantage le fait de parlementaires situées à gauche de l'hémicycle : soit députés de La France insoumise, soutenant que « ce symbole a acquis une appartenance populaire et universelle[6] » et que ses « prouesses techniques et humaines » en font l'illustration de « la victoire de nos anciens sur l'obscurantisme »[7] ; soit sénateur communiste admirant un « ensemble architectural

1. Respectivement Sylvie Robert (SER) et David Assouline (PS), 27 mai 2019.
2. UDI, 2 juillet 2019.
3. 30 avril 2019.
4. Édouard Philippe, 17 avril 2019.
5. 10 et 27 mai 2019.
6. 10 mai 2019.
7. 2 juillet 2019 ; 10 mai 2019.

aussi vaste et complexe[1] ». À droite au contraire, si la « valeur universelle exceptionnelle » ou l'appartenance au « patrimoine mondial » de l'édifice doivent être justifiées, ce sera plutôt par « sa qualité de chef-d'œuvre de l'architecture du Moyen Âge », donc comme legs d'un passé culturel plutôt que comme témoignage de progrès technique, ou par sa qualité d'œuvre d'art pensée selon ses critères esthétiques propres – l'« harmonie » par exemple[2]. Dès lors en effet qu'on fait de l'édifice l'incarnation du savoir et de la connaissance, voire de la beauté, alors ce n'est pas seulement la communauté nationale qu'il s'agit de substituer à la communauté catholique, mais la communauté humaine dans son ensemble, puisque de telles valeurs (techniques, scientifiques, esthétiques) ont l'avantage d'être appropriables, au moins en droit, par tous : « Notre-Dame a avant tout à voir avec l'humanité universelle, celle de la science et du savoir », insiste un député LFI.

Une appartenance contestée à la communauté catholique

On a vu avec quelle facilité les responsables politiques s'accordaient sur l'appartenance nationale voire planétaire de Notre-Dame. Reste à examiner le sort qu'ils réservent au lien entre Notre-Dame et la communauté catholique.

Quand le Premier ministre rappelle en conférence de presse les trésors « spirituels » que Notre-Dame renferme,

1. 27 mai 2019.
2. Députés LR, 2 juillet 2019.

quand une députée de la majorité en parle en séance publique comme d'un « lieu saint », ou quand une députée du Rassemblement national y voit le même jour un « mystère qui doit être conservé » et lui assigne une vocation de « paratonnerre spirituel »[1], il s'agit bien de célébrer l'édifice à l'aune des valeurs « inspirées » ou « mystiques » de la spiritualité, de la sacralité, de la transcendance[2]. Mais si ce registre mystique ne perce que parcimonieusement dans les discours (comme le révèle la rareté de ces occurrences dans notre corpus), c'est qu'elles peuvent difficilement être engagées à découvert, dans la sphère politique, publique et laïque.

En revanche il n'est pas rare que les responsables politiques se réfèrent à l'ordre religieux non en tant que valeur mais en tant que domaine d'activité : il s'agit alors d'évoquer simplement un fait, comme lorsqu'en séance publique de nombreux députés et sénateurs des groupes Les Républicains et La République En Marche se contentent de décrire Notre-Dame comme le « cœur du culte catholique parisien » (LREM)[3], « un centre religieux et un lieu de culte catholique » (LR) ; c'est encore un « lieu vivant du culte des chrétiens »[4] pour ce député LR, qui paraphrase ici les mots de l'archevêque de Paris : « C'est un lieu vivant. Ce sont les chrétiens qui le font vivre[5]. » À droite des députés insisteront en affirmant la priorité de ce domaine d'activité sur les autres : ainsi Notre-Dame « est avant tout un lieu de culte et [...] les travaux doivent préserver [son] intérêt cultuel »

1. 2 juillet 2019.
2. Nathalie Heinich, *Des valeurs*, *op. cit.*, p. 249.
3. Député LREM, 30 avril 2019.
4. 10 mai 2019.
5. Mgr Michel Aupetit, archevêque de Paris, propos recueillis par Bernadette Sauvaget, *Libération*, 18 avril 2019. Voir dans ce volume le chapitre rédigé par Nicole Dyonet.

(LR), elle constitue certes « un monument historique appartenant à notre patrimoine, [mais] elle est peut-être avant tout un lieu de culte pour les catholiques » (RN), elle est « avant tout un lieu de culte catholique, depuis l'origine jusqu'à nos jours » (LR)[1]. En insistant sur une fonction cultuelle présentée comme un fait objectif, les politiques peuvent s'appuyer non tant sur une valorisation mystique de la foi que sur une valorisation d'un lien domestique unissant intimement ses membres. Ainsi Notre-Dame se trouve rattachée à une communauté d'appartenance – celle des catholiques – sans que cela apparaisse comme un jugement de valeur.

Il n'en reste pas moins qu'un tel jugement de fait ne convient pas à tous. D'aucuns excluent d'adopter le domaine d'activité de Notre-Dame comme étalon de sa valeur, tel le ministre de la Culture déclarant devant les députés que « plus qu'un monument, plus qu'une cathédrale, [Notre-Dame] est une part de la France » : là ce n'est pas à la communauté catholique, ni à celle des esthètes admirateurs des monuments qu'est rapportée Notre-Dame, mais à la communauté nationale tout entière. Quand, le même jour, tel député LFI estime devant ses collègues que cet édifice « reste, qu'on soit athée ou croyant, la cathédrale commune de tous les Français », il manifeste bien que la valeur mystique de la foi ne permet en rien de justifier l'appartenance de Notre-Dame à la communauté catholique. De même, quand tel député du Rassemblement national voit dans l'édifice « plus qu'une cathédrale dédiée au culte catholique, [...] un symbole de notre pays », il s'agit ici d'élargir l'appartenance de l'édifice, au-delà de la communauté des croyants, à la nation tout entière, en subordonnant un domaine d'activité

1. Interventions datées du 2 juillet 2019, comme toutes les citations qui suivent sauf mention contraire.

(cultuel) à une portée symbolique (nationale), et la valeur mystique à la valeur civique. De même encore, quand telle députée PS estime en nouvelle lecture du projet de loi qu'« il n'y a de beauté dans ces édifices tournés vers le ciel ou, plus modestement, repliés sur les vies qu'ils protègent que dans l'intention des femmes et des hommes d'inscrire une volonté », elle subordonne la valeur esthétique (« beauté ») et la valeur mystique (« vers le ciel ») à la valeur éthique de « protection » et, plus encore, de « volonté », affirmant la primauté du registre éthique, présumé plus universel.

Un député de La France insoumise est plus explicite encore : prenant le contrepied de ceux qui « voient dans [la] magnificence [de Notre-Dame] la main de Dieu », et préférant y voir « le meilleur de l'esprit » des « êtres humains qui l'ont construite », il récuse l'appartenance de l'édifice à la seule communauté catholique, et même à la communauté nationale. Si en effet Notre-Dame n'est pas simplement la « cathédrale commune de tous les Français » mais aussi « certainement de bien d'autres », c'est précisément parce qu'« elle surgit comme un monument qui, quelles que soient les convictions de chacun, est d'abord l'apothéose de l'esprit humain. » Derrière ce remplacement de « la main de Dieu » par « l'esprit humain », de cet inexplicable « mystère » monumental (RN) par l'interprétation du monument comme « trace de cet acharnement incroyable à vouloir faire, imaginer et dépasser les limites », bref derrière ce remplacement des valeurs mystiques par celles – herméneutiques, épistémiques et techniques – de sens, de savoir et de savoir-faire, il s'agit bien d'affirmer l'appartenance à une universalité supérieure.

Consensus sur la valeur et inflexions des principes de valorisation

Si la grandeur de Notre-Dame fait consensus et, partant, si tous les politiques s'accordent sur son caractère de bien commun, les opinions divergent néanmoins sur l'échelle d'appartenance de ce bien – même si, dans le contexte civique où s'expriment des représentants de la nation voire de l'État, tous s'entendent pour affirmer l'appartenance de Notre-Dame à l'échelle nationale. Un peu moins consensuelle est son appartenance à la communauté planétaire de l'espèce humaine, avec quelques divergences en fonction des sensibilités politiques ; mais ces divergences sont rarement explicitées, sauf s'agissant des dimensions européenne ou civilisationnelle, plutôt présentes à droite.

Seule l'appartenance à la communauté catholique fait véritablement dissensus, faisant apparaître alors les principes axiologiques sous-tendant les positions : valeurs mystiques et domestiques pour la communauté catholique contre valeurs civiques, herméneutiques, épistémiques, techniques ou esthétiques pour la communauté nationale – mais amplifiées, toujours, par la pérennité pour la dimension patrimoniale, et par l'universalité pour la dimension planétaire.

Intermède n° 2

« Athées ou croyants... » par Jean-Luc Mélenchon, homme politique

(Blog « L'Ère du peuple », 15 avril 2019)

Dans ce texte inspiré, publié sur son blog quelques heures après l'incendie, le chef de parti et ex-candidat à l'élection présidentielle Jean-Luc Mélenchon affirme avec brio la grandeur de Notre-Dame en en faisant la conjonction de deux registres de valeurs pourtant fort différents, voire opposés : le registre mystique de la foi et de la spiritualité, et le registre épistémique de la connaissance et de la rationalité. La cathédrale incarne ainsi l'alliance improbable de deux convictions que tout, dans l'histoire, oppose, en un « terrible dilemme » : la croyance et la raison, la mystique et la science, la transcendance et l'immanence. Endossant le statut du chef qui unit les troupes face à l'adversité, Mélenchon renoue avec Aragon, d'un désastre à l'autre et à près de quatre-vingts ans d'écart, pour chanter l'union des contraires, solidaires dans la défense d'un bien commun : la rose et le réséda, « celui qui croyait au ciel et celui qui n'y croyait pas ».

Mais si, avec Notre-Dame, c'est la foi qui prime dans l'ordre à la fois chronologique et ontologique (elle fut d'abord une cathédrale, et le demeure), la raison scientifique et technique – le dépassement par le génie humain – vient finalement coiffer la spiritualité : quoique « religieux », l'édifice n'en reste pas moins « l'incarnation de la victoire de nos anciens contre l'obscurantisme » (de même que les croisés, partis pour illustrer leur foi, sont revenus avec « les sciences mathématiques, physiques et chimiques »). Conformément au schéma de la hiérarchie par englobement mis en évidence par Louis Dumont, la synthèse dialectique entre les contraires se mue en victoire de la raison sur la foi, celle-ci absorbée par celle-là.

Au-delà des valeurs explicitement ou implicitement convoquées (la foi, le savoir-faire, la science, le travail, le sens, la liberté, le patriotisme), au-delà des registres dont elles relèvent (essentiellement le mystique et l'épistémique, celui-ci associé au technique) et de leurs amplificateurs (essentiellement l'universalité et la pérennité), c'est au niveau supérieur des régimes de qualification que se situe cette sorte de déclaration d'amour à un être en souffrance : tout en effet, dans le texte, vise à inscrire Notre-Dame dans le régime de communauté, propre à unir non seulement les citoyens (car l'auteur, en fin politique, n'oublie pas de convoquer *in fine* le registre civique) mais aussi, plus généralement, les humains.

La cathédrale en feu fait alors figure de « grand singulier » capable de fédérer autour d'elle des communautés d'admiration. L'élévation rhétorique dans les niveaux de la grammaire axiologique – du principe de valorisation au régime de qualification – correspond ainsi à l'élévation de la cathédrale au rang de symbole de l'union des contraires, gage d'universalité. Et cette universalité de la valeur résulte du dépassement de l'opposition entre un monde régi par le partage d'une même foi et un monde régi par le partage d'une commune humanité, au profit d'un hymne à la toute-puissance non du divin mais de l'ingéniosité humaine, conquise génération après génération. Les non-catholiques se trouvent dès lors implicitement autorisés à s'approprier la cathédrale en en pleurant la destruction sans trahir pour autant leurs convictions laïques.

Plus d'un siècle après la loi sur la séparation des Églises et de l'État, c'est donc la question civique de la définition d'un bien commun, et de son partage entre croyants et athées au sein d'une même nation, qui se rejoue ainsi sous la plume d'un politicien chevronné.

N. H.

*

Athées ou croyants, Notre-Dame est notre cathédrale commune [RÉGIME DE COMMUNAUTÉ]. *Le vaisseau, la nef qui nous porte tous* [RÉGIME DE COMMUNAUTÉ] *sur le flot du temps* [amplificateur = PÉRENNITÉ]. *Et je crois que nous l'aimons de la même façon* [RÉGIME DE COMMUNAUTÉ]. *Il y a ceux pour qui la main de Dieu* [MYSTIQUE] *est à l'œuvre dans l'édification de ce bâtiment. Mais ils savent que si elle y paraît si puissante, c'est sans doute parce que les êtres humains se sont surpassés* [TECHNIQUE + ÉPISTÉMIQUE] *en mettant au monde Notre-Dame. Et d'autres, ceux qui connaissent le vide de l'Univers privé de sens et l'absurde de la condition humaine, y voient par-dessus tout cette apothéose de l'esprit* [ÉPISTÉMIQUE] *et du travail* [OPÉRATOIRE] *de milliers de femmes et d'hommes durant deux siècles et depuis plus de huit cents ans* [amplificateur = PÉRENNITÉ]. *Ils ressentent ce que la cathédrale a signifié depuis sa première heure* [HERMÉNEUTIQUE], *quand elle n'était encore qu'un plan, et à l'instant où fut planté le clou d'or d'où seront tirées toutes les lignes et commencés tous les calculs* [ÉPISTÉMIQUE].

Bien sûr, Notre-Dame accueille tout le monde [RÉGIME DE COMMUNAUTÉ], *et la foi catholique l'anime* [MYSTIQUE]. *Mais elle n'appartient à personne ou bien seulement à tout le monde* [RÉGIME DE COMMUNAUTÉ], *comme les pyramides du plateau de Gizeh. Tout le monde, c'est-à-dire la cohue sans fin des générations* [amplificateur = PÉRENNITÉ] *qui se sont mises les unes sur les épaules des autres jusqu'au sommet des tours, des flèches, et ne se sont jamais arrêtées en chemin vers le ciel, l'espace, la lune, les planètes, les étoiles* [amplificateur = UNIVERSALITÉ] *! Du premier calcul pour faire tenir debout une voute de 33 mètres de hauteur à celui qui a permis à la sonde Rosetta et son émissaire Philae de parvenir jusqu'à l'astroïde Tchouri, la patate glacée dans l'espace, c'est tout un* [ÉPISTÉMIQUE]. *Et avant la cathédrale, je dirai que le temple d'Apollon qui se trouvait là visait de même* [amplificateurs = PÉRENNITÉ + UNIVERSALITÉ]. *Que le bâtiment soit un édifice religieux n'empêchera jamais qu'il soit l'incarnation de la victoire de nos anciens contre l'obscurantisme* [ÉPISTÉMIQUE].

Des croisades, on ramena les sciences mathématiques, physiques et chimiques que l'Orient avait conservées [ÉPISTÉMIQUE]. *Elles germèrent dans les esprits. Elles y mirent un terrible dilemme. Il n'a jamais quitté notre civilisation. Il a pris successivement mille visages. Il hante encore l'esprit de chacun tout entier dès qu'il pense. Le voici : il y a la vérité révélée* [MYSTIQUE], *celle qui vient de l'extérieur, qui est affirmée par la coutume ou la religion et qui s'impose avec le visage rassurant de l'évidence. Et il y a celle que l'on trouve avec son propre cerveau, d'après sa propre enquête, ses propres calculs, celle que la science approche chaque jour d'un peu plus près* [ÉPISTÉMIQUE]. *Toute la dignité de l'être humain* [dignité = ÉTHIQUE] *est dans cette tension qui le pousse à décider par raison davantage que par instinct* [ÉPISTÉMIQUE], *par réflexion indéterminée plutôt que par le comportement programmé de son espèce* [liberté = ÉTHIQUE].

Notre-Dame est le signal d'un temps nouveau qui commençait [amplificateur = ORIGINALITÉ]. *Il symbolise la douleur du savoir qui doute de lui-même pour avancer, l'inébranlable confiance dans l'esprit et dans sa victoire possible contre l'ombre qui masque, la mort qui soustrait et l'ignorance qui trompe* [ÉPISTÉMIQUE]. *Notre-Dame est un message universel* [amplificateur = UNIVERSALITÉ]. *Le peuple de France ne s'y est pas trompé* [CIVIQUE]. *Toutes ses grandes heures y ont transité. Des premiers États Généraux à la victoire sur les nazis, la nef a accueilli toutes nos clameurs libératrices* [CIVIQUE + ÉTHIQUE]. *Je me dis qu'elle ne brûlera jamais tout à fait* [amplificateur = PÉRENNITÉ]. *Il en restera toujours un morceau qu'un être humain voudra continuer vers le ciel* [amplificateurs = PÉRENNITÉ + UNIVERSALITÉ].

Chapitre 3

Une émotion très catholique

Paroles de prélats

Nicole Dyonet

« Le mot catholique n'est pas un gros mot... ce sont quand même les Catholiques qui font vivre la cathédrale Notre-Dame, qui n'est pas un musée ! »

Dans le studio d'enregistrement de Sud-Radio, le 17 avril 2019, le ton est celui d'une colère contenue. Le ton ironique de Mgr Aupetit est celui d'un prélat qui, en public, proteste poliment mais fermement contre l'absence de la qualification de « catholique » associée à la cathédrale dans le tout récent discours que le président de la République a adressé aux Français très peu de temps après l'incendie.

L'exacte qualification et, partant, la valorisation de Notre-Dame de Paris est l'enjeu de la polémique qui s'ouvre dès le 16 avril. Tous les laïcs qui se sont exprimés depuis la veille et qui continuent les jours suivants ont affirmé, sur un ton exclamatif, la valeur (au sens de grandeur) de Notre-Dame et, par conséquent, son statut de valeur-objet ou de bien : « C'est un monument », « C'est un joyau de l'art gothique », etc. Elle est aussi le sujet d'une épopée romanesque mondialement connue et vulgarisée par le cinéma, ainsi qu'une curiosité très attractive pour le tourisme de masse. Or, martèle Mgr Aupetit, Notre-Dame n'est pas autre chose qu'un lieu de culte catholique : ce qui lui confère sa valeur, c'est essentiellement, sinon exclusivement, cette valeur-principe qu'est la spiritualité du culte.

L'enjeu de la controverse abruptement amorcée et poursuivie par le clergé jusqu'en juillet 2019 fait de Notre-Dame de Paris, sociologiquement parlant, un « objet-frontière » : de part et d'autre les locuteurs tendent à déplacer la limite entre une qualification purement patrimoniale du monument et de son environnement urbain et celle, exclusivement catholique, de la cathédrale, sans son environnement.

Ceux qui s'expriment

Les locuteurs sont principalement les prélats affectés à Notre-Dame de Paris : Mgr Michel Aupetit, archevêque de Paris, Mgr Patrick Chauvet, recteur, qui a reçu de l'archevêque précédent (Mgr Vingt-Trois), la « garde de la cathédrale » ; Mgr Benoist de Sinety, vicaire général du diocèse de Paris, représentant de Mgr Aupetit au sein de l'Établissement public[1] à partir de juillet 2019. Particulièrement concerné par le sujet, il est officiellement « consulté sur les opérations de reconstruction et de conservation de la cathédrale » (loi du 16 juillet 2019). S'y ajoute, à un autre degré de la hiérarchie cléricale, le père Gilles Drouin, docteur en théologie de l'Institut catholique de Paris, directeur de l'Institut supérieur de liturgie : une voix écoutée notamment depuis que l'archevêque de Paris l'a nommé à la tête de l'Atelier diocésain, chargé de réfléchir aux conditions de la restauration et de formuler des propositions auprès des autorités

1. Abrégé communément dans la presse en E.P.

civiles et plus particulièrement auprès de l'architecte chargé de la conception générale de la réhabilitation[1]. Philippine de Saint-Pierre s'est également exprimée sur le sujet au titre de directrice de la télévision confessionnelle, la KTO, porte-voix de l'archevêché. À cette exception près, les mots et les formules retenus ici sont propres à un corps social homogène et masculin, séparé de la société des civils par l'ordination et en même temps statutairement intégré à la vie du siècle selon les canons de l'Église et les lois de l'État laïc[2].

Pour tous ceux qui s'expriment à cette occasion – hommes de foi et hommes d'Église –, les opinions, les émotions personnelles ne s'exposent pas hors de l'Église. Ni purement subjectifs ni simples descriptions de l'état des choses, les mots, les phrases, les images comprennent toujours un aspect d'auto-implication et d'assimilation à la foi et à l'Église[3]. Lorsqu'ils communiquent avec le public (catholique ou non), ces hommes suscitent des attitudes d'engagement et de reconnaissance de la part de ceux qui les écoutent, et avec

1. Gilles Drouin, *Architecture et liturgie au XVIIIe siècle*, préface de l'architecte Jean-Marie Duthilleul, Paris, Cerf, coll. « Lex Orandi », février-mars 2019.

2. La variété des éléments du corpus documentaire de l'étude traduit celle des moyens de communication et de publication abondamment utilisés par le clergé pendant la période 2019-2020. L'audiovisuel : Radio Notre Dame, du 16 avril 2019 ; France Inter, 16 avril 2019 ; Sud-Radio, 17 avril 2020 ; la chaine KTOV qui réalise des vidéos (16 avril 2019, 15 juin 2019, 10 avril 2020) diffusées en boucle ; la presse papier, nationale ou régionale : *La Vie*, du 19 avril 2019 ; *Ouest-France*, du 15 juin 2019 qui cite des déclarations faites par Michel Aupetit à l'AFP ; *Le Parisien* du 23 décembre 2019, interview de Mgr Aupetit ; *Paris Match*, numéro spécial, novembre-décembre 2019, interviews de MMgr Aupetit, Chauvet, de Sinety ; *La Croix*, 14 avril 2020, notamment l'article récapitulatif, « Duels au pied des tours », avec des interviews de Mgr Aupetit ; *Le Pèlerin*, article de Sophie Laurent avec interview, du 8 juillet 2020, mise à jour le 9 février 2021.

3. Voir Bernard Lauret, François Refoulé (dir.), *Initiation à la pratique de la théologie*, t. 1, « Introduction », Paris, Cerf, 1994.

d'autant plus d'autorité que le rang qu'ils occupent dans la hiérarchie ecclésiastique a fait de la majorité d'entre eux, et au sein de l'Église, des pasteurs de droit divin qui, successeurs des apôtres selon le droit canonique, se sont vu confier par le Christ la charge de gouverner l'ensemble des chrétiens : le peuple de Dieu. Concrètement, ils ont une mission à la fois pratique, sacramentelle et doctrinale qui vise un seul objectif : le bien commun de l'Église.

Aussi, dans la quasi-totalité des cas relevés, le ton est celui de l'assurance fondée sur la conviction que « le christianisme est missionnaire », que son « vocabulaire porte le témoignage et la transmission. La Foi s'exprime ; le chrétien l'atteste ; les mots le permettent »[1]. Dans un tel contexte à la fois social et langagier, la compétence évaluative des locuteurs est indiscutable, et les énoncés se situent à un niveau normatif. Qu'il s'agisse de l'évaluation de l'événement incendie, du sens à donner à la position topographiquement centrale de l'église ou des valeurs à préserver ou à magnifier lors de la restauration de la cathédrale au XXIe siècle, toutes les prises de parole s'inscrivent dans le cadre de la spécificité du catholicisme.

La centralité

« Oui, cette cathédrale est un lieu de culte, c'est sa finalité propre et unique[2] » : autant la première partie de la phrase relève d'un jugement de fait, voire d'une évidence

1. Quatrième de couverture du livre de Pascal-Raphaël Ambrogi, *Dictionnaire culturel du christianisme. Le sens chrétien des mots*, préface de Mgr Pascal Wintzer, archevêque de Poitiers, Paris, Honoré Champion, 2021.
2. « Messe casquée », 16 avril 2019.

(qui contesterait, en avril 2019, que Notre-Dame soit un lieu de culte ?), autant la seconde embraye sur un jugement de valeur quoique sous l'aspect d'un jugement de fait. Dans la bouche de l'archevêque, « unique » affirme la spécificité du statut proprement spirituel assigné à ces pierres, qui ne prennent sens et valeur que dans la religion catholique.

Une même charge valorisante est accordée au mot « centre » : s'il est indiscutable lorsqu'il s'agit de constater la position de Notre-Dame dans la topographie urbaine, il est clair que son sens ne se limite pas à la géographie. Il fait immédiatement image avec « cœur » qui, dans le langage clérical, donne un tout autre poids à la centralité : « au cœur de l'île de la Cité, au cœur de l'histoire de France », Notre-Dame est « l'âme de Paris » ; « Édifice religieux au centre de Paris, il est présent dans l'inconscient collectif des Français et aussi de par le monde »[1]. « Centre » devient dans ce contexte le synonyme de trois catégories de foi (corps, cœur, âme[2]) qui, lorsqu'elles sont liées entre elles, sont depuis longtemps et jusqu'à aujourd'hui des objets d'exégèse pour les théologiens.

La centralité unit deux valeurs-principes : d'une part, l'intériorité la plus profonde, renvoyant soit à l'inconscient collectif en langage profane, soit à l'âme en langage chrétien ; et d'autre part l'unité, qui est la valeur du centre par excellence et aussi, dans ce contexte, une propriété majeure de Dieu. L'union du corps, du cœur et de l'âme, propre à la participation au divin, fait de Notre-Dame le lieu de culte de l'Incarnation, le lieu du Christ : un centre insécable. « Signe de notre France » par son emplacement, qui symbolise la

1. *Paris Match*, numéro spécial, *op. cit.*

2. Voir Bernard Lauret, François Refoulé (dir.), *Initiation à la pratique de la théologie*, *op. cit.*

centralité du christianisme dans l'histoire nationale, Notre-Dame est la preuve de l'« enracinement chrétien[1] » du pays : enracinement qui renvoie à la valeur d'ancienneté, jouant ici le rôle d'amplificateur des valeurs à la fois spirituelles (le christianisme) et civiques (la France), dont le rappel ancre la parole du prélat dans une double référence, profane et sacrée. Ce qui compte vraiment donc, ce ne sont pas les pierres mais c'est « le lieu où l'évêque enseigne la Parole de Dieu[2] » : ce pourquoi Saint-Germain-l'Auxerrois (dont Mgr Aupetit se félicite qu'elle soit « à côté du Louvre, au centre de Paris ») fera aussi bien l'affaire.

La modernité

Les 15 et 16 juin 2019, à l'époque de la « messe casquée[3] », Philippine de Saint-Pierre déclare dans plusieurs studios d'enregistrement (dont ceux de France Inter) que Notre-Dame « a toujours accueilli la modernité » ou, avec une variante, que « Notre-Dame a toujours respecté la modernité ». La modernité correspond à un état du monde profane d'aujourd'hui dans lequel sont en train de disparaître les éléments d'un état passé au profit d'éléments nouveaux ou retravaillés. Si elle peut faire problème pour l'Église, qui prétend à l'immutabilité de son être dans le temps humain, la faveur que celle-ci lui accorde en 2019 permet l'adaptation à des nouveautés contemporaines, sans

1. Homélie, 16 avril 2019.
2. *Paris Match*, numéro spécial, *op. cit.*
3. Ainsi appelée parce que, le 16 avril 2019, tous les officiants sont munis de casques de chantier blancs.

rupture totale avec la tradition mais au prix de quelques réévaluations.

Couplée avec son antonyme qu'est l'ancienneté, la modernité est un amplificateur de la valeur-grandeur accordée à Notre-Dame, qui permet d'élargir le cercle de ceux pour qui elle représente une « valeur » au sens de valeur-objet, de bien incontestable : ainsi peut-elle s'inscrire à la fois en régime de communauté par son ancienneté, qui relie à tous ceux qui nous ont précédés, et en régime de singularité par la modernité ou la nouveauté, qui permet de rallier ceux pour qui compte aussi le présent, et qui feront l'avenir.

La modernité, c'est aussi la participation aux rituels profanes contemporains. Ainsi, au journaliste de *Paris Match* qui lui demande : « Vous avez célébré le 9 décembre 2017 à la Madeleine les obsèques de Johnny Hallyday. Cette notoriété vous profite-t-elle, si je puis m'exprimer ainsi, pour Notre-Dame ? », Mgr de Sinety répond que cette notoriété n'est utile qu'en tant qu'elle « aide à ouvrir les cœurs » en faveur de Notre-Dame incendiée[1]. Ouvrir les cœurs, c'est inciter à la pitié et à la charité, deux valeurs fondamentales dans le catholicisme, relevant du registre éthique. Voilà qui permet de mettre à distance le registre réputationnel de la notoriété, valeur faible et d'autant plus qu'elle est associée, ici, à un héros de la culture populaire.

Celle-ci est également propre au tourisme, tout aussi éloigné des fondements du catholicisme : si en effet la notoriété de Notre-Dame était « privilégiée dans la reconstruction de la cathédrale », cela signifierait qu'on verrait en elle « uniquement une tour de Babel »[2], autrement dit un universalisme dévoyé, antinomique de la « centralité » du

1. Mgr de Sinety dans *Paris Match*, numéro spécial, *op. cit.*
2. Mgr de Sinety, interview, *La Vie*, 19 avril 2019.

lieu de culte. Le « tourisme de masse » est ici une antivaleur, forme de « culture du divertissement » soumise « à l'emprise de la consommation »[1], et ne relevant donc plus que du registre aesthésique : c'est-à-dire une culture privée de toute spiritualité (donc de toute inscription dans le registre mystique), et où non seulement la notion divine et le nom même de Dieu ont disparu mais où les individus, collectivement assujettis à la séduisante loi omnipotente de la valeur d'échange, réduisent toute réalité au statut d'objet de consommation.

Le culte et non la culture

« Peut-on vraiment, par ignorance ou par idéologie, séparer la culture du culte ? », s'interrogera Mgr Aupetit dans son homélie du 16 juin 2019. La question est reprise par Philippine de Saint-Pierre dans un tweet sur Internet avec la même balance des contraires (ignorance/culture et idéologie/culte), tout en invoquant l'étymologie : « Peut-on vraiment, par ignorance ou par idéologie, séparer la culture et le culte ? L'étymologie montre le lien fort qui existe entre les deux. Je le dis avec force : une culture sans culte devient une inculture. » Or la vigueur de ces affirmations ne se comprend que comme une réplique à tous ceux qui affirment le contraire, à l'instar du représentant de la principale obédience franc-maçonne de France qui, lui, affirmera : « Ce monument historique

1. Interview de Mgr Aupetit, *La Croix*, 14 avril 2020, rubrique « Tribune ».

national est un lieu de culture. Nous n'y voyons pas un lieu de culte[1]. »

Cette mise à distance du registre esthétique (culture) au profit du registre mystique (« culte ») n'empêche pas Mgr Aupetit de déplorer au micro de Radio Notre-Dame qu'on ne voit plus « de la gratuité, de la beauté et du génie[2] ». Mais il n'en reste pas moins que le « culte catholique » n'a pas à être confondu avec la « culture » que prônent les autorités civiles ayant en charge le patrimoine : un patrimoine qui ne saurait rivaliser en universalité avec ce lieu « ouvert à l'univers au-delà de l'appartenance à une communauté[3] » qu'est la cathédrale. D'où l'insistance à affirmer que « Notre-Dame de Paris n'est pas le musée du Louvre » : « Notre Dame n'est pas seulement un monument », elle est « autre chose ». C'est « le lieu où l'évêque enseigne la Parole de Dieu »[4].

Outre le patrimoine, l'art même voit sa valeur subordonnée à la valeur de spiritualité. Ainsi, la vision qu'il procure doit être une « découverte » : « Ce qui nous intéresse c'est que la vision soit une découverte », dit-on à l'Atelier diocésain de Gilles Drouin, c'est-à-dire qu'elle mette le récepteur en état de voir ce qui échappe au regard profane. En effet, dans le langage commun, la vision n'est pas seulement l'action de voir mais la représentation mentale d'une réalité, tandis que dans le contexte clérical elle est une expérience spirituelle, imprégnée donc d'une valeur mystique, que décrit explicitement la tradition théologique thomiste qui en fait « une connaissance supérieure à toute autre car elle est un contact immédiat avec l'objet. Elle met au second plan les

1. *L'Opinion*, 17 juillet 2019.
2. Radio Notre-Dame, émission du 15 avril 2020.
3. Interview de Mgr Aupetit, art. cité.
4. *Paris Match*, numéro spécial, *op. cit.*

médiations conceptuelles ou symboliques, ou les processus d'abstraction ou de raisonnement[1] ».

Dévoiler ce qui était resté caché, et en cela devenir une découverte : ainsi se doit d'être la vision procurée par l'art telle qu'il s'expose sur les murs de la cathédrale, où les visiteurs admireront « les magnifiques portails ornés de statues ». Ils pourront « les lire, les interpréter telle une bande dessinée. Et quand ils [pénétreront] dans cet endroit éblouissant[2], ils [verront] les chapiteaux, les vitraux, bref ils se [trouveront] en phase avec le décor ». L'art et la beauté qui se déploient à Notre-Dame témoigneront à nouveau « de cette Foi, de l'Espérance et de la Charité des hommes et des femmes qui présentent au monde le visage du Christ »[3]. D'où l'objectif de modernisation du programme des futures visites : « Il faut donc œuvrer pour qu'ils [les touristes] découvrent l'âme des lieux[4]. » L'art à Notre-Dame s'estime à l'aune de l'incommensurable : les vertus de Dieu. N'existent que des œuvres d'art produites par le « génie des hommes quand ils arrivent à Te contempler dans la transcendance[5] », affirme Mgr Aupetit dans son homélie.

Ainsi de Notre-Dame construite par « l'homme du Moyen Âge, radicalement étranger au concept de "l'art pour l'art". Il a érigé l'église dans la foi » et, ce faisant, a transformé le travail en son contraire : de pénible le labeur

1. Bernard Lauret, François Refoulé (dir.), *Initiation à la pratique de la théologie*, *op. cit.*

2. S'agissant d'une cathédrale du XIIIe siècle français les notations relatives à la lumière et à ses effets sont une référence à l'œuvre d'esthétique religieuse de Suger, qui avait emprunté la formule « Dieu est lumière » à Denis l'Aéropagite (IVe siècle) et en avait fait, après son voyage à Rome, un des principes majeurs de ce que l'on n'appelait pas encore l'art gothique.

3. Mgr de Sinety, *Paris Match*, numéro spécial, *op. cit.*

4. *Ibid.*

5. Homélie de la Vénération de la Couronne de la Sainte-Épine, juin 2020.

devenait ludique et joyeux, de salarié, gratuit, de nécessaire et utile, inutile. Et, par humilité, il renonçait à la notoriété et à la gloire personnelle, sans commune mesure avec Celui qu'il servait, « dans la certitude d'appartenir à un corps et au service d'un même mystère »[1]. C'est dire que l'œuvre d'art n'est un bien indiscutable qu'à la condition d'être une production humaine qui dépasse l'humain et tend vers le divin. Et si l'Atelier diocésain fera des concessions à la modernité, ce sera en préservant l'essentiel, c'est-à-dire la participation de l'art au divin. L'architecture du XXIe siècle devra « prendre au sérieux l'espace de célébration comme lieu théologique[2] », et elle rendra évidente la fonction des œuvres d'art dans la liturgie moderne, qui n'est pas une évasion du réel mais l'instrument « d'un rentrer dans le réel de l'Incarnation[3] ».

D'où aussi la valeur supérieure accordée à la symbolique des formes architecturales, subordonnant le registre esthétique (et, plus encore, le registre aesthésique) au registre herméneutique ; ainsi, au directeur du Louvre qui proposait d'aménager une entrée souterraine afin de rendre plus confortable l'attente des touristes, un membre de l'Atelier riposte vivement : « Le Christ a dit : "Si quelqu'un entre par la porte, il sera sauvé." Alors dans une cathédrale, on entre par la porte. C'est comme ça[4]. »

Les réactions à l'incendie rejouent ainsi la faille entre la valeur temporelle et la valeur spirituelle de la cathédrale : la première, relevant de l'art et du patrimoine, devant être subordonnée à la seconde, relevant de la spiritualité catholique.

1. *La Croix*, 15 avril 2020.
2. Gilles Drouin, *Architecture et liturgie au XVIIIe siècle*, *op. cit.*
3. Vatican II, *Sacro sanctum concilium*, 7, cité dans Dom Robert Le Gall, *Dictionnaire de la liturgie*, Paris, CLD, 1982.
4. Parce que c'est la *Porta Caeli.*

Le moment se présente de dénoncer « l'ignorance abyssale de nos contemporains en matière de religion », et de condamner « l'exclusion de la notion divine et du nom même de Dieu dans la sphère publique »[1]. L'incendie peut perdre alors, paradoxalement, son caractère destructeur, s'il ouvre dans la France du XXIe siècle la possibilité d'une protestation de foi catholique.

Un désastre fécond

L'incendie, dans ces conditions, apparaît comme une occasion dont il faut savoir se saisir. C'est ce qu'expriment à leur façon l'archevêque et ses évêques lorsqu'ils lui attribuent trois valeurs positives.

Tout d'abord, le spectacle du brasier fut, déclare Mgr Aupetit le 16 avril, « un signe, un appel » – affirmation qu'il développe en citant l'injonction divine faite à saint François d'Assise au XIIIe siècle : « Va. Rebâtis mon église qui tombe. » Cette phrase – longtemps commentée depuis par les théologiens – dote l'incendie d'une valeur de signe, inscrite dans le registre herméneutique, permettant de transcender la catastrophe et de la retourner en incitation à agir pour la gloire de Dieu.

Quelques mois plus tard, en décembre 2019, Mgr Sinety déclarera aux journalistes de *Paris Match* : « Il y a une part de l'orgueil humain qui a disparu avec l'incendie. » Ainsi le feu se voit-il doté d'une valeur éthique de purification, et à un haut niveau d'universalité étant donné l'ampleur du collectif (« humain ») ainsi visé.

1. Mgr Aupetit, homélie du 16 juin 2019.

Enfin, selon l'Atelier diocésain, l'incendie a eu une conséquence d'ordre technique qui, là encore, prend sa valeur dans la défense de cette valeur-objet qu'est le catholicisme : il a libéré l'église des contraintes stylistiques académiques, étrangères au catholicisme, qui avaient pesé sur les restaurations du XIXe siècle. Ainsi s'est ouverte la possibilité d'une réforme : « La flèche, nous, on s'en fout ! [...] L'opportunité dans le drame c'est qu'on va avoir plus de possibilités que quiconque depuis Viollet-le-Duc[1] ! » Le lieu du culte catholique restauré devra apparaître pour ce qui fait sa valeur : un don fait à l'humanité, et le signe par lequel l'église donne un contenu à sa foi et reconnaît l'unité de l'Église[2] : il « doit pouvoir offrir au monde entier une approche de ce qu'est la foi chrétienne, un témoignage de sa vitalité[3] » – autant dire sa force.

Valeur herméneutique, valeur éthique, valeur technique, valeur opératoire, les unes et les autres au service de la valeur mystique de spiritualité : voilà décidément une façon bien spéciale – mais compréhensible dans le monde axiologique propre aux prélats – de déplorer la destruction d'un emblème mondial du catholicisme.

Le sens d'un paradoxe

L'ensemble des énoncés recueillis chez les prélats trouve sa cohérence dans le récit initial de la vocation de saint François d'Assise. En effet le spectacle pathétique de la

1. *La Croix*, 14 avril 2020.
2. Voir Bernard Lauret, François Refoulé (dir.), *Initiation à la pratique de la théologie*, *op. cit.*, entrée « Témoignage »
3. *Ibid.*

cathédrale en flamme, de la chute de la flèche embrasée, évoque l'image d'une église qui tombe dans le vide telle que l'avait représentée Giotto pour illustrer l'anecdote franciscaine. Image verbale et image figurée ne tardèrent pas à être conjointement intégrées à la culture chrétienne, dans un contexte médiéval de réforme et de création des ordres mendiants qui choisirent alors la ville comme lieu de leur implantation.

La vue de l'incendie devient ainsi, en ce 16 avril 2019, une vision porteuse d'un programme d'action : tous les éléments de langage sont en place pour valoriser ce qu'il y a à réhabiliter et pour condamner tout ce qui paraît inapproprié au projet. Au total, il faut tirer parti du désastre pour arracher l'Église aux effets de la sécularisation, c'est-à-dire de « la totale autonomie d'un monde se comprenant d'une manière immanente, à partir de lui-même[1] ». Le clergé le fait avec « l'autorité de la vérité qui fait l'Église » et qu'il « tire des expressions originaires de la foi »[2].

D'où l'indifférence à la querelle des dons et l'insistance sur l'option moderne du pape François. C'est ainsi qu'au journaliste de *Paris Match* qui lui demande s'il n'y a pas un décalage entre le message du pape François[3] et les sommes que va demander la reconstruction de Notre-Dame, Mgr Aupetit répond : « Cela n'a aucun rapport. J'insiste là-dessus, car Notre-Dame est d'abord l'église des pauvres[4]. » D'où aussi

1. *Ibid.*, p. 1055.
2. *Ibid.*, p. 174.
3. La priorité à accorder aux pauvres et aux faibles dans la conduite de l'Église est le thème majeur de la pastorale franciscaine moderne du pape qui a choisi, pour la première fois dans l'histoire pontificale, le prénom de François.
4. *Paris Match*, numéro spécial, *op. cit.* Ou encore, à Radio Notre-Dame : « On ne sait pas combien va coûter tout ça », ce qui compte « c'est ce qui nous rend humain » – c'est-à-dire la charité, vertu théologale.

le peu d'intérêt manifesté pour les controverses stylistiques et historiques à propos de la restauration de la flèche, du choix des matériaux, etc. À l'inverse le clergé montre un fort attachement à l'effet de rayonnement de ce foyer du christianisme mondial, à l'adaptation aux conditions matérielles du monde moderne, et il porte une attention particulière aux millions de visiteurs annuels de toutes obédiences venus seulement pour voir Notre-Dame et qui devront trouver le chemin de la vérité : celui qui les mène devant la cathédrale, transfiguratrice des valeurs.

Finalement, le plus étonnant dans cette affaire est que l'émotion – quoique contenue – qui s'exprime chez les prélats au lendemain de la catastrophe provienne moins de la destruction de la cathédrale que des qualifications inadéquates qui en sont données. Voilà qui contraste étonnamment avec les images si frappantes des croyants agenouillés en prière face à Notre-Dame le soir de l'incendie. Là où la plupart de ceux qui interviennent publiquement à propos de l'incendie – hommes politiques, intellectuels, journalistes – ont à cœur d'exprimer l'émotion que suscite en eux l'atteinte à une valeur (valeur-objet) d'aussi grande valeur (valeur-grandeur), le clergé fait état de sa colère face à ce qu'il considère comme une faute axiologique : l'omission de la valeur de spiritualité (valeur-principe) dans les raisons de l'attachement à la cathédrale. Mais, de cet étrange paradoxe qui veut que ceux dont on attendrait qu'ils soient les plus concernés par l'événement se montrent les moins touchés, nous avons compris à présent les raisons.

Intermède n° 3

« Notre-Dame ou quand la forêt crépite » par Sylvain Piron, historien

(*AOC*, 22 avril 2019)

Selon ce spécialiste d'histoire médiévale, directeur d'études à l'École des hautes études en sciences sociales (EHESS), le feu a rendu Notre-Dame de Paris à sa vraie nature de témoin du Moyen Âge, tandis que le lien avec ce « passé lointain » permet de réactiver un sentiment de « communauté nationale ». D'où, paradoxalement, la valeur rédemptrice de cette destruction qui devrait pourtant n'entraîner que désolation, particulièrement chez un médiéviste.

À ses yeux la temporalité longue est ce qui soude un pays, alors que ce passé a été occulté par le XIXe siècle et par la culture populaire, synonyme de divertissement commercial. En purifiant la cathédrale de ces scories modernes, en lui rendant son authenticité, sa beauté originelle, sa signification spirituelle et ses racines intellectuelles, le feu rédempteur en devient lui-même porteur d'une valeur à la fois éthique et esthétique. Ainsi se trouvent soulignés ces amplificateurs de valeur que sont sa pérennité dans le temps et son universalité dans l'espace, associées à sa rareté. Désormais libérée de la flèche qui la dénaturait et ramenée à la « forêt » de ses origines, la cathédrale en vient à changer d'état, devenant un « objet-personne » voire un être christique doté de la capacité de « prendre sur elle les péchés du monde », de « protester » contre les « récupérations dont elle fait l'objet » en se « livrant au feu », de « réclamer », d'« inviter » à sortir du présent, de « demander » à se souvenir, dans une aspiration tout à la fois mystique et civique.

C'est ainsi que, parti d'une valorisation du Moyen Âge, ce texte inspiré (dont on a supprimé ici les développements factuels) mobilise les valeurs fondamentales associées à Notre-Dame de Paris pour faire de l'incendie une sorte de feu rédempteur nous permettant de revenir à l'essentiel. Contre les antivaleurs, brièvement évoquées, du spectacle (registre ludique) et de l'argent (registre économique), Notre-Dame ressuscitée par l'incendie s'orne d'un foisonnant bouquet de valeurs relevant principalement des registres pur et civique, associés aux registres esthétique, mystique, herméneutique, épistémique, domestique et, finalement, éthique.

Enfin, l'on peut aussi entendre implicitement dans ce texte un plaidoyer pour l'objet de recherche de son auteur : le Moyen Âge, dont la cathédrale fait figure ici de métonymie. L'incendie offre en effet l'occasion – voire le prétexte – de réaffirmer publiquement l'intérêt d'un thème de prédilection, comme l'ont fait également la critique d'art Aude de Kerros en fustigeant l'art contemporain (dans *Contrepoints*, le 24 avril), le logisticien Aurélien Rouquet en suggérant ironiquement de transformer Notre-Dame en entrepôt géant (dans *The Conversation*, le 28 avril) ou encore la philosophe Baldine de Saint-Girons en faisant l'éloge du sublime (dans *The Conversation* encore, le 20 juin).

N. H.

*

L'émotion qui a saisi le pays le 15 avril au soir mérite d'être scrutée avec discernement. Alors que les flammes s'emparaient de la flèche et dévoraient inexorablement la toiture, les cœurs étaient serrés face à la vulnérabilité d'un édifice qu'on croyait indestructible. Mais une fois passée la crainte d'un effondrement du bâtiment, il faut interroger l'étrange sentiment qui affleure. Puisque la structure de pierre et de verre est pour l'essentiel sauvée, et qu'aucun pompier n'a péri face au feu, il ne s'agit pas véritablement d'un deuil. L'incendie a produit autre chose, de bien plus intéressant. La communauté nationale [CIVIQUE] *se découvre sourdement liée à un passé lointain* [amplificateur = ANCIENNETÉ], *sans bien savoir comment nommer ce lien. Pour essayer de le traduire très simplement, on pourrait formuler ainsi ce constat : nous aurions quelque chose à voir avec le Moyen Âge, et cette actualité serait, si j'ose dire, brûlante.* [...]

[Rappel des circonstances de l'édification.]

La construction d'une cathédrale au cœur de ce qui devient soudainement l'une des plus grandes villes d'Occident, la capitale d'un royaume puissant et le principal centre intellectuel de la chrétienté latine est donc bien un événement majeur qui condense les traits les plus caractéristiques de ce moment. Et pourtant, la culture populaire n'y accède habituellement qu'en passant par le XIXe *siècle (Victor Hugo et Viollet-le-Duc), lui-même relayé par l'industrie contemporaine du spectacle (Disney et Luc Plamondon)* [#argent + spectacle ; #ÉCONOMIQUE + #LUDIQUE]. *Pour anticiper sur la conclusion de mon analyse, je voudrais suggérer que nous avions une bonne raison d'admirer la beauté* [ESTHÉTIQUE] *et la puissance* [OPÉRATOIRE] *du feu dévastateur de lundi soir.*

En détruisant la chape de plomb qui pesait sur l'édifice, il a donné à la longue forme de pierre un visage qu'elle n'avait jamais eu, mais qui la rapproche pourtant de son état initial [authenticité = PUR]. *Le feu lui a rendu l'humilité*

[ÉTHIQUE] *et l'élégance* [ESTHÉTIQUE] *d'un navire fait de voûtes, d'arcs-boutants et de vitraux, ouvert sur le ciel, en attente de sa couverture. Il n'y a aucune urgence à reconstruire une flèche. Les conservateurs, les architectes et les restaurateurs auront besoin de temps et de tranquillité pour formuler le diagnostic précis des chocs subis par la structure et identifier les interventions indispensables à sa consolidation. On pourra en profiter pour réfléchir calmement à la leçon politique donnée par l'incendie.*

Les traces visibles du passé médiéval sont rares à Paris [amplificateur = RARETÉ]. *D'aménagements en réaménagements, de Louis XIV à Haussmann, les vieux quartiers constitués d'étroites maisons en bois et la plupart des petites églises ont disparu. Notre-Dame a non seulement résisté. Elle retire de l'effacement de la concurrence une centralité supplémentaire* [affirmation de valeur-grandeur]. *De plus, le site qu'elle occupe, à la pointe de l'île de la Cité, lui donne une visibilité* [RÉPUTATIONNEL] *exceptionnelle. À la différence de tant d'autres églises encastrées dans le tissu urbain, dont la Sainte-Chapelle voisine enserrée dans le Palais de justice offre un cas extrême, son chevet qui s'élève entre les deux bras du fleuve se voit de loin en arrivant par l'est. On peut admirer la rose sud, ce chef-d'œuvre* [ESTHÉTIQUE] *de Pierre de Montreuil, à juste distance depuis les quais de la rive gauche.*

Le vocable de l'église produit également un effet de familiarité [DOMESTIQUE]. *Dans l'usage commun, le possessif pluriel paraît s'appliquer au bâtiment de la cathédrale elle-même. Chacun des passants qui vient la saluer, sans forcément sentir la moindre connivence avec la sainte Vierge qu'elle honore, peut cependant la percevoir comme la nôtre* [communauté = DOMESTIQUE], *cette grande dame bienveillante* [ÉTHIQUE]. *Il n'y a pas de point kilométrique zéro en histoire. Si Notre-Dame sert à définir le centre géographique du pays, elle n'en marque évidemment pas l'origine.* [...]

[Historique des précédents et de l'édification.]

La cathédrale était destinée à frapper par sa monumentalité [ESTHÉTIQUE], *mais elle éblouit aussi par sa beauté* [ESTHÉTIQUE]. [...]

[Problèmes techniques, conditions de financement, main-d'œuvre, étapes de la construction.]

Le programme iconographique des deux nouveaux portails du Couronnement de la Vierge et du Jugement dernier se distingue par ses protagonistes dotés de gestes et de visages remarquablement expressifs [ESTHÉTIQUE]. *En raison d'un vieux préjugé qui accorde la primauté à la peinture dans les arts visuels, on oublie souvent que la sculpture avait toujours auparavant tenu le premier rang. La statuaire gothique a été la principale source d'inspiration de l'humanisation des corps dans la peinture italienne, que l'on tient parfois pour le trait le plus spécifiquement « moderne » de cette dernière.*

Notre-Dame a également été un point de départ pour un autre développement artistique marquant [ESTHÉTIQUE]. *Dès les années 1160, à la recherche d'ornements, les chantres ont introduit l'usage du chant polyphonique. Cette pratique nouvelle donne lieu à des partitions écrites, attribuées à des compositeurs (Léonin, Pérotin, Philippe le Chancelier), qui seront ensuite notées à l'aide de divisions mesurées du temps. Toute la tradition de la musique savante occidentale est issue des expérimentations* [LUDIQUE ; amplificateur = ORIGINALITÉ] *menées à l'occasion d'échanges entre le chœur de Notre-Dame et la faculté des arts de l'université voisine.*

[Historique de l'université ; Abélard ; topographie des écoles parisiennes.]

Outre la qualité des maîtres, la croissance de la ville et son caractère de capitale royale ont contribué à fixer les écoles, attirant des étudiants et des maîtres de toute l'Europe – Anglais et Allemands, mais aussi bien Danois ou Hongrois, sans compter la présence déterminante d'étudiants italiens dont certains, devenus papes, se feront à leur tour protecteurs des écoles parisiennes [ÉPISTÉMIQUE ; amplificateur = UNIVERSALITÉ].

Pour être bien compris de tous, je me permets de le souligner : Paris est devenue la capitale intellectuelle de l'Occident grâce à la présence d'étudiants et d'enseignants étrangers [ÉPISTÉMIQUE ; amplificateur = UNIVERSALITÉ], *accueillis sans visa ni droits d'inscription exorbitants. Le maître le plus influent du* XIIe *siècle, Hugues de Saint-Victor, était saxon, et Jean, le plus fin lettré de son temps, venait de Salisbury. L'université de Paris naît, vers 1207, d'une volonté d'auto-organisation des maîtres, qui se constituent en une association pour défendre notamment l'autonomie du recrutement, face à la tutelle du chancelier.*

En dépit de rapports parfois conflictuels, du fait de la présence constante de chanoines parmi les maîtres en théologie, les deux institutions ne seront jamais totalement séparées. Il suffira d'une phrase pour résumer ce que l'histoire des sciences doit à l'immense travail intellectuel initié aux abords directs de la cathédrale. C'est en cherchant à attraper Dieu dans les filets de la logique que les Occidentaux ont construit un savoir du monde, physique et métaphysique, qui a fini par ramener le Créateur au rang d'une simple hypothèse dont la science croit pouvoir se passer [ÉPISTÉMIQUE].

C'est parce que toutes les lignes, ou presque, de l'histoire occidentale passent par Notre-Dame qu'elle est le bâtiment le plus universel de notre imaginaire [amplificateur = UNIVERSALITÉ].

Le passé médiéval a laissé peu de traces visibles dans Paris, alors qu'il innerve secrètement [HERMÉNEUTIQUE] *l'histoire de la ville. Rare vestige de ce moment* [amplificateur = RARETÉ], *sur Notre-Dame se projette une quantité faramineuse de généalogies* [DOMESTIQUE + PUR + amplificateur = ANCIENNETÉ]. *Du point de vue de l'histoire des arts et des savoirs, du christianisme et de la nation française, le monument est le témoin d'un moment dont le retentissement fait vibrer bien au-delà de nos frontières* [amplificateur = UNIVERSALITÉ]. *C'est parce que toutes les lignes, ou presque, de l'histoire occidentale passent par Notre-Dame qu'elle est le bâtiment le plus universel de notre imaginaire* [amplificateurs = UNIVERSALITÉ + PÉRENNITÉ]. [...]

[Rappel d'épisodes moins glorieux, massacres, spoliations...]

Mais si l'on se souvient aussi qu'en cette même année, François d'Assise fit approuver son projet de vie évangélique par Innocent III, on aura en main l'essentiel des cartes qui permettent de comprendre la charge d'avenir contenue en ce début de XIII*e siècle* [amplificateur = PÉRENNITÉ].

Au Moyen Âge, une catastrophe naturelle était comprise comme un châtiment divin, punissant pour ses péchés le peuple ou ses dirigeants. L'enquête de police finira sans doute par conclure qu'aucune imprudence coupable n'a été commise. Si le seul responsable de l'incendie est un câble défectueux, l'événement lui-même sera dépourvu de sens et en deviendra impensable [HERMÉNEUTIQUE]. *Indépendamment de toute causalité matérielle, je pense au contraire qu'il s'est produit quelque chose d'important ce lundi soir, quand l'attention du monde entier* [amplificateur = UNIVERSALITÉ] *est restée braquée toute une soirée sur cette toiture qui devenait un grand brasier en forme de croix* [MYSTIQUE], *que les chaînes d'information en continu et les réseaux sociaux se sont figés dans la contemplation d'un passé lointain* [amplificateur = ANCIENNETÉ/PÉRENNITÉ] *auquel ils ne comprenaient pas grand-chose* [HERMÉNEUTIQUE].

Tentons un exercice de pensée. Essayons de concevoir que la « forêt » de la charpente se soit volontairement immolée, pour donner à réfléchir sur l'état du monde et la sécheresse des cœurs. En ce début de semaine sainte, la cathédrale aurait vécu son mercredi des Cendres, prenant sur elle les péchés du monde [ÉTHIQUE]. *Par avance, elle proteste face aux récupérations dont elle est l'objet. Il y a, dit-elle, une autre urgence que de reconstruire la toiture à temps pour l'ouverture des Jeux olympiques* [#LUDIQUE]. *C'est justement contre cela qu'elle proteste.*

La forêt s'est livrée au feu [ÉTHIQUE] *pour appeler à sauver les forêts tropicales ou boréales* [PUR], *aussi bien que les maigres forêts de banlieue menacée par des aménagements inutiles* [PUR + OPÉRATOIRE]. *Elle invite les touristes à prendre leurs selfies chez eux* [#RÉPUTATIONNEL]. *Elle réclame le bilan carbone des Jeux olympiques* [PUR]. *Elle invite à sortir du présent immédiat pour penser le temps long* [amplificateur = PÉRENNITÉ]. *Elle demande à se souvenir de ce qu'était un projet collectif impliquant tout un peuple* [CIVIQUE]. *Elle nous invite à faire en silence le bilan de cette histoire de l'Occident, des beautés qu'elle a produites* [ESTHÉTIQUE] *et du désastre écologique qui en découle* [PUR]. *Elle nous demande des comptes* [ÉTHIQUE]. *La forêt n'a pas fini de crépiter.*

Chapitre 4

Moi-même, et Notre-Dame de Paris

Vincent Timsit

« Tout est aujourd'hui parti en fumée. Reste un selfie qu'on aurait tellement préféré ne pas avoir à raconter comme le souvenir d'une visite d'un lieu qui n'existe plus[1]. » Publié sur le site du Parisien le 16 avril 2019, l'article du journaliste Éric Le Mitouard titre « Notre-Dame : mon selfie inoubliable au pied de la flèche ». Le selfie en question, lui, date du 5 avril, quand le journaliste, présent sur le chantier de la flèche de Notre-Dame, se demande : « Peut-on oser faire un selfie ? Comment résister au plaisir de partager un endroit interdit au public ? Un rooftop – ils sont tellement à la mode en ce moment – pour un visiteur qui n'aurait pas peur des sensations de vertige. »

Alors que Notre-Dame brûlait, de nombreux selfies pris devant la cathédrale avant, pendant, et après l'incendie gagnaient les écrans du monde connecté. Ces selfies, partagés tant par des particuliers que par des célébrités ou des personnalités politiques, donnèrent lieu à maints commentaires et critiques indignées, qui forment notre corpus.

Suivant la typologie des configurations de prise de parole en public construite par le sociologue Dominique Cardon, ce corpus échappe à la forme classique de l'espace public

1. E. Le Mitouard, « Notre-Dame : mon selfie inoubliable au pied de la flèche », *leparisien.fr*, 16 avril 2019.

où « des professionnels prennent la parole pour décrire, commenter ou critiquer les activités de personnalités », espace qualifié par Habermas de « sphère publique restreinte », se limitant principalement à « la mise en visibilité de la scène centrale du pouvoir à l'attention des élites lettrées »[1]. Il n'en est rien ici, où des « amateurs[2] » parlent publiquement de personnalités – voire leur parlent – au sein de ce que Cardon nomme le « Web participatif », ou rendent publics les propos de quidams : « en somme, des quidams parlent de quidams à des quidams[3] ». Notre corpus ne doit donc son existence qu'à l'élargissement considérable de l'espace public induit par le développement de l'informatique et des réseaux sociaux numériques, offrant aux gens ordinaires un espace public qui n'est pas contrôlé par les filtres éditoriaux traditionnels.

1. Dominique Cardon, *Cultures numériques*, Paris, Presses de Sciences Po, 2019, p. 144.
2. *Ibid.*, p. 143.
3. *Ibid.*, p. 150.

Poster, à la mesure du drame

Comme Éric Le Mitouard, dès la nouvelle de l'incendie de Notre-Dame, de très nombreuses personnes ressortirent de leurs albums photos, principalement mais pas exclusivement numériques, des selfies pris devant le monument à l'occasion d'un voyage de tourisme à Paris. Le fait d'avoir pris ces selfies manifeste de la part des visiteurs un attachement évident pour Notre-Dame, et la profusion de ceux qui furent postés dès le soir de la catastrophe réaffirme la grande valeur dont cette cathédrale est investie, témoignant de son statut de « valeur-objet », dotée d'une « valeur-grandeur » incommensurable qui fait la force événementielle du drame. Manifestant l'attribution par son auteur d'une valeur à l'objet qui y figure, le selfie traduit une forme pragmatique d'attachement – il faut appuyer sur un bouton pour le poster – concrétisé sur un mode iconique et, éventuellement, textuel lorsqu'une légende l'accompagne. Le recours à l'image constitue par conséquent l'une des modalités du comportement d'attachement, parallèlement aux deux autres formes d'attribution de valeur que sont la mesure et le jugement[1].

Devenue un monument incontournable de Paris pour les visiteurs qui, depuis l'apparition des technologies numériques, l'utilisent comme fond pour leurs selfies, Notre-Dame n'est pas un objet ordinaire. En attestent les adresses directes qui lui sont faites par nombre d'internautes (« *Good bye, ole' friend. I know they will rebuild you, but you'll never*

1. Voir Nathalie Heinich, *Des valeurs. Une approche sociologique*, *op. cit.*

be the same[1] »), ainsi que le recours régulier à l'analogie du deuil, de la perte d'un être cher, de la mort d'un être unique : « Aujourd'hui Notre Dame de Paris brûle. C'est avec beaucoup de tristesse que j'ai appris cette nouvelle de l'autre côté du globe. Le hasard m'avait fait lui rendre une dernière visite avant de m'en aller, si j'avais su que ce serait LA DERNIÈRE... Je souhaite rendre hommage à cette cathédrale qui m'était si chère[2]. » Le traitement réservé à la cathédrale n'est pas celui ordinairement réservé à une chose, mais plutôt à une personne, au sens où l'entend Nathalie Heinich à propos des « objets-personnes[3] » : ici tout à la fois fétiche, relique et œuvre d'art.

Enfin les questions que se pose Éric Le Mitouard au moment de prendre son selfie au pied de la flèche de Notre-Dame laissent apparaître une certaine déférence envers la cathédrale : « Peut-on oser faire un selfie ? » Attestant elle aussi la valeur dont est implicitement et collectivement investie Notre-Dame, l'expression de cette déférence se retrouve également dans les légendes qui accompagnent les selfies partagés par des gens ordinaires sur les réseaux sociaux.

1. https://twitter.com/Tiffmeister/status/1117874309127528451 (« Au revoir, vieille amie. Je sais qu'ils te reconstruiront, mais tu ne seras plus jamais la même »).

2. https://www.facebook.com/photo/?fbid=10219749056463917&set=a.1582654053283

3. Voir Nathalie Heinich, « Les objets-personnes. Fétiches, reliques, œuvres d'art », art. cit.

Légendes[1]

« *Nooooooooooooo ! Nooooooooooo ! Y Noooooo ! Mi amada Paris llora por lo q esta sucediendo ahora mismo en Notre-Dame. Lluvia de cenizas cubre parte de Paris por el incendio que nos esta dejando sin esta grandiosa catedral de paris* » (mandalyjc, 15 avril 2019)[2].

« *I first visited Notre Dame in 2003 – my first time abroad – and 10 years ago is when I last made it back to Paris. My heart breaks for the beauty and history lost #NotreDame*[3] » (@janelles_story, 16 avril 2019).

« *Notre-Dame is a painful reminder that we still have things that allow us to connect to people a thousand years before us, but they are limited*[4] » (Matt Steinberg @matttsteinberg, 15 avril 2019).
« *Selfie of my wife and me at #NotreDame less than a year ago. Amazing place. Heartbreaking news. Feels a bit*

1. Exemples de légendes accompagnant les selfies partagés le soir et le lendemain de l'incendie sur Twitter et Instagram. Sauf lorsque nous en donnons une traduction, les légendes et commentaires cités dans cet article ont été retranscrits tels qu'écrits par leurs auteurs. Ayant été rassemblés entre les mois de janvier et de juin 2022, il se peut que, compte tenu des politiques d'archivage de plateformes telles que Twitter et Instagram, certains comptes ou certaines publications aient été supprimés et ne soient donc plus consultables.

2. « Nooooon ! Nooooon ! Et Nooooon ! Mon Paris bien-aimé pleure. Pour ce qui se passe en ce moment à Notre-Dame. Une pluie de cendres recouvre une partie de Paris à cause de l'incendie qui nous laisse sans cette grande cathédrale de Paris. »

3. « J'ai visité pour la première fois Notre-Dame en 2003 – mon premier voyage à l'étranger – et la dernière fois que je me suis rendue à Paris c'était il y a 10 ans. J'ai le cœur brisé face à la beauté et à l'histoire perdues #NotreDame. »

4. « Notre Dame est un rappel douloureux que nous avons encore des choses grâce auxquelles nous sommes connectés à des personnes [ayant vécu] mille ans avant nous, mais ils sont limités. »

like civilization itself is on fire[1] » (jason scherschligt @searchlight5, 15 avril 2019).

« Tristesse… #NotreDame c'est 856 ans de notre histoire, notre patrimoine, notre culture, c'est la France croyant ou non ! Mais Notre Dame de Paris se relèvera, on l'a déjà reconstruite et on le refera !

Selfie with my mum & dad in 2016[2] » (thomasranc, @thomasranc, 15 avril 2019).

« *Jesus ! My mom and I took this selfie a couple months ago and to hear that it's burning just breaks my heart. OMG PARIS is literally burning and it's no joke. How sad ! PLEASE PRAY FOR THE FIRE TO STOP. #NotreDame #notreamedeparis #Paris #France*[3] » (Zach N'Gouah N'Gally @ZACHYTEDDY, 15 avril 2019).

« *Te recuerdo imponente y eterna #notredame volverás a ponerte en pie y volveré a sentir tu historia y tu grandeza. #paris #cryforparis #lovedparis #notredameparis*[4] » (carloscuartasmarin, 16 avril 2019).

« *I was a visual art history major in high school. During art history class I admired gothic architecture. I just took*

1. « Un selfie de ma femme et moi à #NotreDame il y a moins d'un an. Un endroit incroyable. Une nouvelle déchirante. C'est un peu comme si la civilisation elle-même était en feu. »

2. « Selfie avec ma mère & mon père en 2016. »

3. « Doux Jésus ! Ma mère et moi avons pris ce selfie il y a deux mois et d'entendre qu'elle est en train de brûler me brise tout simplement le cœur. OMG PARIS est littéralement en train de brûler et ce n'est pas une blague. C'est si triste ! S'IL VOUS PLAIT PRIEZ POUR QUE LE FEU S'ARRÊTE. #NotreDame #notredamedeparis #Paris #France »

4. « Je me souviens de toi imposant et éternel #notredame tu vas te remettre sur pied et je ressentirai à nouveau ton histoire et ta grandeur. »

this picture Sunday, a day before the fire. Originally I wanted to go take pictured with the cherry blossoms next to the cathedral but the park was closed. My boyfriend had a great idea to find another park with a view of Notre Dame. This monument of humanity is ruined, all the history and beautiful architecture gone… #notredame #notredamefire #cherryblossoms #gothicarchitecture #stonecoldfox #paris #france #notredamefeu #diotokyo[1]… » (koshkanera, 15 avril 2019).

Or, se prendre en photo devant Notre-Dame, c'est se placer à proximité d'un objet considéré comme étant d'une plus grande valeur que soi, et diffuser la photo sur Internet révèle une recherche implicite de « grandeur par procuration, qui déteint, si l'on peut dire, du supérieur hiérarchique sur son prochain[2] ». Ainsi, alors que dans de telles circonstances Notre-Dame devrait recevoir de l'attention, on la met en situation d'en donner. Ce détournement de grandeur entraîne deux catégories de critiques – l'une s'adressant à des personnalités publiques, l'autre à des gens ordinaires – envers ceux qui, postant un selfie face à la cathédrale, tenteraient d'absorber une part de sa grandeur alors qu'on attendrait d'eux qu'ils s'effacent et adoptent une attitude qui convienne au deuil, laissant place aux hommages, aux soins et aux témoignages de la seule et pure grandeur de l'édifice.

1. « J'étudiais l'histoire des arts visuels au lycée. Au cours des cours d'histoire de l'art j'admirais l'architecture gothique. J'ai pris cette photo dimanche, un jour avant l'incendie. À l'origine je voulais aller prendre une photo avec les cerisiers en fleur à côté de la cathédrale mais le square était fermé. Mon petit ami a eu la bonne idée de trouver un autre square avec une vue de Notre-Dame. Ce monument de l'humanité est ruiné, toute l'histoire et la belle architecture disparue… »

2. Nathalie Heinich, *La Valeur des personnes. Preuves et épreuves de la grandeur*, Paris, Gallimard, 2022.

Des critiques *ad personam*

Parmi les selfies postés par des personnalités publiques à l'occasion de l'incendie, trois se distinguent particulièrement par la teneur critique des réactions qu'ils ont engendrées sur Twitter – critiques où se côtoient personnalités publiques et gens anonymes.

À 19 h 56, alors que les flammes se déclarent à peine sur Notre-Dame, l'ancien ministre de la Culture Jack Lang partage sur Twitter un selfie depuis la terrasse de l'Institut du monde arabe dont il est l'actuel président. Au premier plan de la photo on voit une portion de son visage et, à l'arrière-plan, Notre-Dame en flammes. Une légende l'accompagne : « Une grande inquiétude depuis la terrasse de @imarabe #NotreDameDeParis[1]. »

Plus tard dans la nuit, à 1 h 53, le député de La France insoumise Alexis Corbière se rend sur le parvis de Notre-Dame, d'où il partage un selfie aux côtés du général commandant la brigade de sapeurs-pompiers de Paris, Jean-Claude Gallet. Au premier plan de la photo se trouvent le député et le général, avec la cathédrale en arrière-plan. Une légende accompagne à nouveau l'image : « Sur le Parvis de #notredamedeparis pour transmettre notre gratitude aux pompiers qui ont sauvé ce patrimoine exceptionnel. Merci au Général Jean-Claude Gallet et à toutes ses troupes. Merci également aux policiers et gendarmes mobilisés. Pensées pour les blessés. Bravo à tous[2]. »

Enfin, le lendemain de l'incendie, une photo de Christophe Castaner, alors ministre de l'Intérieur, debout dans

1. https://twitter.com/jack_lang/status/1117849254234472448
2. https://twitter.com/alexiscorbiere/status/1117939137150115840

l'enceinte de la cathédrale est partagée sur Twitter depuis son compte officiel. L'image se veut solennelle, tout comme la légende qui l'accompagne : « Cette plaie béante au cœur de Paris, elle cicatrisera. Par notre générosité. Par notre solidarité. Par cette force qui nous rassemble face à l'adversité et qui fait de nous une grande nation[1]. »

Ces trois selfies donnent lieu à une longue trame de commentaires, dont une grande partie s'adresse directement aux auteurs de ces images.

Stigmatiser l'indécence...

***... De Jack Lang*[2]**

« Si un jour vous cherchez une définition de l'indécence : nom féminin, exemple : @jack_lang se prenant en selfie devant #NotreDame en feu » (Olivier Kachkach @olivierkachkach, 15 avril 2019).

« La décence c'était en supplément, le jour de votre naissance ? » (Queen fatiguée @Cally8, 15 avril 2019).

« Quelle indignité et indécence » (Gabriel Farhi גבריאל פרחי @ravgab, 15 avril 2019).

« Supprimez immédiatement ce selfie totalement indécent » (Vincent Goyet @vgoyet, 15 avril 2019).

***... D'Alexis Corbière*[3]**

« Après Jack Lang qui a vite fait un selfie hier pour signaler qu'il était dispo pour des duplex, en voici un autre

1. https://twitter.com/CCastaner/status/1118169257991462918
2. Exemples de commentaires à propos du selfie de Jack Lang.
3. Exemples de commentaires à propos du selfie d'Alexis Corbière.

qui ne peut s'empêcher de se montrer. Indécence totale. #NotreDame » (JC'▼ @jc_roux, 16 avril 2019).

« Pas de décence, pas de pause, un peu de récupération gratuite, on ne perd rien. Néant total » (Ot @76ot13, 16 avril 2019).

« Le mieux était de témoigner avec la photo des pompiers ce selfie est juste de l'indécence, le pire de ce que peut être la récupération politique » (Cactus @CactusPiwic, 16 avril 2019).

« Le PR en personne a fait preuve d'humilité et a voulu s'écarter la 1ère fois avant de faire une courte allocution sobre. Et vous dans la 4ème vous semblez dire "C'est bon, on me voit bien là ?" Vous devriez vraiment mais vraiment supprimer ce tweet indécent #Charognard » (Adia #JaiVotéMacronParConviction @adia66, 16 avril 2019).

… De Christophe Castaner[1]
« Indécente cette photo » (gegenepi#11423 @gegenepi, 16 avril 2019).

« se mettre en scene seul au milieu des decombres et s'auto-publier est d'une indécence odieuse !! dans un lieu chrétien en plus. Hé bien Castaner est bien un beau symbole » (Pierre Revallier @prevalli, 16 avril 2019).

« Non mais quelle laitue ce type. Aucune décence, on est pas dans un show de la famille kardashian ! Donc toute cette mise en scène afin d'avoir une photo "choc" est pathétique… » (Hajer A @Houlalala, 16 avril 2019).

« La mise en scène de la photo de gauche est un peu indécente non ? #cadrage #contreplongee #NodreDame-DeParis » (Étienne Grobon @etigro, 16 avril 2019).

---

1. Exemples de commentaires à propos du selfie de Christophe Castaner.

La mobilisation par les acteurs d'un vocabulaire lié à la valeur de décence, sous sa forme d'antivaleur qu'est l'indécence, renvoie au registre éthique. Rien ne dit toutefois comment les acteurs définissent ce qu'il serait décent de faire, justifiant leur dévalorisation de ces selfies jugés « indignes » ; dans la plupart de ces énoncés, très courts par ailleurs, l'antivaleur « indécence » semble faire figure d'évidence : comme si tous se comprenaient, il ne paraît pas nécessaire d'en expliciter le contenu. Or le comportement attendu se trouve dicté par la situation, qui appelle cet acte familier qu'est le recueillement collectif, conjoignant la valeur éthique d'humilité et les valeurs domestiques de présence et de proximité, tant entre les acteurs et Notre-Dame qu'entre les acteurs eux-mêmes en tant que membres d'une communauté pour qui la cathédrale est un être cher.

Cependant certaines critiques plus développées ébauchent une explicitation de ce commun axiologique, en affirmant que cette démarche dissimule un dispositif de communication « opportuniste[1] » : ces trois personnalités profiteraient du drame de l'incendie pour « tirer la couverture à eux » en partageant ces images. En somme, et reprenant la terminologie la plus récurrente parmi ces logiques critiques, « dans ce moment de recueillement », les selfies de ces politiques ne seraient qu'une entreprise « à peine dissimulée »[2] de récupération politique. Or, « un tel soir, on s'efface... au minimum[3] ». Bref, « l'heure est à la discrétion[4] ». Les commentaires critiques stigmatisent donc un acte décrié

1. https://twitter.com/LaFrancematuer/status/1118262535243882500
2. https://twitter.com/daguins/status/1118989046427062287
3. https://twitter.com/TTranchimand/status/1118058450733404161
4. Poiret, E., « Christophe Castaner violemment attaqué par les internautes : ce « coup de com » dans Notre-Dame qui passe mal », *femmeactuelle*, 18 avril 2019.

comme immoral car relevant d'une motivation égoïste : la récupération politique, la quête du renforcement de l'image sociale et médiatique, de la visibilité, du renom, de façon à « exister par n'importe quel moyen[1] ».

Cette opposition entre une décence ancrée dans les registres éthique et domestique, et une indécence stigmatisée en tant qu'elle procède du registre réputationnel, est renforcée par la dénonciation maintes fois réitérée d'un dernier aspect propre à ces selfies et qui relève, elle, du registre « pur » : leur mise en scène, dénoncée comme la manifestation évidente d'un défaut d'authenticité de l'émotion présentée sur la photo et, par suite, d'un défaut d'authenticité des valeurs prétendument défendues par leurs auteurs.

Particulièrement vigoureuse à l'encontre de la photo de Christophe Castaner, la dévalorisation de ces mises en scène vise la recherche d'une image *choc* dont la finalité serait même, selon certains, d'apparaître dans « les livres d'histoire[2] ». Or, cette pérennité désirée ne saurait se comparer à celle de Notre-Dame, à la fois ancienne et pérenne, dont la valeur est immédiatement réaffirmée par le commentaire d'un autre internaute : « Heureusement, et comme toujours, tout ceci vous dépasse. Il ne restera rien de vos pitoyables mises en scène[3]. »

En outre, l'indignation des internautes face à cette mise en scène réaffirme l'ancrage de la critique dans le registre pur. Lorsqu'untel demande « Combien de prises ou de poses pour cette photo ? Ça transpire le naturel[4] », c'est l'expérimentation (artificielle) à l'occasion du drame qui est décriée, par rapport à la sincérité pure du recueillement de ceux qui sont vraiment (authentiquement) touchés par la catastrophe.

1. https://twitter.com/Jotache_17/status/1118548895288655872
2. https://twitter.com/christopheconte/status/1117927441593507841
3. https://twitter.com/PaulThorGeist/status/1118189173880643584
4. https://twitter.com/Commi31/status/1118175054624436224

Enfin, par la diffusion d'un selfie à des fins réputationnelles et par des moyens impurs car insincères, cet acte se place aux antipodes du recueillement désintéressé, sans autre finalité que lui-même, attendu d'un membre d'une communauté dont un élément est gravement blessé. Réputation d'un individu *vs* recueillement collectif : une dernière opposition se dessine entre deux régimes de qualification. En effet, tandis que face à « l'histoire », à « l'événement de portée mondiale qui se déroule[1] », « dans un lieu chrétien en plus[2] », les internautes prescrivent un recueillement en régime de communauté, Jack Lang, Alexis Corbière et Christophe Castaner sont accusés de ramener l'événement à leur propre personne, conformément au régime de singularité – un régime manifestement considéré comme inadéquat en la circonstance.

Ce qui se trouve donc stigmatisé ici, c'est une incongruence axiologique, qui fait figure pour les acteurs de faute, de mauvaise manipulation des échelles de grandeur, corrélative d'une erreur sur les registres de valeurs et les régimes de qualifications pertinents : une manipulation inadéquate à la situation mais calculée, comme l'indique cet auteur qui commente sous le selfie de M. Castaner : « Dieu Pardonnez-moi : – Je me mets en scène sur un tas de cendres, c'est indécent je sais[3]. » Et la faute est vivement ressentie, comme en témoignent les qualificatifs employés à l'égard de ces trois personnages : « vautour », « charognard », « mange merde », « démago » ou encore « vrai politicard ».

1. https://twitter.com/nosig2/status/1118060915461693441
2. https://twitter.com/prevalli/status/1118189411991158785
3. https://twitter.com/haldrix2/status/1118206545710415872

Réajuster les écarts de grandeur

Nous avons constaté que face à ces manipulations visant l'autograndissement, la critique s'arme d'ironie, cherchant en les ridiculisant à faire rire des auteurs de ces selfies. C'est ainsi que s'introduit, dans le riche répertoire axiologique des prises de parole à propos de l'incendie, le registre ludique : dans cette situation dramatique, il redevient possible de rire.

Tourner les auteurs de selfies en ridicule

« @jack_lang et @imarabe Une deuxième grande cagnotte pour reconstruire le visage de Jack ? » (Jean-Philippe @Alex David9477, 16 avril 2019)

« @jack_lang et @imarabe Il se momifie de plus en plus lui. Vivement les bandelettes, qu'on ne l'entende et ne le voit plus. Quel égo boursoufflé » (The Sue Ellen Appreciation Society @pillon_f, 16 avril 2019).

« @jack_lang Sur ce Selfie, une vieille ruine et à droite, Notre Dame de Paris qui brûle. #Notre_dame_de_Paris » (Mister McFlee @MisterMcFlee, 16 avril 2019).

« @jack_lang Y a des gargouilles maintenant à l'Institut du monde arabe ? #NotreDame et le narcissisme mégalomaniaque et obscène de Jack Lang » (Anaya @Anay_a, 20 avril 2019).

« @alexiscorbiere Il est content ! Il a son selfie devant la cathédrale en flamme. Monsieur se sent important.

Connard » (maillot Hechter @chucknorrisPSG, 16 avril 2019).

« @alexiscorbiere Bon, j'ai remercié les pompiers, les policiers, les gendarmes, j'ai adressé les pensées aux blessés... J'ai pourtant l'impression que j'ai oublié quelqu'un... Ah oui ! MOI !!! » (@aladdinsane_29, 16 avril 2019).

« @alexiscorbiere Le racolage est interdit et puni par la loi » (Billy @jeromebilly2, 16 avril 2019).

« @CCastaner Y a un mec au milieu qui gêne... » (bougis @bougis94, 16 avril 2019).

« L'autre se prend pour un mannequin... Sans déconner » (Mr Pinault @pittouse, 16 avril 2019).

« @CCastaner @gouvernementFR et 4 autres personnes Quelqu'un pour lui dire que l'autel n'est pas la platine du DJ ? #castaner #afterparty #youplaboum » (PhilNewhouse @Philtynewhouse, 16 avril 2019).

Appartenant à la même espèce sémantique, l'ironie et le ridicule sont des outils rhétoriques critiques qui permettent de rapetisser l'auteur de la photo et, par là même, de rétablir l'écart juste, la bonne échelle de grandeur entre celui-ci et Notre-Dame – tout en se grandissant par rapport à celui qui se voit ridiculisé. L'ironie constitue bien une modalité des ressources axiologiques.

Enfin certaines critiques s'élèvent envers d'autres personnalités publiques que les personnalités politiques, tels les influenceurs. Un internaute et journaliste, Valentin Le Roux, partage ainsi plusieurs publications de ces influenceurs qui, selon lui « profitent de la popularité du hashtag "NotreDame" pour poster des photos d'eux avec : 0 rapport[1] ». À titre d'exemple, l'une de ces publications, un selfie de l'influenceur Matthias Rhoads (@manilamatthias) torse nu, est accompagnée de cette légende : « *The Notre Dame burned down today, yet another masterpiece is in the making. 40K FOLLOWERS ! Maraming Salamat para sa suporta*[2]. » De même un article publié sur le magazine en ligne *Les Gens d'Internet*[3] indique que « des créateurs de contenu n'hésitaient pas à poster des photos d'eux avec le hashtag #notredame alors qu'il n'y a aucun rapport avec l'édifice », et d'ajouter : « Pourquoi ont-ils fait cela ? Ils savaient pertinemment que de nombreuses personnes allaient taper ces mots clés pour tomber sur des images de la cathédrale, et donc voir leur selfie. »

Ces commentaires critiques dénoncent là encore une faute axiologique commise par « ces influenceurs Instagram qui ont eu visiblement du mal à trouver une photo qui mettait en valeur Notre-Dame de Paris parmi leurs souvenirs de vacances[4] » : faute consistant à opérer une manipulation inadéquate à la situation, quoique calculée, des échelles de grandeur.

1. https://twitter.com/Valostin/status/1118122323641499648
2. « Notre-Dame a brulé aujourd'hui, mais un autre chef d'œuvre est en cours de réalisation. 40k followers [abonnés] ! Merci beaucoup pour votre soutien. »
3. « Notre-Dame de Paris : les couacs des réseaux sociaux », *Les Gens d'Internet*, 17 avril 2019.
4. https://twitter.com/Valostin/status/1118217175007940608

Des gens ordinaires à l'épreuve de la critique

Parallèlement aux commentaires portant sur les détenteurs d'un « capital de visibilité[1] », il existe une autre forme de prise de parole au sein de l'espace public, liée à l'émergence des technologies et des réseaux sociaux numériques et qui représente, toujours selon Dominique Cardon, « la grande nouveauté sociologique[2] » : il s'agit de la configuration permettant à des citoyens ordinaires d'échanger au sujet d'autres citoyens ordinaires. Or la comparaison de ces deux catégories de discours critiques révèle des similitudes mais aussi quelques différences de soubassements axiologiques.

Elles ont certes en commun de s'organiser autour de la valeur de décence propre au registre éthique, accusant les auteurs de selfies de « tout ramener à eux[3] », c'est-à-dire de confondre les échelles de grandeur (celle de la cathédrale, celle de l'auteur du selfie) et de s'inscrire en régime de singularité plutôt qu'en régime de communauté. Mais, contrairement à ce qui était reproché aux personnalités publiques, l'usage du selfie par les gens ordinaires est imputé à une forme d'ignorance, une « bêtise », ou une mécompréhension de la situation. Un tel commentera sur Twitter : « *Notre-Dame : I'm burning ! Everyone : How sad, here's a selfie*[4] », ou : « À ceux qui postent le selfie qu'ils ont fait il y a 4 ans devant Notre Dame, vous avez conscience

1. Voir Nathalie Heinich, *De la visibilité. Excellence et singularité en régime médiatique*, Paris, Gallimard, 2012.
2. Dominique Cardon, *Culture numérique*, *op. cit.* p. 150.
3. https://twitter.com/Lord_Steerforth/status/1117888941607145472
4. « Notre-Dame : Je brûle ! – Tout le monde : Quelle tristesse, voilà un selfie. » https://twitter.com/marciobarcelos/status/1118064276281995266

que c'est tellement pas le propos ce soir[1] ?? » ; et encore : « C'est ouf de pas se rendre compte de leur indécence et de leur bêtise[2]… » Renvoyant à une incapacité à comprendre le sens de l'événement, à l'interpréter conformément à sa véritable signification, ces accusations mobilisent le registre herméneutique.

Par ailleurs, de ces jugements d'insuffisance intellectuelle relèvent aussi les critiques portant sur l'ostentation des pratiques touristiques.

Dénigrer les pratiques touristiques[3]

« *Congratulations to everyone who is taking advantage of a sad event to remind us that u have Been To Paris*[4] » (jamie-loftus @jamieloftusHELP, 15 avril 2019). [Ce commentaire a reçu 110 000 « *likes*[5] ».]

« *Let the world know this is a personal tragedy for you by reposting that selfie you took in front of Notre Dame during your fabulous European vacation*[6] » (Sam Kalidi @samkalidi, 15 avril 2019).

« *A lot of people using this tragedy to post vacation pics from 7 years ago on Instagram. We get it, you've*

1. https://twitter.com/nicomlosc/status/1117889271833210882
2. https://twitter.com/fandecine/status/1117884332884914176
3. Exemples de commentaires critiques portant sur les pratiques touristiques.
4. « Félicitations à tous ceux qui profitent d'un triste événement pour nous rappeler que vous avez été à Paris. »
5. De l'anglais « *to like* » (« aimer »).
6. « Faites savoir au monde que ceci est pour vous une tragédie personnelle en repostant ce selfie que vous avez pris devant Notre-Dame lors de vos fabuleuses vacances européennes. »

all been to Paris, we don't need your abroad glamour shots to prove it[1] » (Emily Kager @emily_kager, 16 avril 2019).

« *Amazing how many of my facebook friends are taking this moment of tragedy in Paris to #humblebrag about their trip to #NotreDame*[2] » (John Powers @ComicJohn-Powers, 16 avril 2019).

« *Seeing it from tons of people across social media. Why the fuck do I care if you've been there before. This is bigger than you and your 4 day trip to paris your parents paid for*[3] » (Kyle Jones @SnakeTaleJohnny, 16 avril 2019).

Fabuleuses vacances, photos glamours, fausse modestie (« *humble brag* »)... Après la grandeur par la proximité, inhérente au selfie qui place son auteur à proximité d'un objet investi d'une certaine valeur, c'est la manifestation d'une grandeur par la mobilité qui est à présent l'objet de la critique : « *Notre-Dame de Paris was on fire, and everyone used it as a reason to talk about how much they travel and post their selfie in front of it*[4] *?* »

1. « Un grand nombre de personnes utilisent cette tragédie pour poster des photos de vacances d'il y a 7 ans sur Instagram. On a compris, vous êtes tous allés à Paris, on n'a pas besoin de vos photos glamours pour le prouver. »

2. « Incroyable comme beaucoup de mes amis facebook prennent ce moment de tragédie à Paris comme une opportunité pour se vanter humblement de leur voyage à #NotreDame. »

3. « Je le vois de la part d'une tonne de gens sur les réseaux sociaux. Qu'est-ce que j'en ai à foutre si vous y êtes déjà allé. C'est plus grand que vous et votre voyage de 4 jours à Paris payé par vos parents. »

4. « Notre-Dame de Paris était en feu, et tout le monde y a trouvé une opportunité pour raconter combien ils voyagent et pour poster leur selfie devant elle » – https://twitter.com/Ferd_Turgeson/status/1509185719134142468

Or, la recherche d'une grandeur par la proximité et celle d'une grandeur par la mobilité induisent en réalité deux fautes axiologiques distinctes. En ce qui concerne la première, la faute consiste, nous l'avons vu, à ramener l'événement à soi, à sa relation personnelle avec la cathédrale : Notre-Dame demeure l'un des sujets de la photo, permettant à l'auteur de se grandir par sa proximité. En revanche, concernant la seconde, la faute axiologique consiste en ce que Notre-Dame n'est alors plus qu'un prétexte – « *they're using it as a backdrop*[1] » –, symbole et souvenir du voyage de son auteur.

La différence de traitement axiologique entre personnalités publiques et gens ordinaires révèle une différence de statut ontologique entre les auteurs de selfies visés par les critiques. En effet les jugements de valeur à l'encontre des trois personnalités politiques sont adressés à ces individus en tant que *personnes* insubstituables, comme le montre la mobilisation par les internautes d'éléments propres à chacun de ces personnages : « Selfie indécent ??? N'exagerons rien ! @jack_lang est lui aussi un monument... qui a subi de multiples restaurations. Il y a une compassion normale de sa part. #NotreDame #revuedepresse @LaPepiniere_Th[2] » ; ou encore : « Pardon mais... qu'est-ce que le député de Saint Denis vient faire dans le centre de Paris à part se faire prendre en photo au pied de #NotreDame ?? Plus démago que ça, tu meurs[3] ! » ; et enfin : « Tout ça pour une photo à #NotreDame ! Affligeant ce départ précipité de M. Castaner qui n'honore pas de sa présence une remise de médailles de la sécurité intérieure à Mayotte. Le @prefet976 a décoré

1. « Ils l'utilisent comme toile de fond » – https://twitter.com/Lord_Steerforth/status/1117888941607145472
2. https://twitter.com/stephaneguillon/status/1118787234809950208
3. https://twitter.com/axeldolle/status/1118132094683832322

23 récipiendaires pour acte de courage et de dévouement[1]. » En revanche, pour les selfies de gens ordinaires les critiques ne sont pas adressées *ad personam* mais essentiellement à un individu quelconque, substituable par n'importe quel autre anonyme qui partagerait un selfie en de pareilles circonstances. Cette distinction se retrouve dans des énoncés tels que « beaucoup de gens » ou « félicitations à tous ceux qui... », ainsi que dans l'emploi répété d'un « vous » jamais défini, ou de groupes de mots et pronoms indéfinis, notamment en anglais, tel que : « *Someone really made this tragedy about themselves*[2]. »

La teneur des critiques, selon qu'elles s'adressent à des anonymes ou à des personnes publiques, révèle qu'elles sont en partie fonction du degré de capital de visibilité que possèdent ces derniers. Ainsi, plus le capital de visibilité d'une personne est grand, plus la manipulation des échelles de grandeur est perçue et dénoncée comme un acte conscient et calculé, relevant d'une faute morale (registre éthique) et non pas seulement d'une mauvaise interprétation de la situation (registre herméneutique). L'on assiste là à une configuration similaire à celle relevée par Franck Beuvier et Nathalie Heinich à propos des controverses sur les dons, où s'opposent les dons anonymes des « petits » et les dons nominatifs des *plus grandes fortunes*[3].

1. https://twitter.com/matagathajane/status/1118180613599764482.

2. « Quelqu'un a vraiment fait de cette tragédie une affaire personnelle » https://twitter.com/FelisitoRivera/status/1117864450000707584

3. Voir dans ce volume « Donner n'est pas gratuit : des dons controversés ».

Quand des auteurs justifient les selfies

Bien peu nombreux sont les commentaires prenant la défense de ces personnalités, faisant fi de leur capital de visibilité et les ramenant à des personnes comme les autres, comme le fait cet internaute qui commente en réponse au selfie de Jack Lang : « Des centaines/milliers de personnes l'ont fait ce selfie, c'est pas quelque chose qui se voit tous les jours. Oui c'est triste. – Il se met en retrait – Contrairement à d'autres il n'est pas tout sourire. – Son message montre son inquiétude. Moi aussi je l'aurais faite[1]. »

Certains commentaires cependant prennent publiquement la défense de la pratique des selfies, dans des articles publiés sur des sites et non plus sur de simples comptes personnels. Ainsi, Eliza Levinson défend pour le magazine numérique *Hyperallergic*[2] ces images postées sur les réseaux sociaux en tant qu'elles pourraient devenir « d'inestimables artefacts » : chaque utilisateur en ligne contribuerait continuellement à l'enrichissement de la grande archive qu'est le Web. C'est pourquoi, lors de la perte d'un bien collectif, ces internautes « deviennent des archivistes amateurs [...] apportant la preuve de notre douleur et la partageant avec les masses[3] ». La pratique du selfie, jusqu'alors perçue comme superficielle, deviendrait justifiée du fait que la catastrophe conférerait un statut de « reliques » ou de « preuves » à ces images, dont le partage réaffirme une « solidarité suivant un événement traumatique ». Finalement, à l'ère

1. https://twitter.com/Dice_Troy/status/1118794866656468997
2. E. Levinson, « When Tragedy strikes, Social Media Posts can become Invaluable Artifacts », *HYPERALLERGIC*, 25 juin 2019 (traduction libre).
3. *Ibid.*

où « l'iconographie domine le discours, [...] il n'est pas surprenant que nous ayons recours à Internet, la seule chose immortelle que nous ayons créée, pour stocker les signifiants imparfaits et pixélisés de ce que nous avons perdu[1] ».

Un autre texte, écrit par Stephanie Maida pour le site internet *Guestofaguest*[2], adopte une autre approche pour valoriser les selfies partagés par des gens ordinaires : « Y a-t-il une "bonne" manière de rendre hommage sur les réseaux sociaux après l'incendie de Notre-Dame ? », demande l'auteur. Selon elle, cela dépend. S'il s'agit d'une « catastrophe naturelle ou d'un horrible événement menant à la destruction d'un lieu [de vie], et pire, à la mort d'un certain nombre d'individus[3] », il serait déplacé de partager une photo de soi sur la plage lors d'une visite passée. Mais lorsqu'il s'agit d'une « magnifique relique d'une telle pertinence culturelle, artistique et religieuse pour des personnes du monde entier », partager un « moment joyeux là-bas » permet, au sein d'une société « conditionnée pour chercher du lien sur Internet », de se sentir « moins seul », de « garder le souvenir vivant » et de donner aux gens l'opportunité de ressentir qu'ils font partie de « quelque chose de plus grand qu'eux-mêmes »[4].

Tant le premier auteur – pour qui ces selfies individuels se trouvent transformés par la tragédie en reliques collectives – que le second – pour qui le partage de ces photos personnelles n'a pas une finalité égoïste mais constitue une recherche de lien, d'entraide et de proximité – s'efforcent de réinscrire l'acte de partage du selfie en régime

1. *Ibid.*
2. S. Maida, « Is there a "Right" Way to pay Tribute on Social Media after the Notre Dame Fire? », *guestofaguest*, 16 avril 2019 (traduction libre).
3. *Ibid.*
4. *Ibid.*

de communauté, en le mettant au service d'un « nous » indéfini mais qui renvoie au registre domestique du lien, du rituel partagé, de la manifestation de respect envers l'ancêtre commun.

Quel est le sujet sur la photo ?

De toute évidence les selfies soulèvent la question du statut de leur sujet. Et si cette question se pose, c'est que tout selfie a pour propriété sémiotique de placer systématiquement l'auteur de la photo au premier plan, comme *sujet* de l'image, et d'instituer l'arrière-plan, censé être le véritable sujet de la photo, comme simple *motif* du cliché.

Cette position relative des objets sur l'image est à l'origine d'une mauvaise appréciation des échelles de grandeur qui, lors d'un événement d'une telle ampleur, ne manque pas d'être soulignée comme une lourde faute axiologique par de nombreux internautes. « Je me suis permis de recadrer la photo pour effacer le superflu[1] », ironise ainsi celui qui rediffuse le selfie de Jack Lang soigneusement recadré de façon à ne conserver sur l'image que son visage. Dès lors se met en place un dispositif critique destiné à réajuster, notamment grâce à l'ironie, l'écart entre la petitesse des auteurs de selfies et la grandeur de Notre-Dame.

À partir des selfies pris et partagés sur les réseaux sociaux dès le soir de l'incendie, l'analyse axiologique a permis de mettre en lumière les moments successifs d'une controverse ayant pour point de départ une attribution de valeur par

1. https://twitter.com/NicolasZeMinus/status/1117903355651563520

l'image : une image diffusée de façon numérique et dont l'objet est double, à la fois son auteur et Notre-Dame. On assiste alors à une avalanche de jugements critiques, qui modifient l'objet de l'analyse : non plus Notre-Dame mais l'auteur du selfie, coupable de se situer par son acte en régime de singularité alors que dans la circonstance c'est le régime de communauté qui est attendu. Ainsi une erreur de régime de qualification, doublée d'une erreur d'appréciation des échelles de grandeur entre sujet et motif de l'image, entraîne une sorte de contagion axiologique : une attribution de valeur sous forme iconique suffit à engendrer en retour, par son ambiguïté, une pluie de jugements critiques.

Intermède n° 4

« L'inspectrice du travail est-elle trop zélée ? » par Violaine de Montclos, journaliste

(*Le Point*, 20 février 2020)

Ici l'objet de l'analyse n'est pas le texte de la journaliste mais les points de vue, très antagonistes, qui sont restitués dans son reportage. Le récit en effet porte sur le retard causé au démontage de l'ancien échafaudage en raison du zèle des deux fonctionnaires chargés de protéger les ouvriers, lesquels protestent contre un excès de contraintes préjudiciables à leur travail.

Il y a là un exemple remarquable de tension entre registres, homologue des tensions entre, d'une part, les employés de l'inspection du travail et, d'autre part, les ouvriers du chantier – l'ironie étant que les premiers sont censés être au service des seconds. Du côté des inspecteurs donc, on invoque le registre juridique des règlements, associé au registre éthique de la protection des travailleurs. Du côté de ces derniers, on invoque le registre opératoire de l'efficacité, tant pour la survie de la cathédrale que pour leur propre confort de travail ; le registre éthique de la liberté dont les privent les exigences des inspecteurs ; le registre également éthique de la sollicitude due à ce monument en danger, objet-personne auquel on prodigue des soins d'urgence ; et, fût-ce implicitement, le registre civique de l'intérêt général dès lors que le monument est un bien commun à préserver. S'ajoute enfin, pour durcir l'opposition des travailleurs aux contraintes imposées pour les protéger, l'accusation faite aux inspecteurs de surinvestir le registre juridique par un respect excessivement tatillon des règlements ; et – pire – d'obéir secrètement à des motivations sans rapport avec l'intérêt général car relevant de règlements de compte politiques en rapport avec des liens d'amitié (registre domestique).

Pour finir, il est frappant d'observer ici une opposition entre le registre juridique et le registre éthique, alors même que celui-ci sous-tend les dispositions légales du Code du travail en protégeant la sécurité des travailleurs. Ces derniers ne mettent pas en cause cette valeur de sécurité, mais ils contestent la validité des critères mis en avant par les inspecteurs pour assurer celle-ci : on descend donc d'un conflit de valeurs à un conflit de critères. Par ailleurs le registre éthique est également convoqué par les travailleurs, mais à travers d'autres valeurs que celle de la sécurité : leur liberté, leur pudeur, leur dignité. Sans compter – puisque ce qui est en jeu est la survie d'un objet-personne en péril – le souci de préserver un bien commun : souci qui conjoint le registre éthique de la responsabilité et le registre civique de l'intérêt général. D'où, probablement, la force des résistances aux injonctions normatives, parce qu'elles contrarient non seulement le confort personnel des artisans mais aussi l'efficacité opératoire de leur travail, dont les enjeux sont tout sauf égoïstes et peuvent donc être légitimement opposés aux normes chargées de les protéger.

N. H.

*

Une fois de plus, on a dû annuler le lancement de l'intervention. Trop de vent. Lundi 10 février devait commencer, enfin, le démontage de l'échafaudage incendié. Une opération de plusieurs mois, spectaculaire et totalement inédite, qui consiste, pour des cordistes surentraînés, à descendre en rappel le long des tiges d'acier que les flammes ont figées et à les démanteler. Après la mise hors d'eau de la cathédrale, cette étape est cruciale : tant que le bâtiment n'est pas libéré de ce carcan métallique, personne ne peut garantir la tournure que prendront les travaux. Or il aurait fallu commencer plus tôt, avant ces mois d'hiver à la météo capricieuse. Et ils sont quelques-uns, sur ce chantier sous haute tension, à rendre responsables de ce retard deux personnes jugées un peu trop zélées. Le premier, Frédéric Mateus, contrôleur de sécurité, émet des recommandations au nom de la Cramif (caisse régionale d'assurance-maladie d'Île-de-France) pour prévenir les risques professionnels. La seconde, Françoise Rambaud, est inspectrice du travail et proche de l'homme politique Gérard Filoche, auquel elle accorda son soutien lorsqu'il fut exclu du PS, en 2017. Son rôle, que nul ne songe à remettre en cause, consiste à veiller à ce que le Code du travail soit scrupuleusement respecté. « C'est légitime, il y a ce type de contrôles sur tous les chantiers [JURIDIQUE], *explique l'un des entrepreneurs missionnés à Notre-Dame, mais en général on travaille de concert avec la Cramif et l'inspection du travail, on trouve des solutions ensemble* [OPÉRATOIRE]. *Or avec ces deux-là, il est impossible de discuter. Ils forment un duo redoutable et on sent bien qu'ils viennent pour nous coincer »* [ÉTHIQUE].

Une fois par semaine au minimum, l'intimidante silhouette de Mme Rambaud se glisse, muette, entre les groupes d'ouvriers et observe. « Elle guette le moindre faux pas ; et comme on se sent épié, on fait des conneries », s'agace un compagnon. L'inspectrice et l'ingénieur sont là pour s'assurer du bien-être [AESTHÉSIQUE], *de la sécurité* [ÉTHIQUE] *et des droits* [JURIDIQUE] *de ceux qui travaillent ici : comment le leur reprocher ? Sauf que ce sont les ouvriers eux-mêmes qui, pour certains, disent leur lassitude des contraintes et de la pression quotidienne qui leur sont imposées.* [liberté = ÉTHIQUE] *Plusieurs ont déjà démissionné. D'autres demandent à aller « respirer » sur un autre chantier.*

Première source de ras-le-bol ? La prévention draconienne de la contamination au plomb. Imaginez : chaque entrée dans le périmètre sécurisé de la cathédrale nécessite déshabillage complet, enfilage de sous-vêtements jetables, d'une combinaison, d'un masque ventilé, et chaque sortie requiert le processus inverse avec douche obligatoire et lavage des cheveux.

Les cabines étant en nombre insuffisant, les douches sont nécessairement souvent prises en commun. Et comme la consommation de nourriture ou l'usage des toilettes – sauf en urgence – sont interdits sur zone, on sort cinq à six fois par jour, en accomplissant à chaque fois, à l'aller et au retour, le même long et fastidieux protocole. D'où un temps de travail haché, ralenti et des journées peu gratifiantes [OPÉRATOIRE]. *« Pour la visite de Mme Pénicaud [la ministre du Travail, NDLR], on a fait gaffe, on lui a réservé une douche pour elle toute seule, mais les compagnons passent leur temps à se voir à poil* [pudeur = ÉTHIQUE] *et à la fin c'est vrai que c'est pesant, soupire l'entrepreneur. Ce sont des tailleurs de pierre, vous comprenez, et ici ils sont tout le temps en peignoir et claquettes. On a signé pour restaurer Notre-Dame, pas pour barboter à l'Aquaboulevard »* [dignité = ÉTHIQUE].

Mme Rambaud, tenue au devoir de réserve des fonctionnaires, ne peut s'exprimer sur le sujet. Mais sa direction a exceptionnellement accepté de nous répondre. « Le plomb est une substance classée CMR (cancérogène, mutagène, reprotoxique) [ÉPISTÉMIQUE], *explique Christelle Chambarlhac, directrice adjointe de l'unité départementale de l'inspection du travail. Non seulement il faut éviter de l'inhaler, de le toucher, de l'ingérer, mais on sait qu'il peut se déposer sur les vêtements et les cheveux, et que les ouvriers, si on n'établit pas de sas, peuvent rapporter de la poussière de plomb chez eux et exposer leur entourage* [hygiène = PUR]. *Les risques sont réels* [sécurité = ÉTHIQUE]. »

Le Code du travail consacre en effet un paragraphe spécifique à l'exposition des travailleurs au plomb, mais le problème est qu'il n'établit aucun seuil au-delà duquel un tel protocole est indispensable. Par commodité, l'usage veut qu'on retienne donc le seuil en vigueur dans le Code de la santé publique, soit 1 000 milligrammes par mètre carré de surface d'habitation. « Sauf qu'il s'agit de chantiers d'intérieur où l'on relève, dans un espace fermé, le taux de plomb qui s'est déposé au sol, s'agace un intervenant. Cela n'a rien à voir avec le chantier de Notre-Dame, qui est ouvert et où le plomb a pu se déposer sur une multitude de supports différents. Le plomb fait partie intégrante de nos monuments historiques, les compagnons ont l'habitude de prendre en compte le risque qu'il représente par un certain nombre de règles de bon sens [TECHNIQUE *vs* JURIDIQUE]. » *Le plus étonnant est qu'en 2018 les trois ministères du Travail, de la Santé et de la Culture ont conjointement rédigé un épais guide des bonnes pratiques concernant le plomb sur les chantiers patrimoniaux* [JURIDIQUE]. *Guide qui n'a, comme souvent, jamais été ratifié et mis officiellement en circulation. L'eût-il été que les travaux de Notre-Dame auraient peut-être pris une autre tournure...*

Autre norme imposée sur tous les chantiers pour le bien-être des ouvriers – et on peut la comprendre : l'installation d'ascenseurs dès lors qu'un échafaudage excède 13,20 mètres de hauteur. [JURIDIQUE + AESTHÉSIQUE + efficacité = OPÉRATOIRE] *« L'intérêt non négligeable de monter à pied, c'est quand même qu'on s'échauffe avant de se mettre au travail et qu'on se fait moins de lumbagos. Mais bien sûr, sur le long terme, il est normal d'éviter la fatigue* [efficacité (économie de fatigue) = OPÉRATOIRE *vs* efficacité (échauffement) = OPÉRATOIRE], *explique un autre intervenant. Sauf que là il y avait urgence, le monument est en péril* [ÉTHIQUE], *et la pose de ces ascenseurs nous a fait perdre un temps fou* [OPÉRATOIRE]. *On a proposé de monter les ouvriers par des nacelles, on nous a répondu OK pour les évacuer en cas d'urgence, donc oui pour les descendre, mais pas pour les monter ! »*

Mais le comble de l'absurdité a été atteint avec la hauteur réglementaire des balustrades. Celles de Notre-Dame, construites au Moyen Âge et restaurées par Viollet-le-Duc, font en moyenne 96 centimètres de hauteur et depuis huit cent cinquante ans on se promène dans les chenaux sans basculer dans le vide. Mais la réglementation impose aujourd'hui des balustrades de 1 mètre minimum. [JURIDIQUE] *On aurait pu, loi d'exception oblige, se passer de ces quatre centimètres supplémentaires sans faire prendre de risques inconsidérés aux ouvriers. Mais non. Il a fallu refaire tous les garde-corps de l'édifice, ce qui a évidemment pris un temps important* [JURIDIQUE vs OPÉRATOIRE].

« On nous impose sans doute des règles plus draconiennes et une surveillance plus importante [JURIDIQUE], *c'est usant pour tout le monde, c'est vrai, mais le monde entier nous regarde, il est normal que nous soyons exemplaires* [RÉPUTATIONNEL], *tempère un autre entrepreneur. Monter les ouvriers par nacelle, c'est interdit sur tous les chantiers, je ne vois pas pourquoi celui-ci dérogerait à la règle. » À quoi bon,*

alors, cette ronflante « loi d'exception » ? Nombre d'observateurs, y compris au sein de l'établissement public chargé de la reconstruction de Notre-Dame, soupçonnent avec un peu de perfidie une croisade toute personnelle [#DOMESTIQUE] *de Mme Rambaud contre ces grands travaux dont la réussite serait une victoire pour Emmanuel Macron. Elle ne peut ici s'en défendre.*

À l'Inspection du travail, on assure qu'il ne s'agit jamais que de faire respecter le code, rien que le code [JURIDIQUE]. *Tout en admettant que sur tout chantier un facteur « humain » peut évidemment jouer. Or ni les supplications adressées par plusieurs intervenants au préfet Michel Cadot, ni la poigne des hauts fonctionnaires et généraux aux commandes de l'établissement public n'ont réussi à assouplir le duo Rambaud-Mateus pour trouver, avec eux, les moyens d'accélérer un peu. Or si le temps presse, ce n'est pas – du moins pas seulement – pour satisfaire l'hubris présidentielle* [#ÉTHIQUE + #CIVIQUE], *mais parce que Notre-Dame est encore en péril.* [ÉTHIQUE] *« Le temps que l'on a perdu joue contre le sauvetage, enrage un intervenant. Le démontage aurait dû avoir lieu avant l'hiver. » Le 18 février, les rafales de vent étaient encore trop fortes sur la capitale. La descente en rappel des cordistes et le début du démontage du vieil échafaudage ont, à nouveau, été annulés.*

Chapitre 5

Donner n'est pas gratuit

Des dons controversés

Franck Beuvier, Nathalie Heinich

« Cette cathédrale, nous la rebâtirons ! », promet le président de la République peu avant minuit, ce 15 avril 2019, lors d'une courte allocution prononcée sur le parvis de Notre-Dame de Paris, en épilogue aux heures de lutte contre l'incendie[1]. « Dès demain une souscription nationale sera lancée, et bien au-delà de nos frontières », déclare-t-il.

Dès 21 h 29, un message adressé depuis le compte Twitter de la Fondation du patrimoine indiquait déjà que « pour répondre à de multiples demandes, une collecte nationale pour la reconstruction[2] » de l'édifice a été organisée. Les premières initiatives de soutien naissent dans la soirée, et trois cagnottes sont successivement lancées par les sites Dartagnans (« Notre-Dame de Paris je t'aime ! »), Leetchi (« Financement des réparations de Notre-Dame de Paris »), et Lepotcommun, (« Souscription nationale pour Notre-Dame de Paris »)[3]. Rapidement le site de la Fondation du patrimoine se retrouve saturé, et une plateforme est créée

1. *Lemonde.fr*, 16 avril 2019 à 00 h 33.
2. Manon Rescan, « Notre-Dame de Paris : cagnottes, promesses de dons et souscription nationale pour financer la reconstruction », *Lemonde.fr*, 16 avril 2019 à 1 h 18 (mis à jour le 16 avril à 14 h 08).
3. *Lepoint.fr*, 16 avril 2019 à 10 h 04.

le lendemain sur celui du Centre des monuments nationaux pour pallier l'afflux de propositions.

Une générosité phénoménale

Le mardi 16 avril au matin, la collecte dépasse 30 000 euros sur les sites privés ; peu après 14 heures les promesses de dons atteignent déjà la somme phénoménale de 600 millions d'euros. Le mercredi 17, trente-six heures après le sinistre, on approche du milliard[1].

Parallèlement aux particuliers, entreprises et collectivités publiques rivalisent dans un élan de générosité symétrique à la quasi-unanimité de la déploration[2]. Google France, qui a habillé sa page d'accueil aux couleurs de Notre-Dame, annonce l'installation de « dix bornes de dons » au métro Concorde et de « 10 000 écrans numériques » sur l'ensemble du réseau parisien « pour relayer l'appel »[3]. Les quatre opérateurs de téléphonie mobile font cause commune pour encourager les micro-dons par SMS[4]. À Alençon, La Halle au blé lance une opération « brioches », à Antibes, le Bistrot

1. Luc Lenoir et l'AFP, « Notre-Dame de Paris : près d'un milliard d'euros de dons déjà promis pour la reconstruction », *Lefigaro.fr*, 16 avril 2019 à 7 h 55 (mis à jour le 19 avril 2019 à 19 h 06).

2. Louise Couvelaire, « Une vague de solidarité nationale et internationale après l'incendie de Notre-Dame », *Lemonde.fr*, 17 avril 2019 à 11 h 30 (mis à jour à 12 h 38).

3. *Ibid.*

4. « Notre-Dame : « les opérateurs mobiles proposent la collecte de dons par SMS », *Lefigaro.fr*, mis en ligne le 18 avril 2019 à 6 heures. Voir aussi : https://www.francemobiles.com/actualites/notre-dame-bouygues-telecom-orange-sfr-collecte-de-dons-sms-18354.html

du curé, un « buffet », à Lyon, Émilie Ettori Illustration, une vente de cartes postales à l'effigie de la cathédrale[1]. Les mairies de Paris, Nantes, Bordeaux, Toulouse s'y mettent aussi, ainsi que les régions Île-de-France, Auvergne-Rhône-Alpe, Occitanie, et même le Parlement européen.

Une course contre la montre s'engage au lendemain du drame avec le déploiement d'un vaste dispositif de sensibilisation que certains associent au « Téléthon[2] », de sorte que donner pour sauver Notre-Dame devient un leitmotiv omniprésent. Le 17 avril à midi, près de 1 500 donateurs issus d'une cinquantaine de pays ont permis de récolter 110 000 euros *via* les cagnottes lancées sur Leetchi et Dartagnans, et 68 000 autres ont abondé à hauteur de 6,3 millions d'euros à la souscription ouverte par la Fondation du patrimoine[3].

Une telle générosité a tout pour réjouir les cœurs endoloris par la catastrophe. Mais ici commencent les problèmes – et avec eux, la mobilisation d'autres registres de valeurs que ceux, éthique et affectif, du bien fait à un être en souffrance, associé à celui, économique, des sommes d'argent mises à son service.

1. Emma Ferrand, « Notre-Dame de Paris : les initiatives des Français pour aider à reconstruire Notre-Dame », *Lefigaro.fr*, 17 avril 2019 à 19 h 36 (mis à jour le 18 avril à 16 h 06).

2. Ce mot sera utilisé par Maxime Combes (Attac France) dans un tweet acerbe publié le 16 avril à 15 h 45 : https://twitter.com/maximcombes/status/1118148518189912064

3. Louise Couvelaire, « Une vague de solidarité nationale et internationale après l'incendie de Notre-Dame », art. cité.

Premier problème : éviter l'erreur de destinataire

Dès l'ouverture des appels aux dons, des précautions sont prises pour garantir la fiabilité des dispositifs de collecte et la probité inhérentes aux appels à la générosité : les dons ne doivent pas pouvoir être détournés de ce bien commun qu'est la cathédrale sinistrée. « L'intégralité de la cagnotte sera reversée à Notre-Dame[1] » et « aucun frais ne sera prélevé », assure la Fondation du patrimoine dans un tweet le 15 avril à 22 h 29 ; les sommes collectées sont destinées au recteur de Notre-Dame, précise l'initiateur de la souscription sur Leetchi ; et Lepotcommun valide la cagnotte « organisée par l'Observatoire du patrimoine religieux », tandis que les hébergeurs procèdent à des vérifications et établissent des procédures de certification : il y va en effet de « l'authenticité des cagnottes[2] ». C'est dire que – conformément aux valeurs du registre pur – nul élément parasite ne doit venir s'insérer entre l'intentionnalité du geste et sa destination.

Mieux encore, le 17 avril le Premier ministre annonce la création d'un site Internet dédié à la reconstruction, dirigeant les donateurs vers les quatre organismes officiellement chargés de la collecte (Fondation Notre-Dame, Fondation du patrimoine, Fondation de France et Centre des musées nationaux), lesquels « s'engagent avec l'État pour permettre à chacun de contribuer de manière transparente

1. Manon Rescan, « Notre-Dame de Paris : cagnottes, promesses de dons et souscription nationale pour financer la reconstruction », art. cité.

2. Jacques Pezet, « Quelles cagnottes faut-il privilégier pour reconstruire Notre-Dame ? », *Liberation.fr*, 19 avril 2019 à 7 h 16.

et sécurisée[1] ». Édouard Philippe insiste : « Chaque euro versé pour la reconstruction [...] servira à cela et pas à autre chose[2] » – le registre opératoire venant ici à l'appui du registre pur pour assurer l'efficacité du dispositif de collecte. Car sans même anticiper des détournements malhonnêtes, l'exceptionnalité des montants concernés pourrait inciter à les répartir sur d'autres bénéficiaires que Notre-Dame elle-même. Ce qui serait justifiable du point de vue d'une politique patrimoniale, relevant du registre civique de l'intérêt général, ne le serait pas aux yeux des donateurs dont la sollicitude s'est portée exclusivement sur la cathédrale endommagée, conformément au registre éthique du soin aux souffrants, couplé au registre affectif de l'attachement à un être digne d'amour. Car un tel attachement exige l'insubstituabilité de son destinataire, forcément particulier, équivalent à aucun autre.

Un autre risque de détournement ne tarde pas à être évoqué, cette fois à l'échelle locale. En effet les collectivités territoriales se sont très vite prises « au jeu de la surenchère », pour reprendre le terme utilisé par la rédaction du *Monde* : 10 millions pour la région Île-de-France, 10 autres pour la Mairie de Paris, 2 millions pour la région Auvergne-Rhône-Alpes, 1,5 million pour celle d'Occitanie, tandis qu'affluent les promesses de dons des municipalités et des différentes entités administratives, « des plus grandes aux plus petites[3] ». Mais qu'en est-il de l'usage de l'argent public

1. Le Monde avec l'AFP, « Arnault, Bettencourt, Pinault... les promesses de dons affluent pour la reconstruction de Notre-Dame », *Lemonde.fr*, 16 avril 2019 à 15 h 57 (mis à jour le 17 avril à 19 h 04).

2. *Ibid.*

3. Patrick Roger, « Les collectivités territoriales rivalisent de générosité après l'incendie de Notre-Dame », *Lemonde.fr*, 19 avril 2019 à 14 heures (mis à jour le 20 avril à 10 h 02).

quand il émane des taxes locales ? « Est-ce légal que ma ville (Toulouse), mon département et ma région décident de consacrer 3,5 M pour quelque chose qui n'a rien à voir avec ce pour quoi les impôts locaux sont prévus[1] ? », questionne un lecteur de *Libération*. « Franchement, c'est limite », estime un avocat, maître Frölich, car sur le plan juridique la cathédrale ne relève pas de « l'intérêt local », or seuls les biens susceptibles d'être ainsi qualifiés demeurent éligibles. Ou alors, analyse un autre avocat, il faudrait arguer que le soutien à Notre-Dame ressortit à la fois à l'intérêt général et à l'intérêt local.

Dès le 17 avril l'historien Odon Vallet enjoint même les administrations territoriales de renoncer à leur engagement : « Gardez vos sous ! Parce que l'état de certaines églises propriétés des communes est parfois désastreux[2]. » Non seulement beaucoup sont délabrées, mais pour celles qui tiennent encore debout « on a du mal à trouver 10 000 € pour combler les petits trous dans le toit... » regrette-t-il. Une fois encore le sens du don interroge alors que l'argent fait défaut pour entretenir le patrimoine religieux de proximité : face à l'énormité des sommes en jeu surgit le risque de se tromper de destinataire en ne donnant pas à qui en a le plus besoin.

1. Luc Peillon, « La Haute-Garonne, à 600 km de Paris, peut-elle légalement subventionner la cathédrale Notre-Dame ? », *Liberation.fr*, 19 avril 2019 à 15 h 13.

2. « Communes, départements, régions, gardez vos sous ! », *La Dépêche du Midi*, entretien mis en ligne le 17 avril 2019 à 11 h 04 (mis à jour à 11 h 06). Cité par Patrick Roger, « Les collectivités territoriales rivalisent de générosité après l'incendie de Notre-Dame », art. cité.

Deuxième problème : y a-t-il erreur sur le bénéficiaire ?

Cependant un autre risque se profile très vite, lié cette fois à la question de savoir à qui le don profite vraiment : au destinataire proclamé (la cathédrale) ou bien au donateur lui-même ?

Dès la nuit du 15 au 16 avril, le milliardaire François-Henri Pinault annonce faire un don de 100 millions d'euros pour la reconstruction. Quelques heures plus tard, dans la matinale d'Europe 1, il revient sur cette initiative en évoquant l'onde de choc qui a parcouru sa famille à la vue du désastre : comme partout, confie Pinault, l'affliction fut grande parmi ses proches, et il fait siennes les valeurs d'union et de communauté qui dominent en la circonstance. Autant qu'une contribution à l'effort national, son geste se veut un appel au rassemblement, en cette période encore marquée par la crise des Gilets jaunes.

Peu après, « une somme globale de 200 millions d'euros » est promise par son concurrent industriel : « La famille Arnault et le groupe LVMH, solidaires de cette tragédie nationale, s'associent à la reconstruction de cette extraordinaire cathédrale, symbole de la France, de son patrimoine et de son unité », déclare un communiqué de presse. Suivent un tweet de Patrick Pouyanné, PDG du groupe Total, annonçant un « don spécial de 100 millions d'euros » (à 12 h 37, le 16 avril) et un communiqué commun de la famille Bettencourt-Meyers et de la fondation Bettencourt-Schueller, dans lequel les héritiers de L'Oréal se disent très affectés par ce « drame planétaire » et « entendent prendre part à l'élan collectif » à hauteur de 200 millions. Ce qui fait quatre dons pour un total de 600 millions réunis en signe de solidarité – auxquels s'ajouteront ceux de JCDecaux, BNP Paribas, Bouygues, Ladreit de la Lacharrière, BCPE, Société générale, AXA, Groupama, Capgemini, le PSG… En quelques heures les grandes fortunes se sont jointes au mouvement pour la restauration du monument meurtri. Tout le monde – des particuliers aux patrons – s'est mis au diapason de la bienfaisance. Mais les seconds le font nominativement, alors que les premiers demeurent anonymes. C'est probablement là que le bât va blesser.

Car très vite arrivent les critiques face à l'énormité des sommes : « Montants exorbitants », juge *Libération* au sujet des dons des « plus grandes fortunes[1] ». Le secrétaire général de la CGT, Philippe Martinez, en appelle à la « mesure[2] », et Ingrid Levavasseur (Gilets jaunes) enjoint chacun à « revenir à la réalité ». Un « pognon de dingue », dénonce-t-elle encore, le 17 avril à 7 h 52, dans *LeliveBFM*, usant d'une expression familière. « Se réjouir ou se révolter ? », s'interroge la chroniqueuse Juliette Singeot dans un aperçu des réactions des lecteurs du *Figaro*, le 18 avril[3]. Frisant la démesure voire l'indécence, ce raz-de-marée submerge le sens de la générosité, emportant avec lui l'esprit du don.

Comment passe-t-on de l'étonnement face à l'énormité des dons à la critique de leur irrationalité (« un pognon de dingue ») ? Une intervention de l'économiste engagée Julia

1. Christophe Alix, Lilian Alemagna et Dominique Albertini, « Notre-Dame et les milliardaires : pourquoi ça cloche », *Liberation.fr*, 19 avril 2019 à 20 h 36 (mis à jour le 24 avril à 19 h 43).

2. Philippe Martinez, matinale de France Info, le 17 avril 2019. https://www.francetvinfo.fr/replay-radio/8 h -fauvelle-dely/petites-retraites-macron-essaie-d-opposer-ceux-qui-ont-un-petit-peu-a-ceux-qui-n-ont-rien-du-tout-denonce-martinez_3262471.html.

3. Juliette Singeot, « Notre-Dame : la rénovation des cathédrales a toujours été financée par le mécénat », *Lefigaro.fr*, 18 avril 2019 à 15 h 08.

Cagé, dans un tweet du 16 avril à 14 h 25 nous met sur la voie : « Arnault et Pinault s'offrent une page de pub en jouant à la course aux dons », diagnostique-t-elle. Le passage du don anonyme au don nominatif fait basculer l'acte de donation dans le régime du *potlatch*, de la surenchère de dépenses destinée à affirmer la supériorité des ressources – quitte, à la limite, à se ruiner soi-même en ruinant son concurrent[1]. L'on est passé de la mise au pot au potlatch.

Ce faisant le registre évaluatif n'est plus celui, éthique, dans lequel est censé s'inscrire le don individuel à travers la valeur de générosité, ni même celui, civique, de la contribution à une mission d'intérêt général : c'est le registre réputationnel qui prend le dessus, celui qui gouverne le souci de l'honneur, de la gloire, du renom. Or autant la mobilisation d'un tel registre serait légitime en interne, au sein d'un conseil d'administration, pour justifier une politique entrepreneuriale en faveur du renom de l'entreprise, autant elle apparaît déplacée face à un enjeu d'intérêt beaucoup plus général car s'appliquant à un bien commun voire universel. Donner, c'est bien ; donner beaucoup, c'est encore mieux ; mais donner énormément tout en le faisant savoir, c'est décidément trop : la bonne action se retourne en stratégie publicitaire, au service non plus du destinataire présumé – Notre-Dame – mais des intérêts du donateur lui-même. Erreur de bénéficiaire, donc : celui à qui profite le don n'est pas – ou du moins pas seulement – celui que l'on croyait.

Qui plus est, « on oublie de dire, relève Julia Cagé, que la plus grande partie de ces dons sera à la charge de l'ensemble des Français à travers les réductions fiscales ». Ainsi s'ouvre une nouvelle catégorie de critiques.

1. Sur le potlatch voir notamment Marcel Mauss, *Essai sur le don. Formes et raisons de l'échange dans les sociétés archaïques*, Paris, Puf, 1950.

Troisième problème : y a-t-il erreur sur le donateur ?

La fiscalité favoriserait-elle les donateurs plutôt que le donataire ? En d'autres termes, sur qui le don pèse-t-il réellement ?

La question fiscale est publiquement posée dès le 15 avril à 21 h 21 par Jean-Jacques Aillagon – ancien ministre de la culture, devenu directeur général de la collection Pinault – dans un tweet adressé aux comptes @Elysee, @ gouvernementFR et @MinistereCC : « Que l'État décrète vite Notre Dame "Trésor national" de façon à ce que les dons faits pour sa reconstruction bénéficient de la réduction d'impôt de 90 % prévues par la loi sur le mécénat dite loi Aillagon. » Dès le 16 au matin la députée Les Républicains Brigitte Kuster lui emboîte le pas en déposant une proposition de loi pour déclarer Notre-Dame trésor national, de façon que la souscription nationale soit placée sous les auspices « du régime de donation le plus avantageux fiscalement[1] » : ainsi le législateur encouragerait-il davantage encore « l'élan » qui se manifeste partout. Interviewé par *Le Monde*, Aillagon affirme qu'un tel dispositif stimulerait les bonnes volontés et permettrait de sécuriser le financement de la reconstruction[2].

Dès lors les regards se tournent vers les dispositions figurant dans ce texte de loi relative au mécénat entériné le 1er août 2003, et sur celles qui encadrent l'achat par l'État et par les entreprises d'œuvres considérées d'un « intérêt

1. Nicole Vulser, « Fiscalité : Jean-Jacques Aillagon propose de faire de Notre-Dame de Paris un "trésor national" », *Lemonde.fr*, 16 avril 2019 à 15 h 52 (mis à jour le 16 avril à 22 h 11).

2. *Ibid.*

majeur » ou qualifiées de « trésor national »[1]. Tandis que *Libération* rappelle que pour les entreprises mécènes la réduction d'impôt est portée à 90 % du montant du don – plafonnée à 50 % de l'impôt dû sur les sociétés[2] –, *Le Figaro* souligne que « l'entreprise ne contribue in fine qu'à 10 % de son geste[3] ». Une « fiscalité avantageuse », titre le quotidien, quand *Le Monde* préfère recourir au terme « niche[4] ».

Réglementant le mécénat pour les associations, les fondations, les entreprises et les particuliers, la loi dite Aillagon prévoit une série de déductions fiscales applicables aux dons en faveur des organismes publics ou privés reconnus « d'intérêt général », « d'utilité publique », ou pouvant justifier d'une « gestion désintéressée », précise un article dans *Libération*[5]. Les entreprises engagées dans cette voie bénéficient de 60 % de remise, plafonnée à 0,5 % de leur chiffre d'affaires hors taxes. Avec 30 milliards réalisés en

1. https://bofip.impots.gouv.fr/bofip/614-PGP.html/identifiant%3DBOI-SJ-AGR-50-30-20130923. Précisons que les dispositions intéressant l'achat de « trésors nationaux » figurent dans la loi du 4 janvier 2002 sur les musées de France. La loi Aillagon permet de les appliquer aux œuvres « [présentant] un intérêt majeur pour le patrimoine national d'un point de vue historique, artistique ou archéologique ». Voir sur le sujet Michèle Kotzarikian, « La loi du 1er août 2003 : Vrai mécénat ou faux parrainage ? », *Legicom*, 2, 2006, p. 51-58.

2. Jonathan Bouchet-Petersen, « Macron : un “je veux” pour Notre-Dame, mais un vœu pieux pour les sans-abri », *Liberation.fr*, 17 avril 2019 à 6 h 13.

3. Luc Lenoir et l'AFP, « Notre-Dame de Paris : près d'un milliard d'euros de dons déjà promis pour la reconstruction », art. cité.

4. Audrey Tonnelier et Nicole Vulser, « Dons pour Notre-Dame de Paris : “C'est la collectivité publique qui va prendre en charge l'essentiel du coût” », *Lemonde.fr*, 16 avril 2019 à 13 h 56 (mis à jour le 17 avril à 15 h 29).

5. Luc Peillon, « Jusqu'où sont défiscalisés les dons des entreprises pour Notre-Dame », *Liberation.fr*, 16 avril 2019 à 18 h 35.

2016 le groupe Total aurait ainsi droit à une réduction de 60 % calculée sur la base de 160 millions d'euros. Pour les particuliers l'abattement est porté à 66 % dans la limite de 20 % des revenus imposables, et pour les assujettis à l'impôt sur la fortune immobilière (IFI), l'abattement est de 75 %, plafonné à 50 000 euros : « Concrètement, un don de 66 666 euros effacera 50 000 euros de l'impôt dû. »

Contacté par *Le Monde*, Gilles Carrez, rapporteur spécial du programme patrimoine pour la commission des finances à l'Assemblée nationale, présente la facture : sur les 700 millions déjà promis par les grandes fortunes, « environ 420 millions seront financés par l'État, au titre du budget 2020[1] ». Le montant vertigineux de la collecte donne des sueurs froides à l'élu, qui prévient : « C'est la collectivité publique qui va prendre l'essentiel [des frais de reconstruction] en charge ! » Les sommes en jeu auront un impact durable sur la loi de finances, d'autant qu'elles devront être affectées à la seule remise en état de la cathédrale.

« Dès lors que cet argent viendra en déduction des impôts [qu'auraient dû payer les donateurs], ça peut poser un problème budgétaire », observe le député. Autant dire qu'en l'état de la fiscalité appliquée aux dons, l'extrême libéralité des uns (les grandes fortunes) s'apparente à un sacrifice fait par d'autres (l'ensemble des contribuables) : la générosité financière ne va pas de pair avec la solidarité fiscale. Son collègue Joël Giraud, rapporteur général du budget, est plus tranchant encore, dans un tweet du 16 avril à 16 h 54 : « Les 300 millions de dons [déjà promis] vont se traduire par 180 millions d'euros de réduction d'impôts à prélever

1. Audrey Tonnelier et Nicole Vulser, « Dons pour Notre-Dame de Paris », art. cité.

sur les contribuables lambdas. » Et il ajoute : « Si on veut plus de justice fiscale, le mécénat n'est pas la meilleure chose. Je comprends l'émotion, mais l'émotion n'est pas raison »[1].

Alors, vrai ou faux don ? Voilà donc pointée l'erreur sur le donateur : il n'est que partiellement l'auteur proclamé du don, alors que le citoyen ordinaire devra supporter l'essentiel de la dépense par le biais du manque à gagner fiscal, en vertu d'un arrangement pourtant tout à fait légal. L'ironie est que c'est Jean-Jacques Aillagon lui-même qui, en s'empressant de vanter le dispositif dont il est l'auteur, a mis le feu aux poudres : en d'autres termes, il a fait une gaffe. Car la mise en avant prématurée du registre économique fait basculer l'évaluation des dons du positif au négatif, en même temps que du registre éthique (la générosité, le soin) au registre civique (l'intérêt général) : double basculement qui s'ajoute à celui qui a affecté, nous l'avons vu, le bénéficiaire des dons, passé de Notre-Dame à la réputation des donateurs proclamés.

Julia Cagé y insiste : il faut se réjouir, recommande-t-elle dans son tweet, de la « vraie » générosité du plus grand nombre. Et en fin d'après-midi ce 16 avril, c'est Philippe Poutou, ex-candidat à l'élection présidentielle pour le NPA (Nouveau Parti anticapitaliste) qui enfonce le clou dans un tweet : « Arnaud, Total, Pinault... c'est le concours des fraudeurs fiscaux, de ceux qui s'accaparent et se moquent de la collectivité. » Manon Aubry, tête de liste de La France insoumise pour les élections européennes[2], renchérit sur LCI : « On ne peut pas faire de la préservation de notre patrimoine une grande opération de communication », avant de fustiger « une espèce de course à l'échalote de l'entreprise

1. *Ibid.*

2. Précisons que l'incendie de Notre-Dame intervient au moment où deux événements politiques occupent l'actualité : l'achèvement du Grand Débat et la campagne pour les élections européennes.

qui donnerait le plus tout en revendiquant l'exonération d'impôt ». Puis elle fait sienne l'accusation formulée par Poutou : « J'ai l'impression d'avoir le classement des entreprises présentes et des personnes présentes dans les paradis fiscaux » – arguments que reprendront de nombreuses rédactions. Avant de s'auréoler de gloire, ajoute-t-elle, « le plus simple [...] serait qu'ils commencent par payer leurs impôts. [...] ça contribuera au budget de l'État et donc au budget de la culture »[1].

Potlatch, ostentation, arrière-pensées intéressées, déloyauté fiscale et citoyenne : ces critiques sont reprises le lendemain, dans un tweet du 17 avril à 9 h 28, par la sénatrice EELV Esther Benbassa, qui préférerait voir les « milliardaires » se mettre en conformité avec la loi fiscale avant de « passer pour des héros », alors que c'est nous, collectivité nationale, qui « paierons le plus gros de leurs soi-disant dons ». Quelques minutes plus tard Benjamin Cauchy, autre figure des Gilets jaunes et membre de la liste Debout La France, tweete à son tour (9 h 36) : « Que l'oligarchie donne pour Notre-Dame, c'est bien. L'exemplarité fiscale serait encore mieux. La bonne conscience ne cache pas la misère et l'austérité. »

Mais le vent, dès la veille, a déjà tourné : « Je suis favorable à un vrai don qui ne sera pas payé par le contribuable[2] », déclare un membre du gouvernement le lendemain de l'incendie. François Pinault l'a entendu : il fait savoir que son don ne sera pas défiscalisé, car « il n'est pas question

1. *Ladepeche.fr*, 17 avril 2019 à 10 h 58 ; *OuestFrance.fr* avec AFP, 17 avril 2019 à 12 h 29 ; *Libération.fr*, 19 avril 2019 à 20 h 36 ; *Lemonde.fr*, 17 avril 2019 à 16 h 30 ; *Lefigaro.fr*, 17 avril 2019 à 16 h 07.

2. Ingrid Feuerstein, Martine Robert, « Notre-Dame : le débat monte sur le régime fiscal des dons », *lesechos.fr*, 16 avril 2019 à 12 h 43 (mis à jour le 16 avril à 18 h 32).

d'en faire porter la charge aux contribuables français[1] » – décision jugée « logique » et « saine » par le député Giraud.

C'est alors que *Le Figaro* réagit : comment peut-on réduire une telle tragédie à une histoire de fiscalité ? « Union mardi. Division mercredi. Polémique jeudi », s'agace le grand reporter François-Xavier Bourmaud dans un billet au vitriol publié le mercredi 17 avril en fin de journée sous le titre « Racines chrétiennes, passion fiscale[2] ». Il y dénonce l'indécence avec laquelle ce débat s'est imposé dans l'espace public :

> Le risque d'effondrement n'est pas encore écarté. Peu importe. Ce qui compte, c'est le mécanisme de déduction fiscale lié aux investissements dans la culture. Édouard Philippe le détaille. De 60 % aujourd'hui, la déduction sera portée à 75 % demain (jusqu'à des dons de 1 000 euros) et 66 % au-delà. Aussi ciselé que les vitraux de la rosace ouest. Aussi touchant qu'un formulaire Cerfa n° 11580*04. À arracher des larmes de joie au plus récalcitrant des contribuables[3].

Bernard Arnault, de son côté, estime « consternant de se faire critiquer[4] ». Quant au président du Medef, invité dans l'émission *Bourdindirect* sur RMC le 17 avril (9 h 15), il juge la polémique « minable » : « Que n'aurait-on pas entendu s'ils n'avaient pas donné ? Qu'est-ce que c'est que ces riches qui ne participent pas à l'effort national ? Etc. » Geoffroy Roux de Bézieux vante les valeurs de réussite

1. *Lemonde.fr* avec l'AFP, « Arnault, Bettencourt, Pinault... Les promesses de dons affluent pour la reconstruction de Notre-Dame », 16 avril 2019 à 15 h 57 (mis à jour le 17 avril à 19 h 04).
2. *Lefigaro.fr*, 17 avril 2019 à 19 h 34.
3. *Ibid.*
4. Christophe Alix, Lilian Alemagna et Dominique Albertini, « Notre-Dame et les milliardaires : pourquoi ça cloche », art. cité.

individuelle (« ils n'ont pas hérité ») et d'engagement au service de la prospérité du pays (« ils ont créé de la richesse, ils ont créé des emplois »). Ainsi, « sans qu'on ne leur demande rien », ces bons samaritains contribuent spontanément au bien commun. Peu importe à ses yeux la niche du mécénat : « Sans cette générosité, l'État devrait tout prendre en charge. »

En ce jour de deuil l'heure n'est pas aux considérations bassement matérielles, qui sonnent comme une atteinte à la dignité du monument si durement frappé. On ne parle pas d'argent au chevet d'un grand malade : le registre économique mobilisé par les contempteurs des facilités fiscales apparaît comme une faute axiologique – la transgression d'un tabou – face à l'impératif éthique dont devrait relever la question des dons.

Quatrième problème : l'État ou les riches ? Solidarité ou générosité ?

Voilà qui ravive un vieux clivage politique, propre à rassurer tous ceux qui craindraient la disparition de l'opposition droite-gauche : le clivage entre, d'un côté, la solidarité organisée par l'État et, de l'autre, la générosité incombant aux riches. Là encore ce sont deux registres de valeurs qui s'opposent : à gauche le registre civique du souci de l'intérêt général, indifférent aux écarts de conditions entre citoyens ; à droite le registre éthique de la générosité individuelle laissée à l'initiative personnelle. Le problème ici est qu'en raison de la fiscalité des dons la seconde option ne vient pas seulement se substituer à la première, mais elle lui fait obstacle en lui ôtant une part de ses moyens. Julia Cagé y revient dans un second tweet, toujours le 16 avril, à la même heure : « Ne tombons pas dans le piège américain : les milliardaires doivent payer des impôts (dont l'ISF...), pas donner quand bon leur semble, en bénéficiant au passage d'énormes réductions d'impôt. » L'esprit du don, décidément, n'est plus là.

La contre-attaque la plus virulente arrive avec la tribune signée le 18 avril dans *Le Figaro* par l'essayiste et consultant en politiques publiques Ferghane Azihari[1]. « Pourquoi aime-t-on si peu le mécénat ? », interroge la rédaction. Le droit de servir librement l'intérêt général devient dans ce pamphlet celui de prodiguer en conscience ses bienfaits. L'État n'a pas le « monopole » de la « bienfaisance » : les « esprits aigris » cultivent une idée particulièrement étriquée du « bien commun », n'admettant que la « générosité forcée par l'impôt ». Or « l'authentique bienveillance », affirme-t-il, c'est « celle qui vient du cœur et non du fisc ». Autant dire que la disposition généreuse est affaire d'individus, non d'État. Deux conceptions du don s'opposent ainsi sous la plume de l'auteur : l'une, dépassée à ses yeux, qui exalte le caractère sacrificiel de l'acte ; l'autre, libérale, qui consacre la donation délibérée[2]. La générosité n'est ni l'abandon de soi au service d'une cause, ni un acte de soumission à la raison – fiscale – d'État, car la solidarité ne devrait pas rimer avec « extorsion », sauf à oublier le grand principe de réciprocité établi par Marcel Mauss[3]. La question

1. « Notre-Dame : "Nous n'aimons la générosité que lorsqu'elle est contrainte !" », tribune mise en ligne le 18 avril à 11 h 58.

2. Les antinomies du principe de solidarité, entre obligation fiscale et choix du don, seront examinées dans la tribune signée par Nicolas Delalande, « Le don a un coût financier pour la collectivité », *Lemonde.fr*, 18 avril 2019 à 6 heures (mis à jour le 18 avril à 18 h 39).

3. Voir M. Mauss, *Essai sur le don*, *op. cit.*

des « exonérations » est donc vaine, car « la noblesse du mécénat » repose sur « le consentement individuel » et non sur « la contrainte [fiscale] ». À rebours du pacte social hérité du « communisme », l'accord ou l'agrément est au fondement de tout « échange civilisé ». La loi sur le mécénat scelle le partage de l'intérêt général entre l'État et le citoyen, en sorte que – comme l'euphémise Aillagon – le premier consent à ce que le second, « selon le choix qu'il aura fait, [devienne] ou un peu ministre de la culture, [...] ou un peu ministre des solidarités[1] ».

Ce raisonnement omet toutefois le fait que le donateur n'est pas seul face à l'État : il doit se confronter aussi à la communauté des citoyens, bénéficiaire des services fournis par l'impôt – et c'est ce que ne cessent de rappeler les contempteurs des grands donateurs. L'opposition entre générosité individuelle et solidarité collective apparaît décidément irréductible, relancée par le doute que jette sur la première une fiscalité qui encourage le don au point de le rendre quasi indolore au donateur, en en faisant peser l'essentiel sur ce tiers – certes abstrait – qu'est le peuple français. D'où les glissements entre registres de valeurs : l'alliance de l'économique et du juridique a fait dériver l'éthique vers le civique.

1. « Ne touchons qu'avec prudence à la loi sur le mécénat », Jean-Jacques Aillagon, *Lemonde.fr*, 3 octobre 2018 à 10 h 12 (mis à jour le 17 avril 2019 à 12 h 13).

CINQUIÈME PROBLÈME : *NOTRE-DAME DE PARIS* OU *LES MISÉRABLES* ?

Mais quand même : tant d'argent pour des pierres ?

Les rédactions élargissent la base de leurs calculs, en rapportant notamment ces sommes pharaoniques à celles dont bénéficient annuellement certaines grandes causes. Dès le 17 avril *Libération* fournit quelques chiffres en réponse à la question d'un lecteur portant sur les levées de fonds en faveur de la lutte « contre la pauvreté[1] ». France Générosité observe que sur les 400 millions de dons accordés en 2018, 67 % « étaient consacrés au domaine de la “solidarité” ». En additionnant les soutiens reçus en un an par les principales œuvres caritatives, on obtient une enveloppe globale sensiblement égale à celle atteinte en trois jours pour la reconstruction de la cathédrale. « Bien sûr cette générosité est essentielle, mais elle nous interroge quand même quand on se bat au quotidien avec trois francs six sous pour sortir les gens de la rue[2] », fait valoir Samuel Coppens, porte-parole de l'Armée du Salut. Autre ordre de grandeur, rappelé en réponse à la critique adressée au Saint-Siège sur sa discrétion au sujet d'un geste éventuel : « Pour mémoire : les seuls dons des familles Arnault, Pinault et Bettencourt pour Notre-Dame représentent le montant annuel des budgets du Saint-Siège et de l'État de la Cité du Vatican réunis... » défend Nicolas Senèze, journaliste à *La Croix*, dans un tweet du 17 avril à 17 h 51. L'Église, « trop pauvre

1. Luc Peillon, « Près d'un milliard de dons pour Notre-Dame, mais combien contre la pauvreté ? », *Liberation.fr*, 17 avril 2019 à 17 h 52.

2. Isabelle Rey-Lefebvre, « Le malaise des associations caritatives face à la générosité pour Notre-Dame », *Lemonde.fr*, 18 avril 2019 à 6 h 32.

pour donner[1] », adresse pour l'heure ses prières, propose son expertise en matière de patrimoine religieux et contribuera modestement à hauteur de 20 000 euros.

« L'argent des pierres est-il l'argent des pauvres[2] ? », titre *Le Figaro*. Et un lecteur s'interroge : « Comment peut-on récolter autant d'argent en moins de 24 heures ? J'ai une pensée pour les SDF disparus de froid [*sic*]. N'aurait-on pas pu les sauver avec un centième de cette somme ? » Un autre s'indigne carrément : « Les pierres sont-elles plus importantes que des vies ? [...] C'est vraiment le monde à l'envers. » Un troisième met en cause l'extrême générosité des grands donateurs, plus soucieux de sauver les « monuments » que de payer décemment leurs employés. On raille « le milliard de Notre-Dame » ou encore le « milliard des curés », l'attention sur l'extraordinaire mobilisation des « grands » qui laisse de côté celle des « petits », des « anonymes ». Les termes « cathédrale », « temple », « monument », « trésor national » sont mobilisés pour souligner le « deux poids deux mesures » en matière de grandes causes : Notre-Dame *vs* les enfants défavorisés, Notre-Dame *vs* les déshérités, Notre-Dame *vs* le « peuple » en souffrance. Deux types de réponses aux situations d'urgence se voient ainsi comparés et opposés, à travers deux catégories de bénéficiaires des dons : *Notre-Dame de Paris* d'un côté, *Les Misérables* de l'autre. Esprit de Victor Hugo, es-tu là... ?

Dès le 16 avril à 12 h 15, Philippe Poutou lance par un tweet une première pierre dans le jardin de la générosité

1. Pour reprendre une partie du titre de l'article de Pauline Moullot, « Notre-Dame : le Vatican, trop pauvre pour donner ? », *liberation.fr*, 23 avril 2019 à 16 h 18.

2. Jean-Marie Guénois, « Notre-Dame : l'argent des pierres est-il l'argent des pauvres ? », *Lefigaro.fr*, 24 avril 2019 à 19 h 48 (mis à jour le 24 avril à 22 h 23).

désintéressée : « Les grosses fortunes touchées par le "drame" de la cathédrale de Paris : Pinault donne 100 M, Arnault donne 200 M ! S'ils ont trop d'argent, qu'ils le mettent à la disposition de la collectivité, il y a bien des urgences sociales. Ou qu'ils se laissent réquisitionner. » Pointant l'énormité des sommes mobilisées en aussi peu de temps, le militant défend une autre conception de la générosité, axée sur la solidarité nationale en faveur des plus démunis. La mèche est allumée : deux heures plus tard, dans un tweet à 14 h 12 (relayé 17 000 fois), l'essayiste Ollivier Pourriol enfonce le clou, appuyant l'appel lancé par Poutou d'un clin d'œil au grand écrivain : « Victor Hugo remercie tous les généreux donateurs prêts à sauver Notre-Dame de Paris et leur propose de faire la même chose avec les Misérables. » Les « vies » contre les « pierres », donc, pour paraphraser le lecteur du *Figaro* cité plus haut : n'y a-t-il pas erreur de bénéficiaire ?

À la question de savoir si la CGT va donner elle aussi pour la reconstruction de Notre-Dame, Philippe Martinez, invité du *8 h 30 franceinfo* le 17 avril, répond :

> Ce n'est pas prévu. Vous savez que la CGT contribue plus sur des actions sociales ; nous avons une association qui s'appelle L'Avenir social qui vient en aide à des enfants défavorisés pour partir en vacances ; nous avons construit une école dans un village au Sénégal. Donc nos actions sont destinées sur des sujets sociaux [*sic*][1].

Le journaliste évoque ensuite l'extraordinaire élan en faveur de la cathédrale, « les très gros chèques signés », puis

1. https://www.francetvinfo.fr/replay-radio/8 h -fauvelle-dely/petites-retraites-macron-essaie-d-opposer-ceux-qui-ont-un-petit-peu-a-ceux-qui-n-ont-rien-du-tout-denonce-martinez_3262471.html

se tourne vers son invité : « Est-ce que l'argent ruisselle du haut vers le bas ? » Réponse de l'intéressé : « Il ne ruisselle pas pour tout ! ; ça montre aussi les inégalités dans ce pays » et, ajoute-t-il, « la différence de traitement quand on regarde les salaires ». « Vous voulez dire qu'on est plus généreux avec les pierres de Notre-Dame qu'avec les salariés de chez Renault ou d'autres entreprises ? », relance le chroniqueur. « C'est évident », répond l'invité.

Florent Gueguen, directeur de la Fédération des acteurs de la solidarité, utilise une autre image : « Bien sûr la générosité pour rebâtir Notre-Dame est légitime, c'est un trésor national. Mais on aimerait que cet élan aille aussi vers les gens les plus démunis, la solidarité, c'est un autre trésor national[1]. » Le problème dès lors n'est plus de choisir entre charité individuelle et solidarité collective, culture de droite et culture de gauche, mais entre deux trésors : l'humain et le patrimoine. Et de privilégier le premier, car si Notre-Dame est effectivement traitée, à maints égards, comme un « objet-personne » en souffrance, elle n'en reste pas moins une chose.

Là les oppositions politiques tendent à se brouiller car qui – même le plus fervent défenseur du patrimoine – oserait le considérer publiquement comme plus valable que l'existence humaine ? Ainsi la présidente d'ATD Quart Monde, Claire Hedon, cite Victor Hugo : « Je suis de ceux qui pensent et qui affirment qu'on peut détruire la misère. Je ne dis pas diminuer, amoindrir, limiter, circonscrire, je dis détruire[2]. » Olivier Faure, responsable du parti socialiste,

1. Isabelle Rey-Lefebvre, « Le malaise des associations caritatives face à la générosité pour Notre-Dame », art. cité.

2. « Détruire la misère », discours prononcé le 8 juillet 1849 par Victor Hugo, Assemblée nationale. Interview de Claire Hedon *in* Isabelle Rey-Lefebvre, « Le malaise des associations caritatives face à la générosité pour Notre-Dame », art. cité.

renchérit : « Formidable mobilisation pour Notre-Dame. Mais faut une mobilisation supérieure pour ces familles qui ont du mal à finir leurs mois, et qui forment une cathédrale humaine[1] » (tweet du 17 avril à 11 h 24).

Trésor contre trésor, et monument contre monument : Philippe Poutou file la métaphore dans le tweet du 16 avril à 18 h 37 où il dépeint les plus fortunés comme des citoyens félons : « Qu'ils payent leurs impôts comme il faut car il y a des "monuments" sociaux comme les hôpitaux, maternités, gares, écoles qu'il faudrait restaurer vite. » La Fondation Abbé-Pierre lui emboîte le pas : « 400 millions pour Notre-Dame, merci à Kering, Total, LVMH pour votre générosité : nous sommes très attachés au lieu des funérailles de l'abbé Pierre. Mais nous sommes également très attachés à son combat. Si vous pouviez abonder 1 % pour les démunis, nous serions comblés » (tweet du 16 avril à 18 h 37). Le lendemain l'essayiste catholique Erwan Le Morhedec rappelle, également dans un tweet, une autre réalité : « À ceux qui jugeraient leur don "dérisoire" » face à la montagne d'argent promise, « [convertissez-le] au profit des associations qui soignent les "temples vivants" et dont les dons se sont, eux, écroulés ». Il endosse les habits du médecin des pauvres pour souligner l'une des conséquences de la hausse de la CSG (prélèvement destiné à financer la protection sociale) et de la suppression de l'ISF sur l'aide apportée au secteur caritatif : en 2018, précise Isabelle Rey-Lefebvre, les dons se sont taris en raison du taux de la CSG notamment appliqué sur les pensions de retraite et du moindre nombre de contribuables assujettis à l'IFI[2].

1. Nicole Vulser, « Notre-Dame de Paris : l'élan de générosité décrié des grandes entreprises », *Lemonde.fr*, 19 avril 2019 à 6 heures (mis à jour le 20 avril à 6 h 22).

2. 4,2 % de baisse en moyenne, avec une perte sèche de « 130 à 150 millions d'euros » pour les fondations « éligibles à la réduction de 75 % » sur

« Temple vivant » et « cathédrale humaine » ne trouveraient-ils plus grâce en matière de générosité publique ? Dans *Libération* le journaliste Jonathan Bouchet-Peterson utilise ces métaphores pour méditer sur ce que la collectivité recèle de plus précieux : « S'il ne s'agit pas de dénier au patrimoine son statut de bien commun à préserver et à Notre-Dame sa valeur particulière, l'humain et la nature ne sont-ils pas aussi d'incontestables trésors nationaux ? Leur sauvegarde serait-elle davantage acquise ? » Il rappelle le sort funeste des milliers de sans-abri errant dans la capitale, et conclut : « L'argent va visiblement plus facilement à la pierre et tout ce qu'elle charrie, qu'à la Terre et tout ce qu'elle nourrit ou à la chair et tout ce qu'elle subit »[1].

Cependant Stéphane Bern, chargé de mission sur le patrimoine en péril pour le ministère de la Culture, tente de réduire l'opposition en brandissant l'argument de l'emploi : « Opposer les vieilles pierres aux hommes [est] ridicule dans la mesure où elles nourrissent les hommes. Cela donne de l'emploi ! » Il en va, estime-t-il le 17 avril à 7 h 46 sur RMC, de « 500 000 emplois » relevant du secteur et, surtout, de la préservation de l'artisanat d'art et de « savoir-faire uniquement cultivés en France » : sans cela « tailleurs de pierres, couvreurs, vitraillistes, charpentiers disparaîtraient ». Les grands mécènes sont à ce titre une chance car ils soutiennent l'économie du patrimoine et assurent la pérennisation de métiers d'art incomparables, garants de la perpétuation de l'histoire de l'architecture française. Ainsi l'intérêt général revient à la rescousse des donateurs par l'élargissement des bénéficiaires des dons :

l'ISF (Isabelle Rey-Lefebvre, « Le malaise des associations caritatives face à la générosité pour Notre-Dame », art. cité).

1. Jonathan Bouchet-Petersen, « Macron : un "je veux" pour Notre-Dame, mais un vœu pieux pour les sans-abri », art. cité.

même si ceux-ci ne touchent pas directement les misérables, ils bénéficieront à certaines catégories de travailleurs, ceux qui illustrent les valeurs techniques d'excellence artisanale et, avec elles, la pérennité des chefs-d'œuvre du passé. Face aux misères du temps présent, il faut aussi mettre dans la balance l'ancienneté de l'héritage et sa transmission aux générations futures : la pérennité – ce puissant amplificateur de valeur patrimoniale – vient faire quelque peu remonter le poids axiologique attribuable à ces dons, décidément aussi problématiques que monumentaux.

Quand donner n'est pas gratuit

La succession remarquablement rapide des motifs de controverses a vite fait de jeter la suspicion sur des dons hors du commun, par l'explicitation des non-dits qui les sous-tendent : le bénéfice réputationnel, le gain fiscal, le tiers que constitue la communauté des citoyens entre le donateur et le donataire, l'éthique de la générosité, ancrée à droite, contre l'éthique de la solidarité, ancrée à gauche, et finalement la présence muette des démunis oubliés dans l'élan charitable au service de la cathédrale. En termes axiologiques, la collusion de la valeur économique – surtout à un très haut niveau – avec la valeur réputationnelle entraîne la déflation de la valeur éthique censée déterminer le don, et une demande de réorientation autour d'autres bénéficiaires ou autour de valeurs plus civiques (la solidarité plutôt que la générosité).

Mauss l'avait bien dit : tout don appelle un contre-don, mais mieux vaut que celui-ci soit tu ou qu'il soit différé pour éviter que la valeur du don n'en soit amoindrie, voire annulée. Seulement l'annonce des dons spectaculaires consentis par les grandes familles et les capitaines d'industrie, en mettant en évidence l'inégalité flagrante face à la capacité de donner, entraîne aussitôt des tentatives de disqualification tous azimuts : même en l'absence de détournement malhonnête il y aurait contre-don par le gain réputationnel ou par l'économie fiscale ; la générosité du donateur individuel se substituerait à la solidarité de la collectivité ; et le destinataire (un bâtiment) prendrait indûment la place d'un plus nécessiteux (le peuple souffrant).

Voilà donc un don que personne n'a demandé, que personne ne refuse, mais dont on se demande dans quelle mesure il est vraiment un don, si ce qui sera rendu un jour n'est pas supérieur à ce qui a été donné, et s'il est correctement adressé. Bref : si donner un peu et anonymement appelle la gratitude, donner énormément et publiquement fait courir le risque de recevoir, en guise de contre-don, un sacré contrecoup.

Intermède n° 5

« Pourquoi le luxe vole au secours de Notre-Dame » par Jean-Noël Kapferer, professeur de marketing

(*TheConversation*, 18 avril 2019)

Professeur à l'Inseec (School of Business & Economics), le spécialiste de marketing Jean-Noël Kapferer est l'un des premiers universitaires à avoir réagi à l'annonce, par les grands patrons du luxe français, des dons offerts pour la reconstruction de la cathédrale : dès le surlendemain du sinistre un article publié sur *TheConversation* se propose d'expliquer « pourquoi le luxe vole au secours de Notre-Dame ».

Toutefois une lecture attentive révèle qu'il s'agit moins d'expliquer que de justifier, par un discours flottant entre le descriptif et l'évaluatif : d'où sa pertinence pour l'analyse axiologique. Ainsi par exemple, dans la même phrase une assertion apparemment factuelle (« les trois grands noms du luxe en France ») se mue en panégyrique qui semble tout droit sorti d'une brochure publicitaire à la gloire de « ceux-là mêmes qui contribuent à développer le *soft power* de la France, sa culture, son rayonnement sur les marchés mondiaux, à travers les marques de luxe réputées des groupes Kering, LVMH et L'Oréal ».

Le luxe, selon l'auteur, ne peut être réduit au « bling-bling » et à l'argent, car il comprend aussi une part d'authenticité, d'ancrage familial, ainsi que de spiritualité et de patriotisme, qui en fait un serviteur de l'art autant que de la France. Ainsi les nombreux énoncés normatifs que contient le texte mobilisent une large gamme de registres de valeur, dont la mise en évidence révèle la sollicitation insistante, à propos du luxe, de registres de valeurs bien adaptés à la qualification de la cathédrale : le mystique, le civique, le pur, l'esthétique, l'herméneutique, amplifiés par l'universalité, la pérennité et la rareté. En revanche les registres normalement associés au luxe sont à peine présents (l'économique et le réputationnel prioritairement, et secondairement le technique, l'opératoire et le domestique), ou alors sous forme d'antivaleurs.

De cette inversion des spectres axiologiques entre l'objet « luxe » et l'objet « cathédrale » relève notamment le recours appuyé à l'argument du « sacré », dont on voit bien ici que, comme souvent, il fonctionne moins comme l'affirmation d'une valeur proprement mystique que comme un synonyme d'objet consensuellement crédité d'une très grande valeur, et donc considéré comme une « valeur » au sens de « bien ». C'est ainsi que, abrité par le déploiement de valeurs associées à la cathédrale, le luxe se trouve lui-même valorisé, comme par capillarité, grâce à l'effacement tant de son statut ostentatoire que de sa dimension économique, les bénéfices privés étant rachetés par la dépense au profit d'un bien commun.

À la lumière de cette analyse, le texte apparaît donc non pas comme l'analyse de stratégies marketing doublée d'un éloge de Notre-Dame, qu'il semble être au premier abord, mais comme un exercice de conseil en marketing visant à mettre en valeur les dons consentis par les grandes familles et, plus généralement, à dresser un panégyrique des marques de luxe à travers la critique des critiques adressées à ces dons. Et, ce faisant, il valorise aussi l'objet de recherche « luxe » pour un chercheur que l'on pourrait accuser de s'intéresser à des objets mineurs...

N.H.

*

L'incendie de Notre-Dame de Paris, le lundi 15 avril, a produit une sidération d'une ampleur aussi rare que subite, saisissant la France entière et bien d'autres pays au-delà des frontières, en Europe, en Amérique, en Asie. Alors que les braises n'étaient pas encore éteintes, très tôt s'est manifestée de façon spontanée une volonté de contribuer fortement à l'immense chantier de reconstruction qui s'annonçait. Tout le monde l'aura noté, ce furent les familles du luxe qui lancèrent le mouvement : la famille Pinault, la famille Arnault, la famille Bettencourt. Ce sont les trois grands noms [RÉPUTATIONNEL] *du luxe en France, ceux-là mêmes qui contribuent à développer le* soft power *de la France* [CIVIQUE], *sa culture* [ESTHÉTIQUE], *son rayonnement sur les marchés mondiaux* [ÉCONOMIQUE], *à travers les marques de luxe réputées* [RÉPUTATIONNEL] *des groupes Kering, LVMH et L'Oréal.*

Chacun aura été frappé aussi par le montant significatif des dons annoncés, dont le cumul dépassait le milliard d'euros à peine 48 heures après le drame. Ces sommes sont à la hauteur de la fortune, immense, des donateurs, mais également à la mesure du coût probable des travaux [ÉCONOMIQUE]. *Elles sont enfin au niveau de la charge symbolique exceptionnelle* [HERMÉNEUTIQUE] *de cet incendie qui faillit mettre à terre un édifice incarnant à lui seul toute l'Histoire de France* [CIVIQUE], *ses racines* [PUR], *sa culture* [ESTHÉTIQUE], *son identité, que l'on soit croyant ou non* [amplificateur = UNIVERSALITÉ].

Pourquoi le luxe s'est-il porté aux avant-postes de la volonté de refuser le destin annoncé et des forces de la reconstruction de Notre-Dame ? Éliminons d'emblée les thèses qui voudront ne voir là que stratégie de communication [#RÉPUTATIONNEL] *ou fiscale* [#ÉCONOMIQUE]. *C'est mal connaître les créateurs de ces groupes. En réalité, les causes sont d'une autre nature, liée à la fonction profonde du luxe et à la spécificité du luxe à la française.*

Le luxe est l'industrie de l'excellence, mais elle a commencé comme une activité sacrée [MYSTIQUE]. *De tout temps* [amplificateur = PÉRENNITÉ], *dans tous les pays* [amplificateur = UNIVERSALITÉ] *où l'activité de luxe a pu se développer, les meilleurs artisans* [TECHNIQUE] *se sont mobilisés pour inventer, créer, fabriquer des produits d'exception, faits de matières rares les plus précieuses* [amplificateur = RARETÉ], *et sur lesquels le temps de travail n'était pas compté, présents inestimables offerts en sacrifice aux dieux* [ÉTHIQUE + MYSTIQUE], *soit pour se les concilier avant la bataille, soit pour les remercier à la hauteur des victoires, ou des bonnes récoltes. Le prix très élevé* [ÉCONOMIQUE] *de ces produits est précisément ce qui permet d'être offert en sacrifice, c'est-à-dire au sens littéral « ce qui fait le sacré »* [MYSTIQUE]. *C'est pourquoi les temples étaient recouverts d'or, les églises ornées des plus beaux objets, et les artistes prompts à donner le meilleur d'eux-mêmes à cette fin* [ESTHÉTIQUE].

Après les dieux vinrent les demi-dieux, les nobles, les castes dominantes, auxquelles rien n'était refusé, privilège de la naissance. La Révolution française mit fin aux privilèges de la naissance, mais pas au droit d'accéder au beau, au sublime [ESTHÉTIQUE] *par la vertu de sa propre fortune, c'est-à-dire de son destin et de ses moyens* [ÉCONOMIQUE]. *Les révolutions communistes elles-mêmes ont commencé par une phase d'éradication des inégalités* [ÉTHIQUE], *mais les pays qui les ont vécues ont été obligés de relancer leurs économies en lâchant la bride à l'entrepreneuriat et à l'innovation* [OPÉRATOIRE]. *Autrement dit, à une libéralisation… qui a recréé des inégalités à l'arrivée.*

Or, le luxe se nourrit justement des inégalités, car il faut que certains aient plus d'argent pour que l'on puisse payer les objets à la hauteur de leur préciosité. Partout dans le monde, les classes sociales montantes veulent jouir de leurs efforts et se voir reconnues. D'où la croissance remarquable de l'industrie du luxe.

Même s'il est réel que cette croissance soutenue résulte de l'arrivée successive des vagues de nouveaux riches, hier du Japon, puis de Russie et maintenant de Chine, ce serait une erreur de ne voir dans la consommation de luxe que la recherche du paraître, du « bling bling » [#RÉPUTATIONNEL]. *C'est vrai dans une première étape de la vie des clients mais très vite ceux-ci accèdent à une vérité plus profonde, celle de la dimension culturelle* [ESTHÉTIQUE] *et sacrée* [MYSTIQUE] *des objets qu'ils achètent si cher. Car le paradoxe du luxe est qu'il élève les acheteurs, pas uniquement dans la perception des autres par la valeur connue des produits et logos affichés* [RÉPUTATIONNEL], *mais aussi en leur offrant une voie de sortie du quotidien, grâce à la possession d'une pièce incomparable qui condense toute la spiritualité* [MYSTIQUE], *la culture vivante d'un pays, son histoire, son art* [ESTHÉTIQUE + CIVIQUE].

Le luxe, en particulier à la française, érige en condition sine qua non *pour être luxe de pouvoir condenser l'unicité d'un lieu, d'un héritage historique, et d'une filiation. Ce luxe-là fait de l'espace* [amplificateur = UNIVERSALITÉ], *du temps long* [amplificateur = PÉRENNITÉ] *et du sang* [PUR] *les bases de son rayonnement et de sa quête de suprématie. D'où l'importance du «* made in *», du culte des origines, du respect du fondateur et de son legs* [PUR + DOMESTIQUE]. *Les marques de luxe, à l'image d'Hermès* *ou de Chanel, y font en permanence référence comme leur patrimoine le plus précieux car cette pérennité ancrée dans un lieu d'origine et portée par un créateur* [PUR + DOMESTIQUE ; amplificateur = PÉRENNITÉ] *est ce qui fonde leur « non-commercialité », le refus de se considérer comme des produits de simple commerce* [#ÉCONOMIQUE].

En réalité, l'industrie du luxe se veut elle aussi sacrée : ses marques parlent de leurs « icônes », elles bâtissent des « cathédrales » dans les capitales du monde entier, dédiées à la magnificence de la marque, au développement de la communauté des croyants, qui adhèrent émotionnellement [MYSTIQUE]. *Aucune autre industrie ne valorise autant la notion de patrimoine, comme fondement de son unicité : les marques de luxe se projettent d'autant plus dans le futur qu'elles ont l'assurance de leur passé qui les distingue* [amplificateur = PÉRENNITÉ], *comme il confère distinction aux adeptes de la marque.*

On comprend alors l'affinité profonde entre ce secteur et Notre-Dame, patrimoine de la culture française, de son histoire, là où se concentre le sacré national depuis huit siècles [ESTHÉTIQUE + CIVIQUE + MYSTIQUE ; amplificateur = PÉRENNITÉ]. *Le luxe est la vitrine de la France* [RÉPUTATIONNEL], *de sa capacité à produire des objets dérivés de l'art issus de marques d'élégance* [ESTHÉTIQUE] *nourries par leur histoire et leurs lieux. La France, qui représente une histoire et un terroir communs à ces marques, a pour symbole quelques monuments érigés au rang de patrimoine de l'humanité* [amplificateur = UNIVERSALITÉ], *au premier rang desquels figure Notre-Dame.*

Il n'aura échappé à personne que les maisons de luxe sont les nouveaux mécènes de l'art aujourd'hui. Hier les familles patriciennes de Florence ou de Venise encourageaient les arts, tout comme nos Rois de France avant que l'État ne se porte garant de la culture et de sa diffusion à tous en développant musées, écoles d'art, académies, etc. [CIVIQUE] *Mais l'État-providence ne peut pas tout. En outre, l'art est devenu un marché très spéculatif où les prix des tableaux ou sculptures s'envolent* [ÉCONOMIQUE], *car ces pièces sont uniques, donc objets de rivalité pour leur possession par les musées du monde entier, dont ceux, désormais, des pays émergents.*

L'État étant limité dans ses dépenses, le luxe est devenu mécène incontournable de l'art. Il en a les moyens et le savoir-faire. Cela s'inscrit également dans une démarche à long terme dite d'artification visant à transformer le non-art en art. Le luxe se veut le produit dérivé de l'art. D'où la multiplication des collaborations avec les artistes contemporains de tous pays, le sponsorship *d'expositions grandioses hymnes aux créateurs de mode* [ESTHÉTIQUE], *ou encore la création de musées comme la Fondation Louis-Vuitton.*

Cela change la perception des objets du luxe eux-mêmes. À ce titre, il était naturel que les grandes maisons du luxe se portent d'emblée au secours de cette grande maison symbolique qu'est Notre-Dame [DOMESTIQUE + HERMÉNEUTIQUE]. *Le secteur du luxe doit beaucoup à la France, il se devait de le lui rendre* [CIVIQUE].

On notera enfin que les offres de dons furent portées au nom des familles elles-mêmes, Pinault, Arnault, Bettencourt... [DOMESTIQUE] *certes à travers leurs fondations dont c'est la fonction, mais pas à travers leurs marques notoires* [#ÉCONOMIQUE + #RÉPUTATIONNEL]. *Car la portée symbolique eût été toute autre. La mise en avant des marques, c'est « faire du commerce », c'est réintroduire les marchands du temple au moment où l'édifice lui-même avait un pied à terre, et où toute idée d'intérêt à court terme est bannie* [#ÉCONOMIQUE]. *C'eût été surtout déroger au sacré...* [MYSTIQUE.]

Chapitre 6

Le béton, l'acier, le bois

Des matériaux dans le feu des débats

Quentin Mazel

L'incendie de Notre-Dame de Paris a emporté l'imposante charpente en chêne, communément surnommée « la forêt ». Dès le lendemain de l'événement, le choix des matériaux pour reconstruire l'ossature de poteaux et de poutres fait débat : faut-il employer le bois, l'acier ou le béton ?

L'incertitude sur les modalités du chantier alimente une longue controverse, clôturée le 25 mars 2021 par la décision de la Commission nationale du patrimoine et de l'architecture (CNPA)[1]. Bien que consultatif, son avis officialise le début des travaux et l'adoption d'un plan de restauration « raisonnée » en bois selon la plupart des tracés originels, « adaptés aux connaissances contemporaines ». Il écarte par là même les projets concurrents de reconstruction « systématisée » mobilisant des procédés de fabrication semi-industrielle ou d'« interprétation libre » à base de béton[2]. Nous nous proposons d'étudier les désaccords portant sur la

1. La loi du 29 juillet 2019 prévoit également que la Commission nationale du patrimoine et de l'architecture (CNPA) est consultée pour avis sur les études préalables, sur les projets de restauration et sur les travaux.

2. Antoine Bourdon, « Notre-Dame de Paris : la charpente sera bien refaite en chêne à l'identique », *Connaissance des arts*, 26 mars 2021, https://www.connaissancedesarts.com/monuments-patrimoine/notre-dame-paris/notre-dame-de-paris-la-charpente-sera-bien-refaite-en-chene-a-lidentique-11154715/

restauration de la charpente afin d'apprécier la manière dont émerge la qualité des matériaux pour en justifier l'emploi. Dès lors nous écartons les discussions liées à la fameuse flèche construite par Viollet-le-Duc[1] : si ces deux éléments s'avèrent architecturalement liés, ils relèvent de considérations distinctes, la reconstruction de la flèche étant dans un premier temps envisagée dans le cadre d'un concours international – la commande publique ne concernera finalement que l'aménagement des abords.

Si cette controverse sur les matériaux a souvent été résumée dans la presse par une opposition soit entre les « Anciens » et les « Modernes », soit entre des corps professionnels – les architectes exerçant en libéral d'un côté, les conservateurs des monuments historiques de l'autre –, elle est loin de s'y réduire. Mais ce qui va nous intéresser ici, c'est la distinction très nette entre deux répertoires argumentatifs opposant, d'un côté, les partisans du bois et, de l'autre, ceux de l'acier et du béton.

Le corpus diversifié d'une querelle d'experts

Le corpus des prises de position étudiées comprend 40 documents (les informations redondantes ont été exclues) en provenance de la presse généraliste (qui relaie une partie de l'information de l'AFP), des interviews d'architectes et d'ingénieurs, des auditions ministérielles, de la presse spécialisée (*Batiactu*, *Batirama*, *Journal du BTP*, *AMC archi*,

1. Cet aspect est traité par le chapitre suivant : Tsolag Paloyan, Nathalie Heinich, « Une flèche, trois directions ».

InfoCiments), des communiqués de presse d'associations et de regroupements interprofessionnels (l'Union des métiers du bois de la Fédération française du bâtiment – UMB-FFB –, la filière béton Ingénierie Bois Construction – IBC), ainsi que des pétitions et prises de parole d'experts en histoire de l'art et chefs d'entreprise.

En agrégeant des acteurs extrêmement variés, cette controverse réunit une grande diversité de discours, des plus techniques aux plus béotiens. Ces prises de parole s'inscrivent dans des contextes médiatiques, scientifiques, techniques et industriels, conduisant les participants à formuler des hypothèses plus ou moins étayées sur les intérêts et les compétences des uns et des autres afin de disqualifier leurs jugements. Nous nous proposons d'examiner ces discours sans les réduire à autre chose que ce qu'ils disent, en tenant à distance les explications associées à un arrière-monde[1] et en écartant toute tentative d'appréciation des arguments scientifiques, techniques ou juridiques formulés au cours de la dispute, pour en laisser l'évaluation aux seuls protagonistes[2]. Il nous incombe plus modestement d'étudier la manière dont la controverse se déploie, afin d'expliciter la façon dont sont progressivement qualifiés les différents matériaux.

1. Par l'expression « arrière-monde » nous désignons l'ensemble des intérêts et intentions cachées ou inconscientes qui pourraient animer le comportement des acteurs. Cela ne veut pas dire que nous sommes aveugles à ce type d'explications, seulement nous le réservons aux protagonistes de la controverse, puisqu'il constitue souvent un motif de disqualification. Voir Cyril Lemieux, *La Sociologie pragmatique*, Paris, La Découverte, 2018, p. 30 ; Bruno Latour, *Changer de société, refaire de la sociologie*, Paris, La Découverte, 2006, p. 69.

2. Michel Callon, « Éléments pour une sociologie de la traduction : la domestication des coquilles Saint-Jacques et des marins-pêcheurs dans la baie de Saint-Brieuc », *L'Année sociologique*, 36/3, 1986, p. 169-208.

Cette querelle d'experts, au cours de laquelle sont dépliés des désaccords au niveau des critères et des prises, fut entamée par les partisans du béton et de l'acier, qui ouvrirent les échanges grâce notamment à l'interview très médiatisée de l'architecte Jean-Michel Wilmotte sur la matinale de France Inter, le mercredi après l'incendie[1]. C'est donc par leurs interventions que nous commencerons.

Les voies concurrentes du semblable

À quelques exceptions près, toutes les personnes qui interviennent dans la controverse défendent une reconstruction « à l'identique ». Les prises de parole insistent systématiquement sur la nécessité de préserver l'intégrité de la cathédrale – au point d'employer parfois un vocabulaire témoignant d'une certaine déférence, en rappelant par exemple la nécessité de « respect[er] son architecture[2] ». Associé au registre pur, ce principe d'authenticité valorise le lien de continuité entre l'état passé et l'état actuel[3] du bâtiment. Pour autant, les partisans du bois, de l'acier et du béton mobilisent des conceptions distinctes qui reposent sur des critères d'authenticité différents.

Pour les partisans du béton et de l'acier, ce lien de continuité est uniquement stylistique et ne concerne que

1. Nicolas Demorand, Alexandra Bensaid, « Reconstruction de Notre-Dame : "Le patrimoine est vivant, il doit évoluer" », *France Inter*, 17 mars 2019.

2. *Ibid.*

3. Nathalie Heinich, *Des valeurs. Une approche sociologique*, *op. cit.*, p. 247.

« l'apparence visuelle » extérieure. Dans leurs prises de parole, ils assurent qu'utiliser de tels matériaux permettrait de « retrouver l'élancement, la proportion, l'échelle » du toit sans « dénaturer l'aspect du bâtiment »[1]. Cette solution serait d'autant plus pertinente que « la structure n'est pas visible au public en dehors de très rares visites[2] ». Dans leurs déclarations, la cathédrale de Reims – dont la charpente, détruite au cours de la Grande Guerre, a été reconstruite en béton – est régulièrement invoquée comme un exemple permettant de justifier l'emploi du matériau.

Cette conception essentiellement stylistique de l'authenticité, appuyée sur le registre esthétique à travers la valeur de beauté, repose en partie sur la critique d'une position qui voudrait revenir à un état initial, considéré comme un fantasme. L'ancien ministre de la Culture Jack Lang, par exemple, invite à en faire le deuil puisqu'« on ne pourrait pas retrouver le bois d'origine[3] ». En appréhendant le patrimoine comme « une superposition d'époques[4] », ces prises de position considèrent qu'il est possible de le transformer en partie ; Jean-Michel Wilmotte déclare ainsi : « Le patrimoine est vivant et il doit évoluer[5]. »

Pour les partisans du bois en revanche, le lien de continuité avec l'état antérieur n'est pas seulement stylistique

1. Coralie Cathelinais, « Notre-Dame : le chantier de reconstruction peut-il être bloqué faute de bois pour la charpente ? », *BFMTV*, 17 avril 2019.

2. Jean-Bernard Litzler, « Et si la charpente de Notre-Dame était reconstruite en béton ou en métal ? », *lefigaro.fr*, 17 avril 2019.

3. L'Obs, « Flèche en verre, charpente en béton… les avis divergent sur la restauration de Notre-Dame », *Le Nouvel Observateur*, 17 avril 2019.

4. Dominique Perrault, « Notre-Dame de Paris. Le cœur du cœur », *perraultarchitecture.com*, 16 avril 2019.

5. Nicolas Demorand, Alexandra Bensaid, « Reconstruction de Notre-Dame : "Le patrimoine est vivant, il doit évoluer" », art. cité.

mais technique, et il ne concerne pas que l'extérieur mais aussi l'intérieur du bâtiment. Dès lors, il importe d'employer les matériaux et les procédés de construction « d'époque ». Cette conception valorise ainsi le plus haut degré de proximité possible avec le passé. Ses défenseurs convoquent un ensemble de textes de loi, notamment la charte de Venise, pour justifier leur position – le registre juridique permettant ainsi de cadrer les choix de restauration.

Cependant, contrairement aux positions évoquées ci-dessus, ce n'est pas l'état d'origine qui est visé mais « le dernier état connu[1] ». Le vice-président du Conseil national de l'ordre des architectes, Éric Wirth, indique par exemple que la préférence de Philippe Villeneuve, architecte en chef des monuments historiques chargé de la restauration de Notre-Dame, « est de restituer la cathédrale dans l'état perçu avant l'incendie, en cohérence avec la charte de Venise, sous réserve bien sûr que l'on dispose des informations nécessaires[2] ». En outre, anticipant les critiques, les partisans de cette position insistent sur la qualité de la documentation permettant la reconstruction à l'identique : c'est le registre épistémique qui est alors convoqué pour signaler l'existence des connaissances nécessaires à la restauration en bois. Ainsi :

> À Notre-Dame, il faut à mon avis reconstruire une charpente en bois. Cela fait partie de l'âme de l'édifice. Nous disposons d'un relevé très précis qui avait été réalisé par deux élèves architectes de l'École de Chaillot, Rémi Fromont et Cédric Trentesaux. On peut très bien, sinon la reconstruire à l'identique, du moins évoquer ce qui faisait son grand intérêt : c'est-à-dire les différences entre la charpente du chœur et celle

1. Élodie Maurot, « L'architecte chargé de Notre-Dame veut une reconstruction "à l'identique" », *La Croix*, 5 juin 2019.
2. M.-D. A., « Reconstruction de Notre-Dame : "Utiliser du métal ou du béton n'est pas la bonne décision" », *lemoniteur.fr*, 17 avril 2019.

> de la nef. [...] Pour ma part, je pense que la silhouette, et donc la restitution des volumes du toit, devra primer. Mais, il faudra en tout cas avoir recours à des méthodes traditionnelles[1].

Dès lors ce sont bien deux conceptions de l'authenticité qui se font face. Actant l'impossibilité de retrouver la cathédrale d'origine, la première ne tient compte que de l'aspect extérieur et assume de modifier en partie le bâti, quand la seconde se propose de restaurer la charpente au plus près de son état avant l'incendie. Dans ce désaccord s'actualise en somme une opposition plus fondamentale entre « être » et « paraître ».

Définir l'espace des possibilités

Conséquence directe de l'allocution du chef de l'État au lendemain de l'incendie annonçant un chantier d'une durée maximale de cinq ans, la controverse se déplace des questions d'authenticité, propres au registre pur, à des considérations d'efficacité propres au registre opératoire (qui recouvre notamment les valeurs de fonctionnalité, d'utilité, de commodité, de sécurité). Ce dernier permet d'évaluer une chose, une personne, une action ou un état du monde en fonction de son adéquation aux besoins et contraintes[2]. Dès lors ce sont les conditions de possibilité autant que la durée des travaux qui orientent les discussions.

1. J. B., « Notre-Dame de Paris : le chantier de la discorde », *batiweb.com*, 26 février 2020.
2. Nathalie Heinich, *Des valeurs*, *op. cit.*, p. 250.

Les partisans du béton et de l'acier louent ainsi l'efficacité de ces matériaux, puisque tout en étant adapté au site ils permettraient de respecter les délais fixés par Emmanuel Macron. Les pièces de la nouvelle charpente pourraient par exemple, selon Jean-Michel Wilmotte, « être préparées en atelier et montées sur place, dans le cadre d'un chantier approvisionné par la Seine[1] ». Ces matériaux sont également valorisés pour des propriétés qui s'accorderaient au mieux aux contraintes du bâtiment ; ils seraient « plus légers, plus rapides à mettre en œuvre, mais aussi résistants aux incendies[2] ». Dès lors, en préservant la cathédrale d'un nouvel embrasement, ils conviendraient mieux à « l'enceinte affaiblie par le feu, une charge telle que celle de l'ancienne charpente pourrait présenter un problème[3] », souligne l'architecte.

Cette mise en avant de nouveaux critères (adaptabilité, légèreté, rapidité, résistance) s'accompagne d'opérations systématiques de déconsidération du bois, notamment en raison de son poids. Cet argument leur permet de donner, justement, du *poids* à leur position, ainsi présentée comme « rationnelle » à la différence d'une attitude qui se voudrait « de principe », déconnectée des enjeux techniques du chantier. Ce prolongement du registre opératoire vers le registre technique (celui du savoir-faire, de l'habileté, de la maîtrise) conduit les personnes à mobiliser des critères de plus en plus spécialisés, qui légitiment par là même leur parole. Dès lors l'emploi du bois est présenté comme inapproprié puisqu'il ne permettrait pas de respecter les délais, le temps

1. F. L. « Notre-Dame : des architectes prennent position pour la flèche et la toiture », *batiactu.com*, 18 avril 2019

2. Coralie Cathelinais, « Notre-Dame : le chantier de reconstruction peut-il être bloqué faute de bois pour la charpente ? », art. cité.

3. Anonyme, « Flèche en verre, charpente en béton... les avis divergent sur la restauration de Notre-Dame », *L'Obs*, 17 avril 2019.

de séchage étant jugé trop long et le stock de poutres de chênes insuffisant, de même que le nombre d'arbres sur pied et d'artisans charpentiers. Les interventions médiatiques visent alors à démontrer l'impossibilité matérielle d'une telle reconstruction : elle ne serait « ni possible ni pertinente[1] », estime par exemple Denis Dessus, architecte et président du Conseil national de l'Ordre des architectes. « D'autres architectes avaient objecté que la reconstruction en bois prendrait trop de temps, que le bois de chêne serait difficile à trouver et long à sécher [...]. L'acier ou le béton seraient plus pratiques[2] » ; « Nous n'avons plus sur notre territoire d'arbres d'une taille telle que ceux qui ont été coupés au XIIIe siècle et qui constituaient ce qu'on appelle la forêt primaire[3] ».

À la suite de ces prises de position, les partisans du bois prennent longuement la parole pour justifier la possibilité matérielle de reconstruire la charpente en chêne. Pour ce faire ils descendent du niveau des critères à celui des prises[4], multipliant les explications, détaillant la superficie des forêts françaises, produisant des schémas et des statistiques qui attestent de la disponibilité « [des] entreprises, [des] savoir-faire et [des] matériaux nécessaires[5] ». Plusieurs textes sont également publiés pour rappeler l'existence de

1. *Ibid.*

2. Le Figaro avec AFP, « Notre-Dame-de-Paris : reconstruire la charpente en bois "probablement la bonne solution" », *Le Figaro*, 23 mai 2019.

3. Ouest-France avec AFP, « Incendie à Notre-Dame de Paris. La "forêt", un joyau de l'architecture médiévale parti en fumée », *Ouest-france.fr*, 16 avril 2019.

4. Le concept de prise désigne des caractéristiques d'un objet qui offrent aux sens un point d'appui perceptif. Voir Nathalie Heinich, *Des valeurs*, *op. cit.*, p. 225-228 ; Christian Bessy et Francis Chateauraynaud, *Experts et faussaires. Pour une sociologie de la perception*, Paris, Pétra, 2014.

5. Pascal Poggi, « Notre-Dame de Paris : une reconstruction à l'identique est la solution la plus rapide », *batirama.com*, 29 avril 2019.

moyens de séchage artificiel[1] ou la possibilité de monter une partie de la charpente grâce à du bois taillé vert – conformément aux méthodes de l'époque[2]. Si le temps nécessaire pour une reconstruction en bois est souvent relativisé, le délai imposé par le chef de l'État est plus généralement critiqué au vu de l'importance symbolique d'un tel chantier. Derrière ces remarques, c'est la personne d'Emmanuel Macron qui se trouve bien souvent dans le viseur des prises de parole.

Alors que la légèreté du béton et de l'acier était valorisée par leurs partisans, c'est au contraire le poids important d'une charpente en bois qui justifie dans ce contexte son emploi, car il serait nécessaire au maintien de l'édifice. Les propriétés techniques sont donc ici mobilisées par les deux parties, au sein d'argumentations nécessitant un haut niveau de compétences. Pour autant elles renvoient à des critères opposés : la légèreté serait, dans un cas, facteur de sécurité (registre opératoire) alors que, dans l'autre cas, c'est le poids qui jouerait ce rôle. Ainsi, « la structure de la charpente et la toiture par le poids et les forces qu'elles exerçaient en des endroits précis des murailles et des voûtes, contribuaient à l'équilibre du bâtiment. Toute nouvelle structure devrait apporter un poids comparable et exercer les mêmes forces, aux mêmes endroits que la charpente originale[3] » ; ou encore : « L'on peut poser le problème de la légèreté : ces cathédrales, ne tenant structurellement que parce qu'il y aurait une masse sur une voûte [...]. Ça ne fonctionne que

1. Coralie Cathelinais, « Notre-Dame : le chantier de reconstruction peut-il être bloqué faute de bois pour la charpente ? », art. cité.

2. Didier Rykner, « Charpente de Notre-Dame : et si on écoutait les scientifiques ? », *latribunedelart.com*, 7 mai 2019.

3. Pascal Poggi, « Notre-Dame de Paris : une reconstruction à l'identique est la solution la plus rapide », art. cité.

parce que c'est lourd[1] ». Cependant l'argument ne manque pas de faire réagir. Le porte-parole de l'association Construiracier ironise par exemple : « On peut se demander comment la Cathédrale de Chartres [...] depuis 1841 et sa reconstitution en acier, tient encore debout[2]. »

De la même manière, si l'incombustibilité de l'acier et du béton était précédemment valorisée comme un gage de sécurité, elle est considérée par leurs adversaires comme une source de risques. Éric Wirth, vice-président du Conseil national de l'Ordre des architectes, juge par exemple que « si l'ouvrage avait été en acier, il n'y aurait plus eu de cathédrale. Même avec toutes les protections, vu le brasier... Le fer tient une demi-heure, une heure, et après il se tord, il tire sur les parois et il fait tout écrouler[3]... ». À l'inverse, la charpente en bois aurait permis de stabiliser le feu et de mettre les biens et les personnes à l'abri :

> La charpente de la cathédrale a rempli sa fonction de stabilité au feu. Malgré une propagation spectaculaire des flammes, liée au vent et à l'appel d'air que génèrent des incendies de ce type lorsqu'ils ne sont pas circonscrits rapidement, la charpente a rempli sa fonction puisque les premiers effondrements n'ont eu lieu qu'une heure et demie après la détection de l'incendie. Ce délai a permis d'évacuer et de mettre à l'abri l'ensemble du public, ce qui est l'objectif premier en sécurité incendie. Il a aussi permis de sauvegarder la plupart des structures en pierre de taille et une partie des biens de la cathédrale[4].

1. J. B., « Notre-Dame de Paris : le chantier de la discorde », art. cité.

2. *Ibid.*

3. Agathe Hakoun, « Notre-Dame : pour une nouvelle charpente moderne et écologique en bois », *connaissancedesarts.com*, 13 janvier 2020.

4. Ingénierie bois construction, « Rebâtir Notre-Dame : l'évidence du bois », communiqué de presse, 19 avril 2019.

Comme précédemment, les partisans du bois profitent de leur déclaration pour fustiger l'incompétence et la méconnaissance de leurs adversaires, se situant de cette façon eux aussi sur le plan de la rationalité en mobilisant largement les registres opératoire et technique, afin de signifier la bonne conformité du matériau avec l'état de la structure. Et, comme leurs adversaires, ils condamnent à leur tour le travail de lobbying des filières béton et acier :

> L'incendie du 15 avril a été particulièrement médiatisé et l'urgence des nombreuses interviews a parfois laissé planer un doute regrettable sur l'évidence selon laquelle la charpente de la cathédrale Notre-Dame doit être reconstruite en bois. Ce doute ayant parfois été alimenté par la méconnaissance, la communauté des bureaux techniques et des experts français spécialisés dans la construction bois tient à faire les mises au point suivantes[1].

Ce procédé consistant à dénoncer des intentions cachées ou immorales – les personnes seraient mues par l'argent et non par la préservation de l'édifice – vise à discréditer la parole des adversaires, au nom du registre éthique de la franchise et de la sincérité, en l'inscrivant dans le registre économique de la recherche de profits. Ironiquement, ces discours, qui qualifient autant des biens (la cathédrale, le chantier, les matériaux) que des personnes (les autres protagonistes de la controverse), s'accompagnent souvent d'un appel à ne pas créer une « nouvelle polémique [...], car elle viendrait troubler un climat qui doit nécessairement être apaisé autour de la restauration de la cathédrale Notre-Dame[2] ».

1. *Ibid.*
2. J. B, « Notre-Dame de Paris : le chantier de la discorde », art. cité.

Tous modernes ?

Dans la plupart des prises de position, la modernité des matériaux – principe permettant de valoriser un objet en raison de sa conformité avec son temps – apparaît comme un argument important. Il s'exprime dans les énoncés qui signalent par exemple que quelque chose est « de notre époque », « dans l'air du temps » ou « à la mode ». Mais là encore les critères associés à cette valeur diffèrent en fonction des protagonistes.

Dans cette controverse, le béton et l'acier sont désignés comme des « matériaux plus contemporains [que le bois][1] ». Jugés plus « actuels », ils profiteraient des « dernières avancées technologiques[2] », de formules « innovantes » ou de « ciments de nouvelle génération[3] ». Dès lors c'est l'emploi de procédés « de pointe » qui sert de critère au principe de modernité, conformément au registre technique ; soutenu par l'amplificateur[4] de valeur temporelle, il prolonge la valeur d'un bien au titre de sa nouveauté ou de son originalité. De manière plus implicite, cette qualité est attribuée aux matériaux qui n'étaient pas employés au moment de la construction de la cathédrale.

On aurait pu s'attendre à ce que les partisans du bois invoquent, à l'opposé, l'amplificateur de l'ancienneté,

1. Coralie Cathelinais, « Notre-Dame : le chantier de reconstruction peut-il être bloqué faute de bois pour la charpente ? », art. cité.

2. R. D. et F. L., « Notre-Dame de Paris : béton et bois prêchent pour leurs paroisses », *batiactu.com*, 19 avril 2019.

3. SFIC (pseudonyme), « La Filière Béton souhaite s'associer au projet collectif de reconstruction de Notre-Dame de Paris », *InfoCiments*, avril 2019.

4. Nathalie Heinich, *Des valeurs*, *op. cit.*, p. 258-269.

en mettant en avant son caractère traditionnel, son adéquation avec les pratiques du passé. Mais non : eux aussi s'inscrivent dans la valorisation par la nouveauté, intervenant à plusieurs reprises pour démontrer la modernité du matériau. Et, comme pour le béton et l'acier, c'est la nouveauté des procédés techniques employés qui sert à justifier la valeur accordée à ce matériau. Ainsi : « Au 21e siècle, le bois est redevenu un matériau moderne. On sait l'exploiter, le transformer et le tailler avec des techniques actuelles et numériques, qui peuvent être mises au service d'une reconstruction diligente de la charpente à l'identique[1]. »

D'autres qualités sont également citées pour étayer cette référence positive au temps présent. D'une part, l'usage abondant du bois dans les bâtiments contemporains et son emploi par des architectes primés en font un matériau « à la mode ». Il devient alors le marqueur d'une époque, quand le béton et l'acier sont au contraire jugés « ringards » :

> Nous avons entendu [...] beaucoup de choses, notamment que le bois n'était pas un matériau « moderne ». Or de très nombreux architectes affirment que c'est le contraire qui est vrai (et ils ont raison, le retour du bois en architecture nous avait frappé depuis quelque temps), qu'on construit désormais beaucoup en bois et qu'il s'agit bien d'un matériau contemporain[2].

D'autre part, ce sont les qualités écologiques du matériau bois qui, selon ses partisans, font sa modernité : ils insistent sur ses capacités de stockage du carbone, ainsi que sur le faible niveau d'émission généré par les chantiers qui l'emploient. L'argument écologique de préservation de

1. Ingénierie bois construction, « Rebâtir Notre-Dame : l'évidence du bois », art. cité.

2. Didier Rykner, « Charpente de Notre-Dame : et si on écoutait les scientifiques ? », art. cité.

la nature rejoint ainsi le registre pur qui, au début de la controverse, alimentait les débats autour de la valeur d'authenticité : de la pureté de l'architecture initiale à la pureté de l'air, le souci patrimonial et le souci environnemental s'unissent pour justifier l'emploi du bois. Dès lors il apparaît comme un matériau adapté à des considérations politiques actuelles – au point que, selon Julien Lecarme, responsable de l'Institut de la charpente et de la construction bois des Compagnons, ce serait « un contresens historique de ne pas avoir de matières renouvelables au XXIe siècle pour restaurer un ouvrage du XIIIe siècle[1]. » Ainsi :

> Grâce au bois, ce sera un chantier très bas carbone. La « forêt », comme on désignait la charpente de la cathédrale, est un puits de carbone impressionnant qui en stockera 2 000 tonnes, sans compter le carbone qui sera stocké dans les forêts françaises par la replantation des essences les mieux adaptées au changement climatique. Recourant à une ressource nationale, le chantier de reconstruction de la charpente en bois sera à faible impact en termes d'énergie grise. De façon éclatante, il inscrira la cathédrale dans l'objectif parisien de la neutralité carbone à l'horizon de 2050[2] !

Dans les deux cas, la modernité se trouve soutenue par l'amplificateur de valeur temporelle[3] puisqu'il s'agit, d'un côté, d'apprécier son succès à un moment donné – le matériau devenant représentatif d'une époque – et, de l'autre, l'actualité des considérations politiques qui lui sont associées. Quoi qu'il en soit, la modernité est manifestement un

1. Ban500 (pseudonyme), « Reconstruction de Notre-Dame : une aventure de notre Étonnante Époque », *étonnanteépoque.fr*, 23 avril 2019.

2. Ingénierie bois construction, « Rebâtir Notre-Dame : l'évidence du bois », art. cité.

3. Nathalie Heinich, *Des valeurs*, *op. cit.*, p. 258-269.

argument et un mot d'ordre puissant chez les spécialistes du bâti puisqu'elle est invoquée tant par les partisans de l'acier et du béton que par les ceux du bois : il y a là, semble-t-il, un principe commun à la profession. Mais face au seul critère technique de la modernité du matériau que mettent en avant les premiers, la mobilisation d'autres critères offre aux seconds une position plus convaincante, empruntant à la fois au registre pur de la préservation écologique et au registre civique de la politique environnementale préconisée par la France.

La diversité des arguments déployés par les partisans du bois – notamment ceux visant à démontrer sa modernité et son adaptation aux contraintes environnementales – semble avoir pesé largement dans la décision de reconstruire la charpente en chêne. Notre étude permet ainsi de mieux appréhender la décision de la CNPA d'adopter un plan de restauration qui, s'il emploie le bois, adapte les tracés originels aux connaissances en ingénierie contemporaines et rejette l'abattage à la hache comme le sciage au long traditionnel[1]. Dès lors on comprend à quel point l'emploi du bois ne correspond pas à une position antimoderne : les discours valorisant autant un lien de continuité avec le passé qu'une adéquation avec le présent. En choisissant un matériau capable de supporter une telle valorisation, dont les principes s'avèrent logiquement contradictoires[2], cette décision s'apparente donc à une conciliation.

1. Basile Delacorne, « Notre-Dame : passe d'armes entre les architectes et Construiracier », *batiactu.com*, 25 février 2020.

2. Nathalie Heinich, *Des valeurs*, *op. cit.*, p. 274.

Conclusion

Au cours de cette controverse une multitude de valeurs, notamment liées aux registres pur et opératoire, sont convoquées par les différents protagonistes. S'ils semblent tomber d'accord sur l'importance de certains principes (authenticité, beauté, efficacité, solidité, modernité...) pour apprécier la situation, les critères et les prises qui leur sont associés constituent le soubassement de la dispute, puisqu'ils les conduisent au fil des passes d'armes à des qualifications contraires des matériaux. On voit bien là la dimension rhétorique d'une controverse, où le répertoire commun des outils axiologiques est mobilisé par les uns et par les autres moins pour se forger une opinion que pour convaincre autrui de la validité de sa propre position.

Intermède n° 6

« Le bois porte l'âme d'une cathédrale » par Christine Sourgins, historienne de l'art

(*Contrepoints*, 7 juin 2019)

Argumentant en faveur du bois pour la reconstruction de la charpente, l'historienne de l'art Christine Sourgins en déplie avec brio de multiples significations, illustrant ainsi la façon dont le recours au registre herméneutique, par l'interprétation et la symbolisation, constitue un puissant outil de valorisation.

Ainsi ce modeste matériau serait adéquat tant à la dimension spirituelle de la cathédrale (registre mystique) qu'à la cohésion du corps social (registre civique), aux intérêts économiques du pays (registre économique), à la préservation des savoir-faire traditionnels (registre technique) autant qu'aux données de la science (registre épistémique), à la rapidité des travaux et à la durabilité des résultats (registre opératoire), à l'authenticité du lieu ainsi qu'à la protection de la planète (registre pur) et de ses habitants (registre éthique), au respect dû aux ancêtres (registre domestique), et même au message porté par des auteurs de renom (registre réputationnel) dans de grandes œuvres littéraires (registre esthétique).

Se joignent de la sorte ces deux registres pourtant très distants que sont le mystique et le technique : la cathédrale synthétise le parcours spirituel de la chrétienté (« ce parcours biblique de l'humanité qui commence aux arbres du jardin d'Éden, et finit en ville, dans la Jérusalem céleste »), tout en étant indissociable du bois qui constitue à la fois son matériau et celui de la croix qui en dessine la forme : « En plan, une cathédrale représente une croix, transposition architecturale de celle, en bois, du Christ, fils adoptif d'un charpentier... » Et la métaphore de la barque vient compléter cette herméneutique du bois : « L'Église n'est-elle pas la barque de Pierre ? Il n'est pas interdit de voir dans la charpente une carène renversée qui navigue ventre au ciel, sur une île de la Cité qui ressemble à un navire échoué dans la Seine. »

Relevant d'une « incarnation » dans la matière, le choix d'un simple matériau devient ainsi une obligation à la fois mystique et philosophique, nous rappelant que le progrès technique est un piège (« notre vénération du progrès technique est inconséquente »), et que ceux qui préféreraient la nouveauté à la pérennité, en voulant « se montrer "créatifs" » et en « confondant une cathédrale avec une start-up ou un logiciel », ne feraient que prouver « qu'il y a bien un art dégénéré ».

Voilà donc que l'historienne de l'art, qui s'est fait une spécialité de vilipender l'art contemporain, retourne vers ses bases : renoncer au bois équivaudrait à rejoindre les partisans de cet « art dégénéré » (terme pour le moins connoté) de notre temps – un art forcément impur puisqu'il contreviendrait à la nature véritable de l'art, donc à l'esthétique autant qu'à l'authenticité.

N. H.

*

Pour la reconstruction du toit de Notre-Dame, beaucoup sont indifférents aux matériaux utilisés, « pourvu que l'apparence visuelle soit sauve », taxant leurs contradicteurs de « fétichistes ». S'il faut bien sûr tenir compte de la fragilité du monument sinistré, de nombreuses raisons, symboliques, culturelles, sociales, écologiques etc. montrent que le bois est préférable et doit être utilisé le plus possible. Une reconstruction à l'identique [PUR], *outre qu'elle respecte l'histoire de l'art, à savoir que Notre-Dame est une cathédrale médiévale* [amplificateur = ANCIENNETÉ] *et le dernier chef-d'œuvre de l'architecture romantique* [ESTHÉTIQUE], *permettrait de revaloriser tout un secteur économique* [ÉCONOMIQUE].

Une cathédrale est une société de pierres polies, ajustées les unes aux autres, triomphant de la pesanteur grâce aux clés de voûte : des voûtes coulées en béton détruiraient cette leçon grandiose sur le « vivre ensemble » [CIVIQUE]. *À l'intérieur, s'élancent des fûts de pierre qui s'épanouissent en chapiteaux, souvent floraux, prolongés de nervures. Ces futaies minérales sont protégées par l'armature d'une vraie forêt, c'était d'ailleurs le surnom de la charpente de Notre-Dame, chef-d'œuvre de la charpenterie gothique* [TECHNIQUE + ANCIENNETÉ]. *Car la cathédrale synthétise le parcours biblique de l'humanité qui commence aux arbres du jardin d'Éden, et finit en ville, dans la Jérusalem céleste. En plan, une cathédrale représente une croix, transposition architecturale de celle, en bois, du Christ, fils adoptif d'un charpentier...* [MYSTIQUE + TECHNIQUE.]

Pas de cathédrale sans nef ou vaisseau non plus : l'Église n'est-elle pas la barque de Pierre ? Il n'est pas interdit de voir dans la charpente une carène renversée qui navigue ventre au ciel, sur une île de la Cité qui ressemble à un navire échoué dans la Seine pour reprendre les termes de Victor Hugo dans Notre-Dame de Paris [HERMÉNEUTIQUE + ESTHÉTIQUE + RÉPUTATIONNEL]. *Ce roman multiplie les métaphores arborées. Opposant « la prodigieuse variété extérieure de ces édifices » à leur fond permanent, Hugo écrit : « Le tronc de l'arbre est immuable, la végétation est capricieuse. » Ces « puissantes bâtisses dont nous avons expliqué ailleurs le mode de formation et de végétation, n'avaient pas simplement des fondations, mais pour ainsi dire des racines qui s'allaient ramifiant dans le sol... » La cathédrale évolue-t-elle ? C'est sans rupture, sans grand geste architectural, pour Hugo : « La chose s'accomplit sans trouble, sans effort, sans réaction, suivant une loi naturelle et tranquille. C'est une greffe qui survient, une sève qui circule, une végétation qui reprend. » Lorsque Quasimodo part à la recherche d'Esméralda « au détour de la galerie qui donne sur les toits des bas-côtés, il aperçut l'étroite logette [...] tapie sous un grand arc-boutant comme un nid d'oiseau sous une branche... »*

La cathédrale est fille du Temple de Jérusalem dont on sait qu'on n'y entendit « ni marteaux, ni pics, ni aucun outil de fer » pendant sa construction (I Roi 6,7) [PUR]. *L'Éternel, en ses choix de matériaux serait-il « fétichiste » ? Ou peut-être visionnaire, s'étant avisé que le métal est lié à l'industrie et à ses méfaits dont notre génération ne peut nier qu'elle est en train de ravager la planète* [TECHNIQUE + PUR]. *Pour convoquer l'imaginaire du* Seigneur des anneaux, *plus familier à l'homme du* XXIe *siècle que l'univers biblique : là où règne le bois, introduire la suprématie du métal (avec ce que cela suppose d'hybris industrielle), c'est comme ensemencer de l'avidité des Orques une œuvre née de la patience des Elfes* [HERMÉNEUTIQUE]. *Des études ont bien montré que, dès l'origine, le fer avait été employé pour juguler les pressions s'exerçant sur les cathédrales et conforter leur stabilité* [ÉPISTÉMIQUE + TECHNIQUE] : *certes, mais il s'agissait d'un usage ponctuel et mesuré.*

Car la manière d'incarner dans la matière n'est pas indifférente. C'est aussi un savoir-faire, un savoir être à taille humaine, qui doit s'incarner [MYSTIQUE + TECHNIQUE]. *Le bois que les compagnons travaillent toujours au corps à corps le permet. Évincer d'office tous les artisans qui descendent en droite ligne des constructeurs de cathédrales est une ignominie : c'est exactement comme si une partie de l'Amazonie ayant brûlé on en profitait pour bannir les derniers indigènes de la forêt afin de mieux exploiter la place* [ÉTHIQUE]. *Là se joue la survie de ces corps d'artisanat, indispensables à la restauration de monuments historiques dont nous nous enorgueillissons… pour mieux les négliger* [TECHNIQUE + DOMESTIQUE + amplificateur = PÉRENNITÉ].

C'est l'aveu caché du diktat « bannir le bois pour ne plus craindre les incendies » et qui signifie deux choses : d'abord que nous sommes devenus des minables, incapables de garder le trésor sur lequel ont veillé nos pères [DOMESTIQUE + ÉTHIQUE + amplificateur = PERENNITÉ], *ensuite que notre vénération du progrès technique est inconséquente* [#NOUVEAUTÉ]. *Car enfin, on nous promet des maisons écolos en bois, des buildings, des tours d'habitation et même ignifugés ! Et pour restaurer la cathédrale, on écarterait le bois, ce matériau ancestral, capable de conjuguer le sacro-saint progrès et le travail humain ? Et ceci alors que les charpentes récentes (celle de la cathédrale de Chartres en métal ou celle de Reims en béton) sont loin d'avoir prouvé leur pérennité dans un pays qui dispose d'une des plus grandes forêts d'Europe, à une époque où l'écologie est à l'honneur ? On marche sur la tête.*

Pascal Prunet, l'un des quatre architectes des monuments historiques chargés de la restauration de la cathédrale, vante la relative légèreté du matériau. Frédéric Epaud, chercheur au CNRS [ÉPISTÉMIQUE], *a précisé que la fabrication du bateau* L'Hermione *a nécessité 2 000 chênes, sans souci environnemental : soit deux fois plus que pour Notre-Dame. Que le temps de la mise en œuvre est plus rapide qu'on imagine : la construction de la charpente du* XIIIe *siècle de la cathédrale de Bourges aurait réclamé seulement 19 mois de travail pour une équipe de 15-20 charpentiers* [OPÉRATOIRE]. *Que les techniques traditionnelles sont économiquement viables et rentables pour les petites entreprises* [ÉCONOMIQUE + DOMESTIQUE] *; de plus « les bois équarris à la hache sont plus solides et de meilleure tenue que ceux sciés, ils se déforment bien moins au séchage, les bois courbes sont employés, les pertes sont minimes* [OPÉRATOIRE], *l'ouvrage est plus beau* [ESTHÉTIQUE] *». D'où le succès des chantiers traditionnels comme celui de Guédelon : un tel chantier-école sur le parvis de Notre-Dame, avec des dizaines de charpentiers équarrissant à la hache et travaillant selon les règles ancestrales serait spectaculaire, pédagogique et prisé du grand public* [CIVIQUE].

Quant à ceux qui veulent se montrer « créatifs », animés par un tout autre esprit, confondant une cathédrale avec une start-up ou un logiciel, qu'ils ouvrent un nouveau chantier mais ailleurs ! Sinon, ils prouveront qu'il y a bien un art dégénéré [#NOUVEAUTÉ], *qui n'est pas l'Art dit contemporain, alias l'Art financier, mais le Patrimoine, contraint sans cesse de se mettre au goût du jour, de s'actualiser, bref, de se « régénérer » à tout prix. Hugo en avait déjà jugé : « les modes ont fait plus de mal que les révolutions », ajustant « sur les blessures de l'architecture gothique, leurs misérables colifichets d'un jour »...*

Chapitre 7

Une flèche, trois directions

Tsolag Paloyan, Nathalie Heinich

« Nous nous souviendrons longtemps du 15 avril 2019, quand le toit et la flèche de la cathédrale [...] se sont embrasés sous nos yeux ébahis et impuissants[1] » : cette synthèse du désastre que constitue la chute de la flèche témoigne du statut emblématique de cette œuvre au sein de l'édifice. Et cette chute a précipité à la fois la destruction partielle de la cathédrale et la prise de conscience de l'énormité de l'événement, si bien qu'elle paraît résumer à elle seule l'incendie : « Le 16 avril dernier, la France s'est réveillée orpheline de la flèche de Notre-Dame[2]. »

Cet événement au cœur de l'événement occasionne son propre feuilleton médiatique dans les jours qui suivent, en parallèle du « fil d'actualité » déroulé depuis le début de l'incendie. Des articles sont consacrés au sort particulier de la flèche en proie aux flammes, d'autres reviennent bientôt sur son histoire (ajoutée à l'édifice gothique en plein XIXe siècle par l'architecte Viollet-le-Duc, elle fut conçue dans des techniques, des matériaux, un style et une pensée modernes), et un feuilleton s'installe à mesure que tombent

1. Pacôme Rupin (député LREM), en séance publique à l'Assemblée nationale le 30 avril 2019.

2. Jean-Louis Thiériot, député Les Républicains, en séance publique à l'Assemblée nationale le 10 mai 2019.

les nouvelles : certains éléments de la flèche ont été retrouvés dans les cendres (comme le coq), d'autres (comme les statuettes) se révèlent avoir été retirés auparavant et ainsi sauvés des flammes.

De la chute à la querelle

Le 17 avril 2019, le Premier ministre Édouard Philippe annonce qu'« un concours international d'architecture portant sur la reconstruction de la flèche de la cathédrale sera organisé ». Le lendemain, la présidence de la République publie un communiqué de presse abondant en ce sens et évoquant un « geste architectural contemporain ». Il n'en faut pas davantage pour lancer un débat qui convoque d'abord conservateurs du patrimoine, experts en droit du patrimoine et architectes, avant qu'intellectuels et responsables politiques ne s'engagent à leur tour dans l'arène médiatique et que plusieurs pétitions soient même lancées contre ce projet[1].

Les journalistes ont tôt fait de subsumer cette querelle sous la commode opposition des « Anciens » et des « Modernes »[2], ou encore entre « conservateurs » et « progressistes », lui appliquant la même formule que celle qui prétendait déjà synthétiser les débats autour de la restauration dans son ensemble. Sur France Culture[3], l'éditorialiste

1. L'une, hébergée sur la plateforme Citizen Go, a recueilli près de 50 000 signatures ; une autre, « Pour la reconstruction à l'identique de la flèche de Notre-Dame ! », en a recueilli plus de 10 000 sur change.org.

2. À commencer par une dépêche Reuters du 18 avril 2019.

3. « La politique est dans la flèche », France Culture, 19 avril 2019.

Stéphane Robert observe qu'« on a vu resurgir le combat des Anciens et des Modernes, avec d'un côté les défenseurs de l'orthodoxie patrimoniale » (telle l'ancienne directrice du patrimoine au ministère de la Culture, Maryvonne de Saint-Pulgent), « et de l'autre l'architecte Jean-Michel Wilmotte » (dont est citée en regard la suggestion d'un projet plus contemporain).

Toutefois cette apparente bipolarité est trompeuse, car ce à quoi l'on assiste en réalité est une triangulation du débat. Le parti des « Anciens » se subdivise en deux camps, de sorte que le débat oppose, premièrement, les promoteurs d'un « geste architectural contemporain » (qu'on nommera les « novateurs ») ; deuxièmement, les défenseurs d'une reconstitution de la flèche à l'identique (les « restaurateurs ») ; et troisièmement, les partisans d'un renoncement pur et simple à toute reconstruction d'une flèche (les « renonciateurs »), largement moins représentés dans l'espace médiatique.

Dans une logique patrimoniale, il n'est pas étonnant que les différents acteurs, quelles que soient leurs préconisations, veillent à faire valoir leur fidélité au patrimoine, « valeur-objet » si consensuelle qu'en dépit du caractère inconciliable de leurs différents projets les trois camps, dans ce contexte, s'en réclament. Seulement cette fibre patrimoniale peut être défendue par au moins deux « valeurs-principes » distinctes, quoique relevant l'une et l'autre du registre pur : l'intégrité et l'authenticité, que les acteurs mobilisent différemment en fonction des contextes.

Les novateurs ou l'authenticité du geste

Le contexte patrimonial contraint tous les acteurs, y compris les promoteurs d'un geste contemporain, à convoquer les valeurs relatives au registre pur pour défendre leur projet. L'intégrité de l'édifice ne saurait cependant constituer l'argument le plus convaincant pour les « novateurs », dans la mesure où la catégorie sémantique de la permanence et de la fixité dont participe cette valeur entre trop nettement en contradiction avec la promotion de la nouveauté et du changement au cœur de leur démarche. Les « novateurs » doivent donc se replier sur la valeur d'authenticité.

Ils le font en questionnant, sinon en contestant, l'authenticité de la flèche, de façon à justifier son remplacement et à couper l'herbe sous le pied des « restaurateurs ». Ainsi, dans sa déclaration inaugurale le Premier ministre prend soin de souligner, avant même de suggérer un possible changement, qu'« avant le XIXe siècle, la cathédrale Notre-Dame de Paris n'avait pas de flèche ». C'est le même argument qu'invoque le communiqué de presse de l'Élysée : la flèche « ne faisant pas partie de la cathédrale d'origine, le président de la République souhaite qu'une réflexion soit menée et qu'un geste architectural contemporain puisse être envisagé ». De même Yannick Jadot, tête de liste écologiste aux élections européennes, estime que « cette flèche dont on était tous fiers était la reconstruction d'une flèche précédente qui n'était pas une reconstruction identique par Viollet-le-Duc »[1].

Mais cette seule contestation de l'authenticité de la flèche ne saurait affranchir les acteurs du devoir de restauration,

1. *Libération*, 19 avril 2019.

car elle pourrait tout aussi bien légitimer une restauration de l'édifice dans un état antérieur aux travaux de Viollet-le-Duc. Pour justifier un geste contemporain il convient donc de relativiser cette quête d'authenticité. Ainsi l'architecte Jean Bocabeille déclare la « flèche plusieurs fois disparue, plusieurs fois reconstruite », et feint de se demander alors « quelle serait l'originale »[1]. C'est ce que fait encore, de façon plus radicale, l'architecte Olivier Leclercq lorsqu'il frappe de fausseté toute démarche restauratrice : « Nous avons les moyens de reconstruire Notre-Dame à l'identique, mais on aura beau essayer, ça ne donnera lieu qu'à *une copie*. Cela pourra certes être très beau mais ce sera comme se replonger *dans un passé qui n'existe pas*[2]. » L'authenticité étant introuvable, sa fonction contraignante s'en trouve démonétisée. Cependant il reste pertinent de justifier le changement par des valeurs relevant du registre pur tant pèse dans ces débats la contrainte du contexte patrimonial. La référence à l'authenticité persiste donc chez les « novateurs », mais reconfigurée, étant indexée non plus à l'objet mais à la démarche productive.

Ainsi l'éditorialiste Laurent Joffrin renverse-t-il l'« argument absurde » de ceux qui s'expriment « au nom de la tradition » pour empêcher que l'on « touche à une pierre, une statue, un vitrail ou une gargouille de Notre-Dame. Alors que la même tradition des cathédrales a consisté, dès l'origine, à faire évoluer sans cesse ces bâtiments en fonction des nécessités de l'heure »[3] : l'étalon de l'authenticité n'est plus l'œuvre mais le *geste* qui y a présidé. Même argument sous la plume de cet inspecteur général honoraire des affaires

1. *L'Obs*, 29 avril 2019.
2. *L'Obs*, 18 avril 2019. Nous soulignons.
3. *Libération*, 19 avril 2019.

culturelles pour lequel certes « le millénaire doit forcer le respect mais il ne doit pas être non plus un éteignoir. Même Viollet-le-Duc n'a pas refait la flèche d'origine et proposait de remodeler les contours de Notre-Dame dans la même veine que sa flèche[1] ». L'argument sera repris lors des débats parlementaires, comme dans cette intervention du ministre de la Culture :

> Vous voulez que Notre-Dame de Paris soit restaurée à l'identique de ce qu'elle a toujours été. Mais elle n'a jamais été toujours pareille ! Elle a connu des modifications au fil des siècles, la dernière étant celle de Viollet-le-Duc, avec la création de la flèche[2] !

Contre la suggestion jugée « floue » de restaurer selon le « dernier état visuel connu avant le sinistre », une sénatrice favorable à un geste contemporain fait valoir que « nous n'aurions jamais eu la flèche de Viollet-le-Duc si une telle disposition avait été prévue »[3].

Dans le même esprit, les partisans d'un geste architectural reprendront souvent une citation de Viollet-le-Duc selon laquelle « restaurer un édifice, ce n'est pas l'entretenir, le réparer ou le refaire, c'est le rétablir dans un état complet qui peut n'avoir jamais existé à un moment donné[4] ». Ils entendent ainsi inscrire leur projet de remplacement dans le sillage de la démarche de l'architecte, érigée de la sorte en référent de la valeur d'authenticité qu'il convient, malgré tout,

1. Discussion de l'article paru dans *The Conversation* (François Braize, en réponse à Philippe Prexinetien).

2. Première lecture en séance publique à l'Assemblée nationale, 10 mai 2019.

3. Marie-Pierre Monnier (groupe Socialistes, écologistes et républicains), séance publique Sénat, première lecture.

4. Comme le font l'architecte Jean Bocabeille dans *L'Obs* le 29 avril 2019, ou la députée LREM Aurore Bergé le 10 mai 2019 à l'Assemblé nationale.

de respecter. Il s'agit d'être fidèle, non pas à la matérialité de la flèche, mais à l'esprit novateur de l'architecte du XIXe siècle. C'est ainsi que, pour cette autre sénatrice favorable à un geste contemporain, « apposer [à la cathédrale] une marque de notre temps n'a rien d'impossible. Au dix-neuvième siècle, Viollet-le-Duc avait su créer une flèche novatrice[1] ». Soyons novateurs donc – mais ni plus ni moins que Viollet-le-Duc.

Les renonciateurs ou l'authenticité à géométrie variable

À la suite des déclarations d'Édouard Philippe naît sur Twitter un mot-dièse – « #TOUCHEPASANOTREDAME » – relayé notamment par plusieurs membres du Rassemblement national[2], ou encore par les promoteurs de la pétition en ligne lancée en réaction à l'annonce gouvernementale. À droite, on invite à ne pas « défigurer » ou « dénaturer » la cathédrale[3], mais cette revendication n'est pas l'apanage de cette seule tendance politique : ainsi Raphaël Glucksmann, tête de liste du mouvement de gauche Place publique aux élections européennes, invitait lui aussi le chef de l'État à ne pas « détruire l'âme de Notre-Dame[4] ». Et ne pas détruire, en l'occurrence, revient à ne pas reconstruire.

1. Colette Mélot (du groupe Les Indépendants – République et Territoires), le 21 mai 2019, lors de l'examen en commission du projet de loi pour la restauration et la conservation de Notre-Dame de Paris.

2. Notamment Marine Le Pen, Bruno Bilde, Julien Odoul.

3. Par exemple : Laurent Wauquiez, Emmanuelle Ménard (10 mai à l'Assemblée nationale), François-Xavier Bellamy dans une série de tweets.

4. « Ils appellent à ne pas "défigurer" Notre-Dame », *Tribune de Genève*, 18 avril 2019.

Un lecteur de *TheConversation*, en réaction à l'article posté le 16 mai par Maxime Fulconis, doctorant en histoire, commente :

> Dans le cas particulier de NDDP, monument millénaire chargé de symboles et d'histoire, il est difficile d'imaginer une quelconque touche d'art contemporain notamment pour les parties visibles. [...] L'héritage que nous ont laissé nos ancêtres ne devrait en aucun cas être dilapidé, ce qui pose bien la question de la supposée pérennité de l'art contemporain tourné vers le présent et la rentabilité.

Le respect du passé est bien évidemment le principal obstacle à la position des novateurs, d'autant plus lorsqu'il renvoie au passé le plus lointain, bien antérieur à la construction de la flèche puisqu'il s'inscrit dans une temporalité « millénaire ». Ce respect peut aller jusqu'à s'opposer non seulement au « geste contemporain » mais aussi à la reconstruction de la flèche à l'identique, en militant pour un renoncement pur et simple au principe même d'une flèche.

Pour les « renonciateurs » en effet, l'intégrité de l'édifice fut perdue dès la construction de la flèche au XIXe siècle, considérée comme une atteinte à l'authenticité du monument médiéval. C'est l'argument de l'historien médiéviste Sylvain Piron, selon qui le feu a rendu à la cathédrale son authenticité en la débarrassant d'ajouts postérieurs au Moyen Âge : « Le feu lui a rendu l'humilité et l'élégance d'un navire fait de voûtes, d'arcs-boutants et de vitraux, ouvert sur le ciel, en attente de sa couverture. Il n'y a aucune urgence à reconstruire une flèche[1]. » De même, dans *La Vie des idées*, deux philosophes, Bruno Haas et Thomas Le Gouge, argumentent

1. Voir S. Piron, « Notre-Dame ou quand la forêt crépite », *AOC*, 22 avril 2019 (voir intermède n° 3).

en faveur du renoncement à la flèche de Viollet-le-Duc, en stigmatisant ses deux principaux défauts : d'une part, elle n'était « elle-même qu'une reconstitution », ce qui permet de dénoncer – comme le font les novateurs – son inauthenticité ; et d'autre part elle « ne traduisait absolument pas la spatialité propre à l'art qu'il [Viollet-le-Duc] entendait imiter ». Autant dire qu'elle « dénaturait à sa façon le rapport de la cathédrale au ciel » et, corollairement, la spécificité de l'édifice[1] : « L'architecture dans son ensemble se réfère au ciel et le met en rapport à la terre, elle installe un lieu et une situation, un espace pour l'individu et la communauté », font-ils valoir dans un bel exercice de mystique architecturale, mêlant les registres esthétique, civique et mystique au service d'une délégitimation de la flèche sinistrée.

Ils rejoignent ainsi les arguments de ceux qui entendent déplacer le débat de la dimension architecturale et patrimoniale à la dimension cultuelle, la seule qui convienne, selon eux, à la fonction authentique d'une cathédrale, ainsi retrouvée à travers l'effondrement de la pierre. « On ne dénature pas, on ne touche pas, on ne profane pas un lieu de culte, même si la foi peut effectivement se vivre sous n'importe quel ciel[2] », proteste une députée pourtant issue de la majorité présidentielle ; et, plus radical encore, un membre de l'Atelier diocésain : « La flèche, nous, on s'en fout. Ce qui nous intéresse c'est que la visite soit une découverte de la foi. » Une authenticité contre une autre, là encore – mais ici c'est l'authenticité de la fonction spirituelle qui prime, contre l'authenticité de la matière[3].

1. Bruno Haas et Thomas Le Gouge, « Le toit de Notre-Dame. Les apories de la reconstruction à l'identique », *La Vie des idées*, 25 juin 2019.

2. En séance publique, le 10 mai 2019.

3. Voir dans ce volume le chapitre de Nicole Dyonet, « Une émotion très catholique ».

Les restaurateurs ou l'intégrité retrouvée

Face à la double menace de son remplacement moderniste ou de sa disparition pure et simple, les partisans d'une reconstitution de la flèche de Viollet-le-Duc défendent eux aussi une forme d'authenticité. Toutefois elle n'est plus celle de la démarche architecturale, ni celle du retour à une pureté et à une fonction originelles, mais celle – plus classiquement – du respect de l'intégrité matérielle de l'édifice. Ainsi l'arrière-arrière-petit-fils d'Eugène Viollet-le-Duc estime que la flèche était « partie intégrante » de l'édifice, de sorte que ne pas la rebâtir reviendrait à « amputer la cathédrale d'un élément qui lui appartient »[1] – et dans cette métaphore de l'amputation pointe à nouveau une personnification de la cathédrale.

L'intégrité est donc bien au cœur de l'argumentaire, mais ce critère ne vaut que face aux partisans du « geste architectural », synonyme de menace d'intrusion exogène. Interrogé sur l'opportunité d'un tel geste, le célèbre architecte Jean Nouvel, face au parallèle avec la pyramide du Louvre que convoquent souvent les novateurs, affirme ainsi que, contrairement au cas présent, « la pyramide n'enlève rien au Louvre, c'est un ajout[2] ». En d'autres termes, le geste de Pei devrait être considéré comme un simple supplément au monument, tandis que celui de Wilmotte serait une atteinte à son intégrité.

Quant à l'autre menace à laquelle doivent faire face les partisans d'une reconstitution à l'identique – celle portée par

1. Dépêche de l'AFP, 17 avril 2019.

2. Jean Nouvel, interrogé par Guillaume Erner, *Les Matins de France Culture*, 19 avril 2019.

les « renonciateurs » –, elle ne peut être combattue par le critère de l'intégrité puisque, selon ces derniers, l'œuvre de Viollet-le-Duc y aurait déjà porté atteinte il y a plus d'un siècle. Il faut donc les affronter par un autre critère d'authenticité : le retour à l'état originel, mais élargi aux différentes strates historiques du monument (incluant donc la flèche) et non pas restreint à l'état primitif. C'est donc l'extension de l'amplificateur par l'ancienneté qui fait la différence entre « restaurateurs » et « renonciateurs » : ancienneté maximale pour ces derniers, ancienneté minimale, car réduite au « dernier état connu », pour les premiers.

Enfin, à un plus haut niveau de généralité, les « restaurateurs » comme les « renonciateurs » s'inscrivent clairement dans le régime de communauté : tel, dans une tribune au *Figaro*, un groupe d'experts vantant les « millions de gestes, humbles et experts, gouvernés par la science et le savoir, dans le cadre d'une politique patrimoniale renouvelée, ambitieuse et volontariste, soucieuse de chaque monument, qui redonnera à la cathédrale d'Hugo, de Viollet-le-Duc, la nôtre, la vôtre, sa place et sa fonction dans l'histoire et dans l'avenir[1] ». Au contraire, les adeptes d'un « geste contemporain » sont perçus comme adeptes du régime de singularité, peu adapté aux valeurs patrimoniales, comme le suggère cet architecte en chef des monuments historiques à propos de la « posture des architectes d'aujourd'hui » : « Personne n'est capable de dire si on pourrait avoir des réponses qui soient autre chose que des manifestations d'egos. À moins que l'auteur reste éternellement anonyme »[2].

Nous venons de voir que la valeur d'authenticité et, avec elle, le registre pur, sont communs aux trois positions,

1. *Le Figaro*, 28 avril 2019.
2. F. Chatillon, *Libération*, 20 avril 2019.

avec toutefois de considérables variations dans son objet (la démarche architecturale, la cathédrale des origines, la flèche). Mais d'autres registres de valeurs n'ont-ils pas été mobilisés dans la controverse ?

Les insuffisances de l'esthétique

L'on pourrait penser qu'il aurait suffi aux uns et aux autres d'invoquer la valeur de beauté pour défendre, qui une construction contemporaine, qui un retour à l'état d'avant la flèche, qui une reconstruction de la flèche à l'identique. L'on constate cependant que, à la différence de l'authenticité, l'approche esthétique de l'édifice n'est pas valable pour tous. Les renonciateurs en effet ne se contentent pas de contester l'authenticité de l'ajout du XIXe siècle, comme le font les novateurs, mais ils disqualifient également l'argument esthétique dans la mesure où celui-ci témoignerait d'un rapport inauthentique à un édifice religieux : « Il faut avant tout comprendre le lieu spécifique qu'est une cathédrale gothique : non pas un décor de carte postale, qui se découpe sur le ciel, affirment les deux philosophes auteurs de l'article dans *La Vie des idées*, mais le regard du ciel qui se pose sur nous. » Ici le registre esthétique est discrédité en tant qu'il occulte le registre mystique censé présider à la contemplation de l'édifice. À aucun moment d'ailleurs les partisans d'un renoncement à la flèche n'invoquent un quelconque critère esthétique : il est, tout simplement, non pertinent à leurs yeux. « Viollet-le-Duc regardait déjà la “silhouette” de la flèche au lieu de questionner le ciel qui la surplombe. » Quand l'art gothique montre le ciel, les modernes regardent la flèche.

En revanche, restaurateurs et novateurs recourent volontiers à l'argument esthétique, qu'il s'agisse de juger l'aspect de la flèche de Viollet-le-Duc ou de prétendre « rebâtir plus belle encore » la cathédrale, selon l'expression du président de la République au soir de l'incendie. Dans un vibrant plaidoyer pour une reconstruction de la flèche à l'identique, un sénateur du groupe Les Républicains rend longuement hommage à l'art du XIXe siècle en général et à Viollet-le-Duc en particulier, selon lui tous deux « indignement » méprisés par les novateurs. À l'appui de son propos il cite de nombreux peintres, musiciens et écrivains aux côtés de l'architecte, avant de conclure qu'« aucune indignité artistique et culturelle ne doit peser ni sur le XIXe siècle [...] ni sur Viollet-le-Duc[1] ». Un collègue également hostile au concours demande de son côté « quel architecte contemporain pourrait prétendre rivaliser avec Viollet-le-Duc, le plus grand architecte de tous les temps[2] ? »

Ce point de vue esthétique ne s'applique néanmoins qu'à l'aspect de la flèche et non pas au paysage dont elle est un élément, selon une perspective élargie. C'est celle qu'adopte notamment un professeur d'histoire de l'art pour lequel « le génie architectural de Viollet-le-Duc rend à peu près impensable qu'on se prive, dans le ciel de Paris, d'une de ses plus éclatantes réalisations, conçue pour être à l'échelle des dégagements du Paris d'Haussmann[3] ». De même Jean-Michel Wilmotte manifeste un souci de « conserver la même silhouette d'ensemble, la puissance de la flèche de 96 mètres de hauteur qui émerge du transept et dialogue avec les deux tours nord et sud ». Mais son insistance sur « la carte postale

1. Bruno Retailleau, séance publique, Sénat, première lecture.
2. Jean-Pierre Leleux, séance publique, Sénat, première lecture.
3. Mathieu Lours, professeur d'histoire de l'art, *Atlantico*, 19 avril 2019.

de la capitale »[1] que constitue la cathédrale et sa flèche lui permet d'envisager dans le même temps quelques libertés à l'égard d'une restauration à l'identique : ainsi, s'il lui importe avant tout que la cathédrale soit reconstruite « avec la volumétrie qu'elle avait[2] », il se déclare ouvert à des changements d'ampleur concernant les matériaux et les techniques de reconstruction de la flèche, qu'il verrait bien « en verre, en écho visuel à la pyramide du Louvre. Ce serait magnifique ». Dès lors en effet que la flèche n'est pas appréhendée dans le détail de sa conception mais se trouve réduite à une forme, une « silhouette », cette attention exclusivement esthétique ouvre la voie à quelques libertés sur tout ce qui ne s'offre pas directement au regard : juger favorablement l'esthétique de Viollet-le-Duc ne contraint nullement les acteurs à une reconstruction à l'identique, impliquant les mêmes matériaux ou techniques. C'est pourquoi, lorsque Jean-Marie Henriquet, descendant de Viollet-le-Duc, relève la valeur esthétique de l'œuvre (« c'est beaucoup plus élégant avec la flèche », elle est « très belle », « très harmonieuse » et elle « contribue à alléger et à élancer le bâtiment »), cela ne l'empêche pas de rester ouvert à l'idée du concours international d'architecture, pour peu que « l'esthétique » de la flèche de Viollet-le-Duc soit « respectée »[3].

Toutefois l'esthétique paysagère sera invoquée aussi par les opposants à l'idée d'un geste contemporain : lors des débats sur la restauration de la cathédrale dans les hémicycles, plusieurs parlementaires relaieront ce souci de son « intégration dans le paysage des rives de la Seine », soulignant que « la flèche de Notre-Dame a été pensée par

1. Entretien avec Bruno Monier-Vinard, *Le Point*, 22 avril 2019.
2. « Notre-Dame : pour l » architecte Jean-Michel Wilmotte, un "pastiche" de Viollet-le-Duc serait "grotesque" », *francetvinfo.fr*, 18 avril 2019.
3. Dépêche AFP, 17 avril 2019.

Viollet-le-Duc et Lassus pour être en harmonie avec celle de la Sainte-Chapelle, ces deux sœurs jumelles constituant les deux mâts du navire que forme l'île de la Cité »[1]. Nombre de parlementaires ont d'ailleurs bien senti la dangereuse ambivalence à laquelle ouvraient les considérations esthétiques sur le monument : « La référence à la "silhouette" de Notre-Dame introduit une notion subjective. Le meilleur contrepoint à l'attitude présidentielle, c'est de répondre que ce débat ne relève pas de la loi. Introduire cette question dans le projet de loi, c'est ouvrir aux députés la possibilité d'imposer leur point de vue[2] », estime un sénateur dont le groupe est largement hostile au projet d'un geste architectural. Les critères esthétiques apparaissent comme peu légitimes dans le contexte de débats parlementaires, ainsi que l'exprime cet autre sénateur : « Bien évidemment, le Parlement ne doit pas dire ce qu'est le beau et le vrai. Les essais d'art officiel n'ont jamais été très concluants[3] ! » Et un autre : « Dans l'affaire qui nous préoccupe, les préférences esthétiques importent peu[4]. » Et un autre encore d'affirmer que « c'est moins l'esthétique d'une nouvelle flèche dont il s'agit que la manière dont nous percevons notre patrimoine et dont nous le protégeons[5] ». C'est dire que la valeur esthétique ne constitue pas un critère pour choisir entre construction (novateurs) et reconstruction (restaurateurs) : soit elle est trop subjective, soit elle change de sens selon

1. Voir les déclarations de Jean-Pierre Leleux en première lecture au Sénat et de la députée Valérie Boyer en deuxième lecture à l'Assemblée nationale, qui reprend mot pour mot ses propos en substituant seulement l'« harmonie » à la « résonance visuelle » évoquée par le premier.

2. David Assouline (LR).

3. Pierre Ouzoulias (Groupe communiste républicain citoyen et écologiste), première séance, première lecture au sénat.

4. Bruno Retailleau (LR).

5. Alain Schmitz (LR).

qu'elle s'applique à la flèche elle-même ou au paysage dans lequel elle s'insère. En matière patrimoniale l'authenticité est, décidément, la plus sûre des valeurs[1].

Les ambiguïtés de l'opératoire

Le recours aux valeurs d'efficacité, de rapidité, de fonctionnalité serait-il plus utile pour trancher le dilemme ? Ce registre opératoire est indistinctement convoqué par les trois camps. Pour les renonciateurs, une restauration de la flèche est impossible « puisque la flèche a entièrement disparu, à part quelques éléments de décor[2] » (confondant ce faisant « restauration » et « reconstruction »). Pour les restaurateurs, une reconstruction à l'identique « constituerait un gain de temps précieux au regard de l'objectif d'une reconstruction en cinq ans, comme souhaité par le président de la République[3] ». Pour les novateurs, s'affranchir des règles patrimoniales permettrait un gain d'efficacité ; mais c'est une adversaire de cette position qui en fait l'hypothèse : « On s'échine à éviter toutes les expertises et les règles en matière d'architecture, de patrimoine, d'archéologie ou d'environnement, au nom d'une supposée efficacité[4] », accuse une députée de l'opposition.

1. Voir Nathalie Heinich, *La Fabrique du patrimoine. De la cathédrale à la petite cuillère*, Paris, Éditions de la Maison des sciences de l'homme, 2009.
2. Bruno Haas et Thomas Le Gouge, article cité.
3. Alain Schmitz, examen en commission, 21 mai 2019.
4. Marie-George Buffet (Gauche démocrate et républicaine), séance publique, Assemblée nationale, 2 juillet 2019.

Toutefois, face aux valeurs plus nobles – dans ce contexte – que sont l'authenticité et la beauté, la valeur d'efficacité semble déplacée à plusieurs participants au débat, qui en contestent volontiers la légitimité, notamment en réponse aux propos liminaires du Premier ministre qui suggérait la reconstruction d'une « flèche adaptée aux techniques et aux enjeux de notre époque ». Ainsi, toujours lors de la séance publique du 10 mai, le député LR Pierre-Henri Dumont ironise (« Je suis désolé, mais je ne sais pas du tout ce qu'il faut entendre par une flèche “adaptée aux techniques et aux enjeux de notre époque” : cela ne veut absolument rien dire. C'est tellement flou »), avant d'y revenir plus tard :

> Une nouvelle flèche adaptée aux enjeux de notre époque, qu'est-ce que cela signifie ? Cela signifie-t-il que les saints qui encadrent la flèche devront être à parité des hommes et des femmes ? [...] Cela signifie-t-il que la nouvelle flèche renfermera une éolienne ? [...] Cela signifie-t-il que la flèche devra collecter de l'eau pour que l'on puisse créer de petits potagers bios autour ?

Pour un autre député LR, Dino Cinieri, le recours au registre opératoire constitue clairement un danger d'affaiblissement de la valeur d'authenticité : l'idée de « “doter Notre-Dame d'une nouvelle flèche adaptée aux techniques et enjeux de notre époque” laisse craindre l'adoption de projets contemporains qui dénatureraient Notre-Dame ». Et l'essayiste Barbara Lefèvre se demande elle aussi « ce que signifie une “flèche adaptée aux enjeux de notre époque” » et ce que sont, ici, « les objectifs »[1]. Enfin, après avoir diffusé un témoignage de l'architecte de la pyramide du

1. Barbara Lefèvre, « Au secours ! Le monde moderne entend refaire la flèche de Notre-Dame », *Valeurs actuelles*, 25 avril 2019.

Louvre où « on l'entend réfléchir en quelque sorte à la fonctionnalité de la pyramide », le journaliste Guillaume Erner demande à Jean Nouvel si l'on peut « réfléchir de la sorte avec Notre-Dame[1] ».

L'éthique au service du patrimoine

Plus consensuel est le registre éthique – moins polyvalent que l'argument de l'authenticité, moins relatif que celui de la beauté, moins vulnérable que celui de l'efficacité – pour peu du moins qu'on accepte de recourir à une catégorie de valeurs plus accessibles au grand public que pertinentes aux yeux des spécialistes.

C'est par l'invocation du respect, de la fidélité et de l'humilité que ce registre apparaît dans le débat, mais uniquement pour disqualifier les prétentions des novateurs : on doit « le respect absolu au patrimoine des Français », argue Jordan Bardella, tête de liste du Rassemblement national aux élections européennes de 2019, en un classique cumul de l'éthique et du civique, mobilisé par l'invocation du peuple français. Et, jugeant que « les préférences esthétiques importent peu », Bruno Retailleau, sénateur LR, oppose au jugement de goût (« il s'agit non pas de préférer ») la légitimité du jugement de valeur (« mais de respecter »). Et dans la presse généraliste, sur les réseaux sociaux, sur les blogs, les partisans d'une restauration fidèle occupent massivement le terrain éthique en opposant « l'orgueil » de l'innovation à l'« humilité »

1. *Les Matins de France Culture*, 19 avril 2019.

de la restauration[1], et en fustigeant la « confiscation[2] », « l'appropriation égotique[3] » et « l'opportunisme[4] » des novateurs.

Ce recours au registre éthique pour disqualifier les novateurs se marie volontiers à une mobilisation systématique de l'amplificateur par la pérennité, et plus précisément ici par l'ancienneté, propres au régime de communauté. Il s'agit non pas de « disrupter », affirme Bruno Retailleau en citant ironiquement le jargon de la majorité présidentielle, mais de « restaurer ». « Du reste, argumente un sénateur opposé à une construction nouvelle, le seul vrai juge en matière d'art, c'est le temps. C'est dans la profondeur du temps que naît la grandeur des œuvres. Notre-Dame de Paris est née voilà neuf siècles. Le temps a fait de ce joyau français un trésor d'humanité. » De même, la tête de liste des Républicains aux élections européennes, François-Xavier Bellamy, juge qu'« il serait tragique qu'au deuil de la destruction succède la manie de la disruption, et que l'orgueil du nouveau monde dénature maintenant le meilleur de l'ancien au lieu de le transmettre ». Et Sébastien Chenu, député du Rassemblement national, invite à « faire preuve d'humilité par rapport au passé et à notre histoire[5] », tandis que l'essayiste Olivier

1. Dans une série de tweets, la tête de liste des Républicains pour les élections européennes de 2019, François-Xavier Bellamy, appelle l'exécutif à « un peu d'humilité » et met en garde contre « l'orgueil du nouveau monde. »

2. Olivier Babeau, professeur d'université et président de l'Institut Sapiens, « Notre-Dame court le risque d'être confisquée par notre siècle », tribune, *Le Figaro*, 18 avril 2019.

3. François Chatillon, architecte en chef des monuments historiques, *Libération*, 20 avril 2019.

4. Didier Rykner juge « indigne[s] » ceux « qui veulent se réapproprier le patrimoine », qui « [veulent] leur part du gâteau » et « veulent apposer leur propre marque », *L'Obs*, 18 avril 2019.

5. Sébastien Chenu (RN), 10 mai 2019.

Babeau craint que la rénovation ne constitue le « faux-nez d'une volonté plus pernicieuse de profiter des travaux pour stériliser ce symbole gênant d'une époque que l'on veut oublier » et « transforme le témoin d'un passé haï en une célébration de l'ordre nouveau »[1].

Cependant la valeur d'ancienneté n'est pas monopolisée que par la droite : on la trouve aussi à l'extrême gauche, opposée en l'occurrence au projet gouvernemental. Ainsi la députée LFI Clémentine Autain, lors de la séance du 10 mai, qui se demande :

> comment [on pourrait] mieux incarner ces techniques et enjeux de notre époque qu'en respectant des règles façonnées par des siècles de pratique [...] Sauf à considérer que la médiocrité et la primauté de l'économie sur le patrimoine constituent des « enjeux de notre époque » – mais peut-être ne vivons-nous pas dans la même[2].

Et pour Marie-George Buffet, de la Gauche démocrate et républicaine, il s'agit « de bien faire, méthodiquement, efficacement, en se reposant sur les savoir-faire acquis depuis des siècles[3] ».

Dans le camp des novateurs, c'est bien sûr l'amplificateur par la nouveauté, propre au régime de singularité, qui sert d'appui pour faire valoir leur position. Mais Notre-Dame s'inscrit par sa nature même dans une logique patrimoniale, qui possède sa propre « couleur axiologique » ; et celle-ci privilégie par principe la valeur d'authenticité et l'amplificateur par l'ancienneté : ce pour quoi les novateurs ne pourront tenir bien longtemps dans le débat, en dépit d'un

1. *Le Figaro*, 18 avril 2019.
2. Clémentine Autain (LFI), 10 mai 2019.
3. Séance publique, Assemblée nationale, 2 juillet 2019.

démarrage foudroyant sous la protection du président de la République. Un dernier registre, mis en avant par leurs adversaires, achèvera de leur faire perdre la partie.

Le triomphe du juridique

Le contexte public du débat parlementaire incite les protagonistes à associer l'éthique et le juridique, tant ils ont intérêt à convaincre deux auditoires différents en mobilisant deux registres de valeurs distincts, l'un généraliste, l'autre spécialisé : « Ce qui est essentiel, avance le sénateur communiste Pierre Ouzoulias, c'est que le Parlement fasse respecter des principes d'éthique que nous défendons avec force à l'échelle internationale[1]. » Or ces principes « éthiques » sont, de fait, les principes juridiques relevant du droit patrimonial. Et celui-ci est mobilisé par un seul camp : celui des partisans d'une reconstruction de la flèche à l'identique.

Du fait qu'ils exigent une certaine expertise, les arguments juridiques émanent essentiellement des fonctionnaires du patrimoine, des architectes en chef des monuments historiques et d'experts en droit du patrimoine. Ainsi Maryvonne de Saint-Pulgent rappelle que « les procédures de patrimoine ne sont pas des procédures de construction d'œuvre, moi je suis tout à fait d'accord pour dire qu'on fait ce qu'on veut dans une construction d'œuvre mais ce n'est pas le cas ici[2] ». Une tribune d'experts proteste contre

1. Pierre Ouzoulias, première séance, Sénat, première lecture.

2. Citée dans le « billet politique » de Stéphane Robert, « La politique est dans la flèche », France Culture, 19 avril 2019.

l'annonce par Emmanuel Macron d'un « geste contemporain » en invoquant la charte de Venise[1]. Puis l'architecte en chef des monuments historiques chargé de Notre-Dame argue à son tour de la charte de Venise pour défendre une reconstruction à l'identique de la flèche[2], ce dont se félicitent des acteurs et témoins informés du milieu, comme l'association Restaurons Notre-Dame, qui invoque également la « déontologie du patrimoine culturel mondial[3] », ou encore Didier Rykner, journaliste et historien de l'art, rédacteur en chef de *La Tribune de l'art*, soucieux que le chantier respecte les « principes de la restauration des monuments historiques, le code du patrimoine et les engagements internationaux de la France lors du classement des rives de la Seine patrimoine mondial de l'Unesco[4] ». En mai déjà l'auteur détaillait sur son site, pour le ministre de la Culture, « Ce que dit la charte de Venise (petit cours à l'usage de Franck Riester) » pour justifier une reconstruction à l'identique[5].

Des architectes se font eux aussi l'écho de cette déontologie juridique, tel Jean Nouvel invoquant « la charte de Venise [qui] dit qu'il faut garder la lecture de ce qui est là, la lecture des différentes époques[6] ». Dans un commentaire à un article publié le 16 mai sur *The-Conversation*, un autre architecte, François Braize, précise avec fermeté :

1. *Figaro Vox*, 28 avril 2019. Voir dans ce volume l'intermède n° 9.
2. Entretien au *Figaro*, 4 juin 2019.
3. 10 juillet 2020. Voir https://www.restauronsnotredame.org/post/la-fl%C3%A8che-et-la-charpente-bois-de-notre-dame-seront-restaur%C3%A9es-%C3%A0-l-identique
4. Didier Rykner, « Clochemerle à Notre-Dame » par *La Tribune de l'art*, 17 novembre 2019.
5. *La Tribune de l'art*, 10 mai 2019.
6. *Les Matins de France Culture*, 19 avril 2019.

> Nos conceptions en matière de monuments historiques ne sont pas celles des concepteurs et bâtisseurs de cathédrales qui n'avaient que le souci du divin. Il est donc vain de se référer à eux en oubliant la doctrine des monuments historiques et la charte de Venise qui sont l'une et l'autre des engagements de notre pays et de nombreux autres États modernes. Il ne s'agit donc pas d'une simple opinion individuelle dont on peut discuter ou que l'on peut méconnaître ou passer sous silence, mais de fait et de droit. Ce qui en démocratie n'est pas négligeable, même si ça peut l'être sur les réseaux sociaux ou au café du commerce !

Le juridique associé au civique : dans l'arène parlementaire, c'est là un cocktail d'une redoutable efficacité, qui ne va pas tarder à faire son effet. Au Sénat comme à l'Assemblée nationale, en séance publique aussi bien qu'en commission, la charte de Venise de 1964 sera amplement convoquée, citée dans le détail de ses articles, réaffirmée par les défenseurs d'une restauration fidèle au « dernier état visuel connu », selon les termes consacrés – un député proposera même un amendement complétant le projet de loi de restauration de Notre-Dame par une référence « aux termes de la charte de Venise[1] ».

C'est ainsi que la querelle prendra fin, avec le vote de la loi Notre-Dame élaborée en juillet 2019[2]. La référence commune au registre pur, à travers les valeurs d'authenticité et d'intégrité, n'a pas permis de rapprocher les trois parties en raison des différences de définition de leur objet, et les registres esthétique, opératoire et éthique se sont avérés trop

1. Jean-Louis Thiériot (LR).

2. Voir dans ce volume le chapitre de Jacques de La Porte des Vaux, « Les soubassements axiologiques d'une loi d'exception ».

ambigus ou insuffisamment pertinents pour étayer une argumentation convaincante. Dans ces conditions, seul le recours au juridique permet de refermer le débat non sur une conviction commune, mais sur une décision qui s'impose à tous.

De l'exotérique à l'ésotérique

Dans des contextes ouverts comme ceux de la presse généraliste, de la télévision ou de la radio, les acteurs mobilisent en premier lieu des arguments exotériques, assimilables immédiatement par tous, sollicitant prioritairement l'opinion des individus. Mais à mesure que le contexte se referme et se particularise, comme dans le cas de la presse spécialisée, des discussions d'experts ou encore des débats parlementaires (et encore faudrait-il distinguer entre les discussions en séances publiques et celles en commission, ainsi qu'entre les débats à l'Assemblée nationale et au Sénat), les acteurs convoquent plutôt des arguments ésotériques, mobilisant prioritairement le savoir des acteurs. Dans ces arènes davantage spécialisées, les arguments techniques, juridiques, épistémiques ou encore opératoires sont plus volontiers employés par des agents informés et à destination d'un public initié, plus restreint[1]. Entre ces deux pôles – ouvert et fermé, opinion et savoir, exotérique et ésotérique –, tout un nuancier argumentatif se déploie. Et dans un contexte semi-ouvert tel que celui des débats parlementaires, régi à la fois par « le savant et le politique », les acteurs emploient à la fois des arguments

1. Comme on le voit dans les débats à propos de la charpente. Voir dans ce volume le chapitre de Quentin Mazel, « Le béton, l'acier, le bois ».

mobilisant une forme d'expertise et des arguments convoquant des opinions, les premiers étant d'un accès plus réservé que les seconds.

Or c'est, finalement, le pôle ésotérique qui l'aura emporté, car l'argument juridique semble seul en mesure de trancher en présence de logiques argumentaires incompatibles mais chacune fortement étayée, dans un débat troublé par le statut foncièrement double de la flèche : nouvelle et donc inauthentique aux yeux des puristes du patrimoine, intégrée au paysage parisien et patrimonialisée par près de deux siècles d'histoire aux yeux des partisans du respect des règles. La flèche oppose donc moins des « Anciens » et des « Modernes », ou des « progressistes » et des « conservateurs », que différentes manières de se revendiquer de l'un ou l'autre camp. Faut-il conserver le patrimoine matériel de la cathédrale ou simplement ce patrimoine immatériel qu'est sa fonction cultuelle, qui se passe fort bien d'une flèche ? Et s'il faut conserver le patrimoine matériel, quel en est le périmètre physique (dernier état connu avant l'incendie, ou avant l'ajout du XIXe siècle) ? Le respect de l'authenticité doit-il s'arrêter aux pierres, ou bien inclure le processus de construction et donc le « geste » architectural ? Et si l'on entend défendre la « modernité », s'agit-il de la modernité de l'architecture néogothique ou de la modernité d'une construction contemporaine ? Les mêmes valeurs peuvent être mobilisées au profit de choix très différents voire opposés, car encore faut-il s'entendre sur les objets qu'elles qualifient et sur les contextes où elles interviennent. Face à cette remarquable malléabilité des valeurs, seul le droit permet d'arrêter cette controverse – même s'il n'a pas le pouvoir de convaincre, car encore faut-il pour cela qu'il soit lui-même considéré comme une valeur…

Intermède n° 7

« Monsieur le Président »

(Tribune d'experts, *FigaroVox*, 28 avril 2019)

Publiée après l'annonce par le président de la République que tout serait mis en œuvre pour une reconstruction à bref délai, cette tribune d'experts du patrimoine opère moins sur le mode évaluatif (car il ne s'agit plus de réaffirmer la grandeur de Notre-Dame) que sur celui, descriptif, de l'explicitation des règles gouvernant la restauration patrimoniale et celui, prescriptif, de l'objurgation de respect de ces règles adressée au Président.

Le style est donc plutôt sobre, comme il convient à des personnalités qui s'expriment en vertu non de leur opinion personnelle ou de leur émotion mais d'un savoir objectif dont ils sont les dépositaires. Le niveau des valeurs ne fait souvent qu'affleurer, et il faut la familiarité avec la culture à laquelle nous appartenons tous pour décoder, derrière telle formule apparemment neutre, son axiologie sous-jacente. Celle-ci se déplace en outre sur différents objets : non seulement la cathédrale victime du sinistre (porteuse de savoir-faire techniques et d'authenticité, amplifiés par l'ancienneté et l'universalité) ; mais aussi les règles qu'il s'agit de mettre en avant (engageant le registre juridique des règlements, le registre épistémique du savoir et le registre éthique de l'obligation) ; la politique qu'il convient d'appliquer (en l'arrachant aux contraintes financières propres au registre économique, aux tentations d'affichage à court terme propres au registre réputationnel, et aux risques d'un geste architectural qui mettrait la technique au service de la vaine gloire) ; et, enfin, le pays tout entier (registre civique, amplifié par la position pionnière de la France).

Le message est donc clair : s'agissant d'un monument d'une telle grandeur, combinant universalité et ancienneté, il ne faut pas céder à la tentation à court terme et à courte vue d'une annonce politique et d'une démonstration de savoir-faire, mais il faut respecter les règles instaurées par les experts, et qui elles-mêmes témoignent de notre sens des responsabilités patrimoniales ainsi que de la grandeur de la France.

Le juridique, l'épistémique, l'éthique et le civique se combinent ainsi dans l'argumentaire pour faire des règles internationalement admises l'objet principal de la valorisation. Et l'argument civique se trouve déplacé de l'efficacité de l'action politique du Président au rôle de la France dans l'histoire patrimoniale : l'accent mis sur le registre épistémique de l'expertise, loin d'entrer en concurrence avec le registre civique, l'associe au registre juridique du respect des règles issues du monde scientifique, et d'autant plus impératives qu'elles furent portées initialement par la France.

Il faut toutefois savoir entendre aussi les non-dits d'un texte pour en mesurer tout le spectre axiologique. Ici, l'absence remarquable de toute référence au registre mystique de la spiritualité, du culte ou de la transcendance indique que les signataires entendent ne traiter de cet objet que dans sa dimension de monument historique, à l'exclusion de son autre dimension qu'est celle du lieu de culte. Dans la double ontologie qui est celle de Notre-Dame de Paris – un haut lieu du catholicisme, un haut lieu patrimonial –, les experts ont à l'évidence choisi d'ignorer la première, beaucoup plus ancienne mais gouvernée par le seul droit canon, au bénéfice de la seconde, gouvernée par la législation de la République et les règlements internationaux en matière de patrimoine, bien postérieurs mais qui ont aujourd'hui force de loi. Autant dire qu'autour de Notre-Dame de Paris sinistrée se rejouent concrètement, plus d'un siècle après, les conséquences de la loi de séparation des Églises et de l'État.

N. H.

*

Monsieur le Président,

Au soir du 15 avril, les regards du monde entier se sont tournés vers Notre-Dame de Paris embrasée, rappelant combien ce monument n'est pas que celui des catholiques, des Parisiens, des Français ou même des Européens, mais un de ces édifices que le génie de ses bâtisseurs successifs a légué à l'humanité [TECHNIQUE ; amplificateurs = UNIVERSALITÉ + ANCIENNETÉ]. *La France s'est dotée très tôt, en partie sous l'influence du brûlant roman de Victor Hugo* [ESTHÉTIQUE] *qui sonna comme un plaidoyer pour la cathédrale parisienne, d'une législation* [JURIDIQUE] *visant non seulement à la protection des monuments historiques, mais aussi, à prévoir un cadre d'action lorsqu'ils ont été mutilés par les ravages du temps ou des hommes. Dès 1862, le gouvernement a choisi de placer la cathédrale parisienne, alors en cours de restauration, sous la protection de cette législation* [JURIDIQUE]. *Plus d'un siècle plus tard, c'est encore sous l'impulsion de la France, entre autres, que l'Unesco choisit de mettre en place une liste du patrimoine mondial de l'humanité, assortie de critères de protection précis. En 1991, la France a demandé et obtenu l'inscription sur cette liste des rives de la Seine à Paris, s'appuyant notamment sur la présence, en leur cœur, de Notre-Dame de Paris et plus largement sur l'existence d'une perspective qui s'était constituée entre le Moyen Âge et le début du* XXe *siècle* [PUR ; amplificateur = PÉRENNITÉ-ANCIENNETÉ], *protégée en tant que telle.*

Une telle protection ne saurait exister sans une déontologie [ÉTHIQUE + JURIDIQUE] *qui s'impose à tous ceux qui œuvrent à l'entretien, à la conservation et à la restauration de ces monuments. Là encore, la France fait figure de pionnière* [CIVIQUE ; amplificateur = ORIGINALITÉ], *notamment grâce aux réflexions de Jean-Baptiste Lassus et d'Eugène Viollet-le-Duc, élaborées autour de leur pratique dans l'Île de la Cité, à la Sainte-Chapelle et à Notre-Dame. Cette déontologie, évidemment, a évolué. Elle a abouti à la charte de Venise en 1964, complétée par le document de Nara en 1994, qui fixent un cadre internationalement reconnu* [amplificateur = UNIVERSALITÉ] *aux interventions sur les monuments, tant pour les opérations de conservation que de restauration ou de reconstruction partielle.*

Dans toute cette histoire, la France a longtemps joué un rôle moteur [CIVIQUE ; amplificateur = ORIGINALITÉ], *s'appuyant sur des institutions d'excellence formant les spécialistes de la protection, reconnues internationalement et attirant des étudiants du monde entier (École de Chaillot, Institut national du patrimoine, formations universitaires* [ÉPISTÉMIQUE], *compagnonnage aussi, aujourd'hui inscrit, à la demande de la France, sur la liste du patrimoine immatériel de l'humanité). Ce n'est pas un hasard si le siège du Conseil International des Monuments et des Sites se trouve à Paris. Cette excellence de la France* [CIVIQUE] *dans le domaine patrimonial, on en a encore vu la preuve dans l'intervention exemplaire des pompiers dont l'action a permis d'éviter un désastre bien pire* [ÉTHIQUE + OPÉRATOIRE], *et dans les actions qui ont permis de consolider dans l'urgence la cathédrale et d'en évacuer l'essentiel des œuvres déplaçables au cours de la semaine. Nous avons tous conscience d'avoir échappé à un désastre majeur, celui de l'effondrement de la cathédrale et de la disparition avec elle des 850 ans d'histoire qu'elle conserve* [cathédrale = bien ; amplificateur = PÉRENNITÉ-ANCIENNETÉ].

Malheureusement, cette excellence a aussi été quelque peu oubliée par les gouvernements précédents, et avec elle l'investissement national dans la sauvegarde du patrimoine [ÉCONOMIQUE + CIVIQUE] : *comme le montre le rapport du Sénat sur le projet de loi de finances pour 2019, les crédits de paiements affectés à l'entretien des Monuments historiques, hors grands projets, ont diminué, en euros courants, de 2010 à 2012, avant de se stabiliser, toujours en euros courants, depuis 2013. Depuis longtemps, pourtant, les alertes se multiplient sur l'insuffisance criante de ces budgets, obligeant à privilégier des travaux d'urgence, tels ceux qui se déroulaient à Notre-Dame, plutôt qu'une approche véritablement planifiée.*

Aujourd'hui, le drame est là, et il nous dépasse tous. Notre-Dame de Paris n'est pas qu'une cathédrale, pas que l'un des monuments majeurs de l'architecture européenne. C'est l'un des monuments autour duquel, pendant près de deux siècles, se sont constituées la protection et la déontologie françaises et mondiales des Monuments historiques [JURIDIQUE + ÉPISTÉMIQUE + ÉTHIQUE]. *L'émotion qui l'a entouré a montré combien ce drame était mondial, il nous reste à en percevoir toute la portée historique.*

C'est pour cela que nous, universitaires, chercheurs et professionnels du patrimoine, de France et d'ailleurs, nous permettons de nous adresser à vous aujourd'hui, Monsieur le Président, pour vous demander, comme l'a si bien dit Jean Nouvel, de « laisser le temps du diagnostic aux historiens et aux experts avant de [vous] prononcer sur l'avenir du monument » [ÉPISTÉMIQUE]. *Nous savons que le calendrier politique demande d'agir vite, nous savons combien une Notre-Dame mutilée pèse sur l'image de la France* [RÉPUTATIONNEL + CIVIQUE]. *Néanmoins, ce qui va se passer à Notre-Dame dans les années à venir nous engage, tous, bien au-delà de ce calendrier. L'enjeu de ces travaux dépassera les mandats politiques comme les générations, et c'est à leur aune que nous serons jugés* [ÉTHIQUE ; amplificateur = PÉRENNITÉ].

Aussi ne venons-nous pas vers vous pour préconiser telle ou telle solution. C'est trop tôt. Que pourra-t-on faire ou ne pas faire, quels choix seront possibles ? Nous ne pouvons apporter de réponse à ce jour. Cela dépend de contraintes techniques qui sont fonction de l'état du bâtiment. Mais ces choix doivent aussi se faire dans le respect de ce qu'est Notre-Dame [PUR], *plus qu'une cathédrale parmi d'autres, plus qu'un monument historique parmi d'autres, en ayant une approche scrupuleuse, réfléchie, de la déontologie* [JURIDIQUE + ÉPISTÉMIQUE + ÉTHIQUE]. *L'histoire de Notre-Dame de Paris fait que l'ampleur de l'incendie dépasse ses seules conséquences matérielles. Vous avez déclaré, Monsieur le Président, vouloir restaurer Notre-Dame. C'est notre souhait à tous, mais pour ce faire, n'effaçons pas la complexité de la pensée* [ÉPISTÉMIQUE] *qui doit entourer ce chantier derrière un affichage d'efficacité* [OPÉRATOIRE]. *Prenons le temps du diagnostic. L'exécutif ne peut se passer d'écouter les experts, la France en forme parmi les meilleurs du monde et nombre de ceux-ci se trouvent dans votre administration, au ministère de la Culture* [ÉPISTÉMIQUE

+ CIVIQUE]. *Sachons reconnaître leur expertise, prenons le temps de trouver le bon chemin et alors, oui, alors fixons un délai ambitieux pour une restauration exemplaire non seulement pour le présent, mais aussi pour les générations à venir* [amplificateur = PÉRENNITÉ].

L'excellence des savoir-faire des artisans et entreprises de France, leur expérience, celles de ses architectes [TECHNIQUE], *l'expertise de ses conservateurs, de ses historiens* [ÉPISTÉMIQUE], *sont mondialement reconnues* [amplificateur = UNIVERSALITÉ]. *La place à part de la cathédrale a attiré, à travers le monde, l'attention des universitaires et de nombreux programmes de recherche dont les résultats sont aujourd'hui à notre disposition* [ÉPISTÉMIQUE]. *Ces ressources françaises et internationales mettent les meilleures chances du côté de la France* [CIVIQUE] *pour rétablir Notre-Dame dans sa dignité de symbole* [HERMÉNEUTIQUE]. *Sachons les écouter. Faisons-leur confiance, faites-leur confiance, sans retard mais sans précipitation. Le monde nous regarde* [RÉPUTATIONNEL ; amplificateur = UNIVERSALITÉ].

Aujourd'hui, il ne s'agit pas d'un geste d'architecture [RÉPUTATIONNEL + TECHNIQUE ; RÉGIME DE SINGULARITÉ] *mais de millions de gestes, humbles et experts* [UNIVERSALITÉ ; RÉGIME DE COMMUNAUTÉ], *gouvernés par la science et le savoir* [ÉPISTÉMIQUE], *dans le cadre d'une politique patrimoniale renouvelée, ambitieuse et volontariste* [CIVIQUE + OPÉRATOIRE], *soucieuse de chaque monument, qui redonnera à la cathédrale d'Hugo, de Viollet-le-Duc, la nôtre, la vôtre* [CIVIQUE], *sa place et sa fonction dans l'histoire et dans l'avenir* [amplificateur = PÉRENNITÉ].

Chapitre 8

Les soubassements axiologiques d'une loi d'exception

Jacques de La Porte des Vaux

L'incendie de la cathédrale Notre-Dame de Paris a très rapidement fait l'objet d'une juridicisation[1]. Ce processus est la conséquence directe d'une volonté politique éminente : non content d'avoir affirmé, au lendemain de l'incendie, vouloir rebâtir la cathédrale « plus belle encore » et que cela « soit achevé d'ici cinq années »[2], le président de la République Emmanuel Macron a fait part dès le 17 avril 2019 de son intention de soumettre au Parlement un projet de loi visant à la restauration et à la conservation de la cathédrale. Trois jours seulement après l'incendie, le projet a été soumis au Conseil d'État qui, dans sa formation consultative, a émis un avis le 23 avril 2019 validant dans sa globalité le texte gouvernemental[3]. Après sa présentation lors du conseil des ministres du mercredi 24 avril par le ministre de la Culture Franck Riester et le ministre de l'Action et des Comptes publics Gérald Darmanin, ce projet de loi a été enregistré

1. Cette notion peut se définir comme le processus conduisant à « une formalisation juridique accrue des relations sociales, une extension du droit comme modèle et référence pratique pour les actions, ou, pour filer la métaphore de Bruno Latour, un resserrement des mailles du filet qu'est le droit » (J. Pélisse, « Judiciarisation ou juridicisation ? Usages et réappropriations du droit dans les conflits du travail », *Politix*, 86/2, 2009, p. 76).
2. Adresse du président de la République à la Nation, 16 avril 2019.
3. CE, avis, 23 avril 2019, n° 397683.

le même jour à la présidence de l'Assemblée nationale[1]. Puis son examen par les deux chambres du Parlement a fait l'objet d'une procédure accélérée. Fruit d'un « temps légistique record[2] », la loi du 29 juillet 2019 vise ainsi à encadrer le financement par souscription nationale des travaux à effectuer et précise leur mise en œuvre[3].

Certains juristes ont critiqué cette instrumentalisation de la loi en ce qu'elle serait une réponse immédiate à un « fait divers émotif[4] ». En outre, le contenu même de la loi a fait l'objet d'un certain nombre de critiques car il déroge dans une large mesure au droit commun[5]. En effet, la logique sous-jacente du Gouvernement dans ce projet de loi est de pouvoir légiférer par ordonnances[6] à partir desquelles pourront être prévues des adaptations et des dérogations aux procédures de droit commun en matière d'urbanisme, d'environnement, de construction et de préservation du patrimoine

1. Projet de loi pour la restauration et la conservation de la cathédrale Notre-Dame de Paris et instituant une souscription nationale à cet effet, n° 1881, 24 avril 2019.

2. M. Cornu, « Le temps du droit, le temps des pierres. À propos de Notre-Dame de Paris, le roman législatif (1/2) », *Droit & Société*, 9 septembre 2019.

3. Loi n° 2019-803 du 29 juillet 2019 pour la conservation et la restauration de la cathédrale Notre-Dame de Paris et instituant une souscription nationale à cet effet, *JORF* n° 0175 du 30 juillet 2019, texte n° 1.

4. B. Plessix, « Déroger pour mieux protéger ? », *Dr. adm.*, 6, 2019, p. 1-2.

5. Voir par exemple : G. Eckert, « Notre-Dame de Paris : de l'émotion à l'exception », *Contrats-Marchés publics*, 6, 2019, p. 1-2 ; E. Lutfalla, « Notre-Dame, une loi d'exception pour un monument d'exception ? », *La Gazette du Palais*, 31, 2019, p. 12-15 ; P. Noual, « Notre-Dame du Droit. Loi d'exception pour patrimoine d'exception », *JCP A*, 35, 2019, p. 2-4 ; B. Plessix, « Déroger pour mieux protéger ? », art. cité.

6. Légiférer par ordonnances est souvent perçu comme un gage de rapidité, permettant notamment de se passer de la navette parlementaire car le Gouvernement est habilité à prendre des mesures qui relèvent du domaine de loi. Voir l'article 38 de la Constitution.

ou encore de voirie et de transport, de commande publique et enfin de domanialité publique. Même si le champ des habilitations et des dérogations a été relativement borné par les parlementaires lors de l'examen du projet de loi, il reste que le texte adopté comprend encore des dispositions d'exception.

Les limites d'un corpus

Notre étude porte sur la délibération parlementaire précédant l'adoption de la loi relative à Notre-Dame de Paris[1]. Cette délibération se matérialise dans les débats ayant eu lieu au sein des deux chambres – l'Assemblée nationale et le Sénat – lors de l'examen du texte en commission et durant les séances publiques, du 29 avril 2019 au 16 juillet 2019. Elle fait intervenir plusieurs acteurs : les députés et les sénateurs mais aussi le Gouvernement, en la personne du ministre de la Culture. Ce moment, *a priori* délibératif, est classiquement considéré comme celui de la fabrique de la loi. On peut postuler que les débats parlementaires

1. Au sens où la délibération parlementaire peut être entendue « comme un agrégat compromissoire d'intérêts antagonistes » (M. Milet, « Pour une sociologie législative du pouvoir des parlementaires en France », *RFAP*, 135/3, 2010, p. 602). Par ailleurs, l'une des vertus de la délibération parlementaire est de « résoudre, dans le consensus, un conflit entre des valeurs divergentes et également légitimes » (C. Viktorovitch, « Les pépites délibératives au creux du tamis parlementaire. L'exemple du projet de loi de réforme des collectivités territoriales », *in* C. de Galembert, O. Rozenberg, C. Vigour (dir.), *Faire parler le Parlement. Méthodes et enjeux de l'analyse des débats parlementaires pour les sciences sociales*, Paris, LGDJ, coll. « Recherches et Travaux du réseau européen Droit et Société à la Fondation Maison des sciences de l'homme », 27, 2013, p. 186.

sont véritablement délibératifs, au sens où ils permettent d'aboutir à une décision collective au terme d'un processus éclairé d'échanges fondé sur l'écoute, le raisonnement et la conviction par le meilleur argument[1]. Ces échanges laisseraient se déployer des argumentaires fondés sur des jugements de valeur pour appréhender l'objet à juridiciser dans sa dimension axiologique. Mais trois séries d'éléments tempérant ce postulat doivent être prises en compte.

Tout d'abord, la procédure même d'élaboration de la loi conditionne les débats et influe largement sur leur caractère délibératif car « les contraintes de temps et les modalités de prise de parole confèrent aux débats parlementaires un caractère ritualisé et rigide[2] ». En outre, d'autres règles viennent encadrer le travail en commissions et le dépôt d'amendements.

Ensuite, des facteurs politiques viennent limiter l'aspect délibératif des échanges. Le fait majoritaire, la discipline de vote ou encore les prises de parole à des fins strictement partisanes et utilitaires[3] en sont les principales manifestations. Ainsi, des convergences de positions se remarquent en fonction de la couleur politique des acteurs. En l'espèce, la position du Gouvernement se dévoile en particulier dans

1. C. Viktorovitch, « Les pépites délibératives », art. cité, p. 172 : « L'œuvre fondatrice de Jürgen Habermas continue probablement de constituer la perspective la plus exigeante. La délibération y est conçue comme une discussion au sein de laquelle les interlocuteurs prennent deux engagements : justifier d'une part chacune de leurs prises de position, accepter d'autre part de se laisser convaincre par les arguments qui apparaîtraient les plus solides. »

2. B. E. Rasch, « Débats législatifs et délibération démocratique dans les systèmes parlementaires », *in* C. de Galembert, O. Rozenberg, C. Vigour (dir.), *Faire parler le Parlement*, *op. cit.*, p. 156.

3. O. Rozenberg, « Laissez parler le Parlement ! Les débats parlementaires comme réponses fragiles à des problèmes politiques majeurs », *ibid.*, p. 303.

l'exposé des motifs du projet de loi et, de façon plus précise, lors des interventions du ministre de la Culture en séances publiques devant les deux chambres, où il s'érige en défenseur du projet de loi, de sa nécessité et de la pertinence des mesures qu'il prévoit. La majorité des députés est, quant à elle, acquise à la cause gouvernementale. Les partis d'opposition quant à eux adoptent des positions qui divergent plus ou moins de celle de la majorité. En revanche, les débats entre les sénateurs, dont la majorité n'est pas du même parti que celle du Gouvernement, sont intéressants à plus d'un titre.

Une dernière limite enfin tient à la nature de la ressource analysée. Même si les comptes rendus écrits des débats – corpus public[1] – constituent une source majeure pour étudier de l'intérieur le processus d'élaboration de la loi, il n'en demeure pas moins que le caractère écrit de la ressource – transcription exhaustive des propos tenus lors des travaux en commissions et des échanges en séance publique – ne permet pas de saisir la part d'oralité et les postures corporelles des acteurs. Cette ressource ne rend pas compte non plus des jeux d'influence et des transactions en coulisse entre les parlementaires.

En croisant, dans la mesure du possible, les approches chronologique et thématique, on va voir qu'au terme d'une identification linéaire des actes de langage dans lesquels une valeur est attribuée à la cathédrale ou dans lesquels des registres de valeurs sont utilisés par les acteurs, une dynamique de fond apparaît. Malgré un consensus axiologique sur la valeur de l'objet à protéger par une loi,

1. http://www.assemblee-nationale.fr/dyn/15/dossiers/souscription_nationale_restauration_notre-dame_paris ; https://www.senat.fr/dossier-legislatif/pjl18-492.html

des divergences axiologiques existent sur le contenu même de la loi à adopter. Toutefois, ces divergences seront résolues et n'apparaîtront pas dans le texte de loi voté en dernière lecture par l'Assemblée nationale.

Un consensus axiologique sur la valeur de l'objet à protéger

Outre la mobilisation de registres de valeurs faisant appel au ressenti collectif transcendant l'appartenance politique des acteurs de l'élaboration de la loi[1], la personnification de la cathédrale Notre-Dame de Paris, en plus d'alimenter l'émotion collective, constitue un moyen légitimant l'adoption d'une norme spéciale à son égard et révèle clairement l'existence d'un consensus axiologique.

De nombreux parlementaires ont assimilé Notre-Dame à une personne pour introduire leurs discours. Ce recours à la métaphore de « l'objet-personne[2] » se repère par l'emploi d'un champ lexical particulier, tout d'abord dans la bouche de différents députés. Lors de la première séance publique du

1. Voir par exemple D. Obono (La France insoumise), troisième séance du 10 mai 2019, *JO Débats-Assemblée nationale*, 11 mai 2019, n° 50, p. 4293 : « Il est pourtant rare de voir, à l'Assemblée nationale, toutes les sensibilités partager à ce point, et de manière tout à fait sincère, la volonté de participer à un travail commun de reconstruction [...] » ; J.-P. Leleux (Les Républicains), séance du 27 mai 2019, *JO Débats-Sénat*, 28 mai 2019, n° 48, p. 7478 : « Le Sénat, vous le savez, monsieur le ministre, a toujours manifesté une grande vigilance sur les sujets patrimoniaux, à la recherche d'un consensus sur toutes les travées, estimant que l'héritage commun que nous avons entre les mains devait échapper aux combats politiciens et partisans. »

2. Nathalie Heinich, « Les objets-personnes. Fétiches, reliques et œuvres d'art », *Sociologie de l'art*, 6, 1993, p. 25-56.

10 mai 2019, on affirme ainsi que « Notre-Dame de Paris a rarement été aussi vivante qu'aujourd'hui », que l'incendie « fut comme une blessure qui rappelle d'un coup au corps l'existence d'un membre »[1]. La cathédrale est également conçue comme « le cœur vibrant de la France[2] ». D'autres soulignent que, puisque Notre-Dame « nous survivra », il est « important de respecter à la fois sa silhouette originelle et sa destinée »[3]. D'autres encore s'attachent à comparer Notre-Dame de Paris à « un grand malade dont on mesure à chaque instant les constantes vitales[4] ». Ce champ lexical médical est aussi employé par une autre députée qui souligne que « la réalité, trop stupéfiante pour ne pas la regarder, nous contraignit à dévisager longuement Notre-Dame rougissante, gangrenée par les flammes qui en engloutirent la charpente », avant que les pompiers ne mettent fin « à l'hémorragie dévastatrice » ; et de conclure ainsi : « Mais lorsque le jour se leva, lentement, le temps resta figé. À présent, une plaie béante éventre les deux tiers de la toiture »[5]. La personnification sert aussi à prévenir les parlementaires d'une élaboration trop irréfléchie de la loi : « La vieille dame nous impose de prendre le temps de la réflexion[6]. » En lecture définitive du projet de loi, le 16 juillet 2019, un député précise encore qu'il est nécessaire d'avoir une volonté commune de « faire renaître de ce terrible épisode l'âme et le corps de cet édifice[7] ».

1. C. Autain (La France insoumise), première séance du 10 mai 2019, *JO Débats-Assemblée nationale*, n° 50, 11 mai 2019, p. 4184.
2. E. Ménard (Rassemblement national), *ibid.*, p. 4203.
3. V. Boyer (Les Républicains), *ibid.*
4. C. Racon-Bouzon (La République En Marche), *ibid.*, p. 4190.
5. F. Dumas (Union des démocrates et des indépendants), *ibid.*, p. 4195.
6. M. Larive (La France insoumise), *ibid.*, p. 4196.
7. M. Victory (Parti socialiste), première séance du 16 juillet 2019, *JO Débats-Assemblée nationale*, n° 88, 17 juillet 2019, p. 7309.

Chez les sénateurs, la personnification est utilisée en premier lieu pour critiquer le projet de loi en ce qu'il ne serait que la réponse à la volonté présidentielle : « Une si grande dame ne mérite pas cela[1] ! » La personnification de la cathédrale constitue en second lieu un facteur d'explication de l'émotion collective ressentie chez les sénateurs : « Si beaucoup d'entre nous ont été affectés par l'incendie, c'est précisément parce que nous sommes nombreux à nous être approprié cette "dame aux multiples visages"[2]. »

Cette personnification de Notre-Dame de Paris est donc un marqueur fondamental d'attachement à l'édifice de la part des acteurs participant à l'élaboration de la loi. Transcendant les différences partisanes, il procède d'un « travail de particularisation susceptible de rendre un être insubstituable, non équivalent à un autre[3] », condition indispensable à la qualification d'objet-personne.

Si un réel consensus[4] se manifeste dans l'émotion ressentie par le législateur provoquée par l'incendie de la cathédrale Notre-Dame de Paris, des divergences axiologiques

1. D. Assouline (Parti socialiste), séance publique du 27 mai 2019, préc., p. 7471.

2. S. Robert (Parti socialiste), *ibid.*, p. 7478.

3. Nathalie Heinich, « Les objets-personnes », art. cité.

4. Il s'agit d'un consensus et non d'unanimité puisque certains parlementaires contestent la pertinence d'adopter une loi. Voir par exemple J.-L. Bourlanges (Mouvement Démocrate), troisième séance du 10 mai 2019, préc., p. 4259 : ce député, allié de la majorité, estime qu'il n'est pas nécessaire d'adopter une loi pour régir la situation, en particulier s'agissant du dispositif de financement, puisque des règles du droit commun existent déjà. À cet égard toujours, la position des Républicains est intéressante. B. Kuster (Les Républicains), troisième séance du 10 mai 2019, préc., p. 4292 : la députée conteste certaines dispositions de la loi mais refuse de voter contre. Ainsi s'abstient-elle. Elle affirme au nom de son parti : « Nous ne voulons pas voter contre ce projet de loi, car si nous savons qu'il est nécessaire de restaurer Notre-Dame, sa restauration ne se fera pas dans des conditions

s'expriment toutefois au moment des discussions relatives au contenu même de la loi, résultant de la mobilisation des valeurs-principes à partir desquelles sont appréciées les mesures envisagées. Trois points mettent particulièrement en lumière l'existence de ces divergences : la question du financement des travaux, celle des travaux à mener et enfin celle des moyens juridiques à mettre en œuvre pour encadrer et réaliser ces travaux.

Divergences relatives au financement des travaux

L'on sait que dès que l'incendie commença à se propager dangereusement les premiers dons affluèrent en direction de certaines institutions culturelles[1], prenant ensuite une grande ampleur pour atteindre 904 millions d'euros de promesses de dons sécurisées au 16 avril 2020[2]. L'un des objectifs du Gouvernement fut donc d'encadrer juridiquement ces versements, comme on le voit dans l'exposé des motifs du projet de loi :

---

acceptables. » À propos de cette abstention Jean-Louis Bourlanges considère qu'« elle est ridicule : s'il n'y a pas besoin d'une telle loi, il faut voter contre ».

1. Notamment le Centre des monuments nationaux, la Fondation Notre-Dame/Avenir du Patrimoine à Paris, la Fondation du patrimoine et la Fondation de France. Voir dans ce volume le chapitre rédigé par Franck Beuvier et Nathalie Heinich.

2. Article publié le 16 avril 2020 : https://www.lesechos.fr/industrie-services/services-conseils/notre-dame-les-promesses-de-904-millions-de-dons-ont-toutes-ete-securisees-1195538. Voir aussi Cour des comptes, Rapport public thématique, *La Conservation et la restauration de la cathédrale Notre-Dame de Paris*, septembre 2020.

Afin de marquer l'attachement de la Nation à la cathédrale Notre-Dame de Paris, le président de la République a annoncé le lancement d'une souscription nationale permettant à chacun, selon ses moyens, de participer au financement des travaux de restauration de l'édifice[1].

C'est sur les bancs de l'Assemblée nationale que ce type de financement va donner lieu à des critiques. Lors des deux premières séances publiques du 10 mai 2019 ainsi qu'à celle du 2 juillet 2019 en deuxième lecture du projet de loi, les députés de La France insoumise adoptent une position intéressante : « Si nous souhaitons que la reconstruction de la cathédrale soit le fait d'une solidarité nationale, celle-ci doit se faire par l'impôt, justement réparti et distribué[2]. » En ce sens, « c'est à l'État de financer cette reconstruction en s'appuyant sur la solidarité nationale, et cette solidarité doit se fonder sur la contribution, non sur la souscription. Seul l'impôt permet de financer ensemble, donc de "bâtir ensemble"[3] », et donc de consacrer « le monument comme bien commun[4] ». Par ailleurs, comme le relève l'un de ces députés, le système retenu ne peut être assimilé à des dons car « le don est le don et n'a donc pas besoin d'être récompensé. Au demeurant, les dons des donateurs qui ne paient pas d'impôt ne seront pas dégrevés, ce qui n'est pas juste[5] ». Fondée sur le fait

1. Projet de loi pour la restauration et la conservation de la cathédrale Notre-Dame de Paris et instituant une souscription nationale à cet effet, préc., p. 3.
2. C. Autain (La France insoumise), première séance publique du 10 mai 2019, préc., p. 4185.
3. M. Larive (La France insoumise), deuxième séance publique du 10 mai 2019, préc., p. 4243.
4. C. Autain (La France insoumise), première séance publique du 10 mai 2019, préc., p. 4185.
5. J.-L. Mélenchon (La France insoumise), première séance publique du 2 juillet 2019, préc., p. 6863.

que le mécanisme de financement retenu romprait l'égalité entre les citoyens, cette critique peut être interprétée sur le plan axiologique : implicitement ces députés font primer le registre civique – l'impôt citoyen – sur le registre éthique – le don individuel librement consenti, relevant de la charité. Ce clivage fondamental ne donnera pourtant pas lieu à un véritable débat : l'amendement proposé fut écarté sans argument apparent, hormis celui selon lequel le projet de loi ne vise pas à créer un nouvel impôt.

Par ailleurs, une incitation fiscale dérogatoire adossée à la souscription nationale est prévue dans le projet de loi pour encourager les dons : chaque don inférieur à 1 000 euros – et non à 537 euros[1] – ouvre droit à une réduction d'impôt égale à 75 % de la somme versée, le taux de droit commun de 66 % restant applicable au-delà de ce montant. Mais en deuxième lecture du projet de loi, la commission des finances de l'Assemblée nationale supprima l'article prévoyant cette mesure[2] : suppression justifiée par la différence de traitement entre les donateurs puisque ceux donnant pour la restauration de la cathédrale Notre-Dame de Paris bénéficieraient d'un avantage fiscal plus important que ceux donnant à une autre cause caritative – ce qui confirme au passage le statut d'objet-personne accordé au bénéficiaire du don, à savoir la cathédrale, placée sur le même plan que les personnes les plus démunies[3].

1. En application de l'article 200 du code général des impôts dans sa version au 25 juin 2019.

2. Avis présenté au nom de la commission des finances, de l'économie générale et du contrôle budgétaire, en nouvelle lecture, sur le projet de loi, modifié par le Sénat, pour la conservation et la restauration de la cathédrale Notre-Dame de Paris et instituant une souscription nationale à cet effet, n° 2072, 25 juin 2019, par M.-A. Magne, en particulier p. 25-27.

3. C. de Courson (Union des démocrates, radicaux et libéraux), *ibid.*, p. 25 : « Jusqu'à présent, un tel taux de 75 % n'est, pour l'essentiel, appliqué

Si les députés critiquant ce mécanisme de financement n'appuient pas davantage leur position, la majorité gouvernementale non plus ne justifie pas concrètement la différence de traitement projetée si ce n'est par l'urgence de la situation et le caractère exceptionnel du fait[1]. *In fine*, le dispositif initial sera repris en séance publique le 2 juillet 2019 lors de la deuxième lecture du projet de loi à l'Assemblée nationale[2] à l'issue d'un débat peu délibératif[3], alors même que, fondamentalement, la différence de traitement repose sur le choix d'accorder plus de valeur à la cathédrale qu'à une autre cause caritative, humanitaire ou sociale.

– c'est ce qu'on appelle l'amendement “Coluche” – qu'aux dons effectués au profit d'organismes sans but lucratif qui fournissent gratuitement une aide aux personnes en difficulté, sous la forme de repas, tels Les Restos du cœur ou SOS Bébé, etc., ou qui font du logement très social, et ce dans la limite d'un plafond de 536 euros » ; É. Coquerel (La France insoumise), *ibid.*, p. 26 : « Il est également compliqué d'assumer de favoriser la restauration de Notre-Dame de Paris plutôt que bien d'autres causes, comme les nouveaux Misérables, que sont les pauvres, par exemple » ; V. Rabault (Parti socialiste), *ibid.*, p. 27 : « Du point de vue des donateurs, les dons aux personnes les plus démunies sont traités moins favorablement que ceux pour la restauration de la cathédrale Notre-Dame de Paris. N'y-a-t-il pas là quelque chose qui peut donner le sentiment d'un problème de priorité ? »

1. Étude d'impact, projet de loi pour la restauration et la conservation de la cathédrale Notre-Dame de Paris et instituant une souscription nationale à cet effet, 23 avril 2019, p. 16 : « L'importance symbolique et historique de la cathédrale Notre-Dame de Paris et l'ampleur des dépenses de restauration occasionnées par le violent incendie intervenu le 15 avril 2019 nécessitent d'aller au-delà du dispositif d'incitation fiscale de droit commun. »

2. Deuxième séance du 2 juillet 2019, préc., p. 6907-6910.

3. Voir par exemple J.-P. Mattei (Mouvement démocrate), deuxième séance du 2 juillet 2019, préc., p. 6909 : « Si on ne peut plus, en tant que député, même de la majorité, émettre un avis qui ne soit pas conforme à celui initialement décidé, autant cesser de formuler la moindre remarque et aller se coucher rapidement. Le rôle du parlementaire est tout de même d'essayer de faire avancer le débat. »

Divergences relatives à l'orientation des travaux de restauration

Lors de la première lecture du texte à l'Assemblée nationale le 10 mai 2019 – après les travaux parlementaires effectués en commission –, la polarisation majoritaire des positions défend d'un côté l'incompétence du législateur pour se prononcer sur l'orientation des travaux et, de l'autre, la nécessité d'habiliter le Gouvernement à légiférer par ordonnances pour prévoir des dérogations au droit commun en matière d'archéologie préventive, de protection du patrimoine, environnementale, d'urbanisme, de commande publique, de domanialité publique ainsi que de voirie et de participation du public[1], afin que le chantier puisse être réalisé dans le délai de cinq ans fixé par le président de la République.

Certains députés prennent des positions tranchées en faveur de la restauration à l'identique, soutenue soit par les registres pur et herméneutique (« Nous ne souhaitons pas que, sous prétexte d'audace, de progrès et de modernité, la reconstruction ou certains gestes architecturaux nous emmènent trop loin. Nous sommes très attachés à ce que veut dire le patrimoine, au message qu'il porte[2] »), soit par

1. Article 9 du projet de loi pour la restauration et la conservation de la cathédrale Notre-Dame de Paris et instituant une souscription nationale à cet effet. Il faut aussi préciser que d'autres dispositions relatives à la mise en œuvre des travaux ont suscité une réaction méfiante des parlementaires, en particulier à propos de la création d'un établissement public spécialement prévu pour piloter les travaux dont la présidence serait assurée par Jean-Louis Georgelin.

2. C. Le Grip (Les Républicains), Rapport fait au nom de la commission des affaires culturelles et de l'éducation sur le projet de loi pour la

les registres civique et éthique (« Nous sommes la génération qui n'a pas su préserver Notre-Dame [...]. Cette culpabilité nous oblige[1] »), soit encore par les registres pur, herméneutique et mystique :

> Des hommes et des femmes y sont en prière tous les jours. Ainsi, à l'intérieur de ses murs, tout a un sens et tout est symbole : la moindre pierre ou pierre d'angle, la moindre statue, sur la flèche ou ailleurs. On ne dénature pas, on ne touche pas, on ne profane pas un lieu de culte, même si la foi peut effectivement se vivre sous n'importe quel ciel[2].

Mais c'est la position de neutralité qui regroupe une majorité de députés, de bords politiques différents (en particulier La République En Marche et le Parti socialiste) : selon eux, à l'instar de la position défendue par le Gouvernement[3], la compétence pour se prononcer sur l'orientation des travaux appartient davantage aux experts et aux architectes du patrimoine. Ils neutralisent ainsi les registres juridique et civique au profit des registres technique et épistémique, au sens où le savoir-faire et la connaissance doivent l'emporter sur la compétence du législateur : « La question de l'authenticité [...] n'est pas celle que nous devrions nous poser[4] » ; « Nous devons être vigilants et ne pas nous embarquer dans

---

conservation et la restauration de la cathédrale Notre-Dame de Paris et instituant une souscription nationale à cet effet, préc., p. 54.

1. V. Boyer (Les Républicains), deuxième séance du 10 mai 2019, préc., p. 4213.

2. A. Thill (La République En Marche), *ibid.*, p. 4212.

3. F. Riester (ministre de la Culture), *ibid.*, p. 4214 : « N'essayez donc pas de faire de la politique dans un débat qui doit absolument rester patrimonial [...] la décision entre une restauration à l'identique ou différente n'a pas encore été prise. [...] la décision n'est pas prise ; elle le sera le moment venu, une fois que les experts auront donné leurs avis. »

4. M. Victory (Parti socialiste), première séance du 10 mai 2019, préc., p. 4193.

un débat qui n'est pas du ressort du législateur, mais des experts et des architectes[1] » ; « De grâce, laissons aux gens de l'art, aux scientifiques, le soin de décider de ce qui doit être fait pour le bien du monument[2] » ; « Il n'appartient pas au législateur de fixer les caractères artistiques d'une telle restauration[3] ». Cette position a pu cependant être critiquée au nom des valeurs civiques :

> Nous avons bien compris que la majorité souhaitait convoquer un collège d'experts afin de recueillir son avis avant d'engager la restauration de Notre-Dame. C'est pourquoi elle ne permet pas aux représentants du peuple, à l'Assemblée nationale, de définir ce que sera la restauration de la cathédrale Notre-Dame[4].

Ce positionnement axiologique majoritaire en faveur de la délégation de la décision aux experts explique le recours, dans le texte issu de la première lecture de l'Assemblée nationale, à la disposition suivant laquelle les travaux de restauration « visent à préserver l'intérêt historique, artistique et architectural du monument[5] ». Volontairement

1. C. Racon-Bouzon (La République En Marche), Rapport fait au nom de la commission des affaires culturelles et de l'éducation sur le projet de loi pour la conservation et la restauration de la cathédrale Notre-Dame de Paris et instituant une souscription nationale à cet effet, préc., p. 55.

2. R. Gérard (La République En Marche), deuxième séance du 10 mai 2019, préc., p. 4215.

3. A. Brugnera (La République En Marche), *ibid.*, p. 4226.

4. P.-H. Dumont (Les Républicains), *ibid.*, préc., p. 4227.

5. Alinéa 2 de l'article 2 du texte adopté par l'Assemblée nationale en première lecture. Voir aussi R. Gérard (La République En Marche), première séance du 10 mai 2019, préc., p. 4202 : « S'il n'appartient pas au législateur de trancher pour savoir si la cathédrale doit être reconstruite à l'identique, nous devons donner des gages sur la finalité des travaux – ceux-ci doivent tenir compte de l'intérêt artistique et architectural du monument, tout en considérant chaque strate de son histoire. »

indéterminée[1], cette notion d'intérêt ne fige donc pas pour l'avenir le sort de Notre-Dame et réserve le choix des experts du patrimoine culturel.

Au Sénat en revanche, l'examen du projet de loi tel qu'adopté en première lecture par l'Assemblée nationale entraînera d'importantes modifications, contre la position du Gouvernement et de sa majorité. Lors des travaux en commission des affaires culturelles, le 22 mai 2019, et au cours de la première lecture du texte en séance publique, le 27 mai 2019, la majorité des sénateurs plaident pour que le législateur puisse se prononcer sur l'orientation des travaux, mettant ainsi en avant l'alliance des registres civique et juridique. Pour préconiser une restauration à l'identique de la cathédrale, ils s'appuient en outre sur le registre pur de l'authenticité (« Il est important que les travaux menés sur la cathédrale respectent l'authenticité et l'intégrité du monument pour garantir la préservation de la valeur universelle exceptionnelle qui préside à l'inscription de ce bien[2] ») ainsi que sur l'amplificateur de pérennité (un « geste de fidélité » vaut mieux qu'un « geste de modernité », car dans cette situation « les préférences esthétiques importent peu » ; il s'agit de « ne pas préférer mais respecter », « non pas disrupter mais restaurer » car « le seul vrai juge en matière d'art, c'est le temps »[3])

1. J.-L. Bergel, *Théorie générale du droit*, 5e éd., Paris, Dalloz, coll. « Méthodes du droit », 2012, p. 336 : selon l'auteur, « ces notions indéterminées sont indispensables pour saisir "*in concreto*" la plasticité des comportements humains sous des normes adéquates ».

2. A. Schmitz (Les Républicains), Rapport fait au nom de la commission de la culture, de l'éducation et de la communication sur le projet de loi, adopté par l'Assemblée nationale après engagement de la procédure accélérée, pour la conservation et la restauration de la cathédrale Notre-Dame de Paris et instituant une souscription nationale à cet effet, préc., p. 67.

3. B. Retailleau (Les Républicains), séance du 27 mai 2019, préc., p. 7477.

– l'un d'eux allant même jusqu'à réclamer l'utilisation des mêmes matériaux :

> Je demande, non seulement une « restitution visuelle », expression qui figure actuellement dans le texte, mais également une restitution respectueuse de l'état architectural antérieur au sinistre, y compris dans les matériaux utilisés[1].

En outre, certains sénateurs prennent appui sur le registre juridique en faisant appel à la Charte internationale sur la conservation et la restauration des monuments et des sites de Venise de 1964 pour justifier une restauration dans le dernier état visuel connu : invoquée par certains députés du parti Les Républicains en première lecture à l'Assemblée nationale[2], cette charte n'apparaîtra formellement dans le texte qu'à l'issue de la première lecture du Sénat[3]. Même si

1. J.-P. Leleux (Les Républicains), *ibid.*, p. 7479.

2. V. Boyer (Les Républicains), deuxième séance du 10 mai 2019, préc., p. 4213 : « La charte de Venise prévoit clairement une restauration dans le dernier état connu » ; V. Bazin-Malgras (Les Républicains), *ibid.*, p. 4225 : « Si chacun convient que les matériaux utilisés ne seront pas identiques, la restauration du lieu de culte doit en revanche se faire à l'identique, respectant en cela la charte de Venise » ; C. Le Grip (Les Républicains), troisième séance du 10 mai 2019, préc., p. 4262 : « Nous souhaitons donc qu'il soit expressément fait référence à la charte de Venise. »

3. Les travaux doivent être conformes « aux principes mentionnés dans la Charte internationale sur la conservation et la restauration des monuments et des sites adoptée à Venise en 1964. Ils respectent l'authenticité et l'intégrité du monument attachées à sa valeur universelle exceptionnelle découlant de son inscription sur la liste du patrimoine mondial en tant qu'élément du bien "Paris, rives de la Seine", en application de la convention concernant la protection du patrimoine mondial, culturel et naturel, adoptée par la Conférence générale de l'Organisation des Nations unies pour l'éducation, la science et la culture, le 16 novembre 1972, lors de sa XVIIe session. Ils restituent le monument dans le dernier état visuel connu avant le sinistre. Lorsque le maître d'ouvrage envisage d'employer des matériaux différents de ceux en place avant le sinistre pour les travaux de conservation et de restauration du monument, il rend publique une étude présentant les motifs

sa « densité normative » et son interprétation ont fait débat[1], il n'en demeure pas moins que ce document de référence pour les restaurations sert d'argument d'autorité ralliant des sénateurs appartenant à des partis politiques opposés[2]. C'est ainsi que, par l'alliance du registre juridique et du registre pur les sénateurs vont parvenir à limiter strictement la finalité des travaux de restauration, malgré la défense persistante de la position de la chambre basse par le ministre de la Culture, qui invite à un « beau débat patrimonial » dans l'enceinte parlementaire, conformément au registre civique (« Vous dites ensuite que nous rejetons d'office la restauration à l'identique. Absolument pas ! Nous voulons simplement ne pas trancher à ce stade, pour ne pas fermer la porte à un

de ces modifications » (alinéa 2 de l'article 2 du texte adopté par le Sénat en première lecture).

1. A. Schmitz (Les Républicains), Rapport, *op. cit.*, préc., p. 66 : cette charte « n'est pas opposable en droit français » ; A. Gattolin (La République En Marche), séance du 27 mai 2019, préc., p. 7475 : cette charte ne dispose d'« aucune valeur contraignante » ; P. Ouzoulias (Parti communiste), *ibid.*, p. 7491 : même si sa densité normative fait défaut, « elle pose un principe éthique ». Certains considèrent également que l'article 11 de cette charte n'interdit pas d'insérer, lors d'une restauration, une marque contemporaine. Voir en ce sens F. Riester (ministre de la Culture), deuxième séance du 10 mai 2019, préc., p. 4214 : « Nombre d'entre vous ont cité la charte de Venise. Or ce texte préconise très clairement que les restaurations doivent être distinguées de l'état original et il autorise sans problème des gestes architecturaux contemporains. » Alors qu'aucun parlementaire ne l'a fait, on pourrait objecter au ministre de la Culture sa mauvaise interprétation de la charte de Venise car il considère que le fait de ne pas revenir à l'état originel mais à l'état avant destruction autorise des innovations – ce que ne prévoit pas la lettre du texte.

2. P. Ouzoulias (Parti communiste), séance du 27 mai 2019, préc., p. 7491-7492 : « Il me semble fondamental, comme nous l'impose le principe de la charte de Venise, de revenir au bâtiment tel qu'il était avant d'être détruit par l'incendie. [...] Je voterai moi aussi les amendements de notre collègue Leleux [Les Républicains], parce qu'ils sont conformes aux engagements internationaux de la France. »

beau débat patrimonial[1] »). Ils rejoignent ainsi la position de ceux des députés qui estimaient que la décision doit revenir aux experts, garants des valeurs d'authenticité, de connaissance et de savoir-faire technique : « L'hémicycle n'est pas le lieu où discuter d'une restauration à l'identique ou pas. La référence à la "silhouette" de Notre-Dame introduit une notion subjective. Le meilleur contrepoint à l'attitude présidentielle, c'est de répondre que ce débat ne relève pas de la loi[2] » ; « Évitons de prendre un parti pris architectural, car *ce n'est pas* notre mission[3] » ; « Il ne faut surtout pas être trop rigide en figeant pour l'avenir l'état de la cathédrale. Laissons les architectes faire leur travail[4] ».

Divergences relatives aux moyens juridiques

Concernant les moyens juridiques pour la réalisation des travaux, les divergences mettent en regard deux temporalités différentes : celle, à court terme, du politique et celle, plus longue, du patrimoine. C'est principalement pour cette raison que, dès l'examen du texte en commission à l'Assemblée nationale, les critiques à son égard ont été virulentes – le jugement de valeur ne portant plus alors, notons-le,

1. F. Riester, *ibid.*, p. 7480.
2. D. Assouline (Parti socialiste), Rapport fait au nom de la commission de la culture, de l'éducation et de la communication sur le projet de loi, adopté par l'Assemblée nationale après engagement de la procédure accélérée, pour la conservation et la restauration de la cathédrale Notre-Dame de Paris et instituant une souscription nationale à cet effet, n° 521, 22 mai 2019, p. 67.
3. D. Vérien (Union centriste), *ibid.*, p. 68.
4. M.-P. Monier (Parti socialiste), séance du 27 mai 2019, préc., p. 7490.

sur Notre-Dame de Paris mais sur la position du Gouvernement. Elles visent à la fois le fait que les dérogations au droit commun sont imprécises et passent outre certaines procédures, et que l'exécutif dispose de la mainmise sur la rédaction des ordonnances (car même si, *in fine*, leur ratification par le Parlement est nécessaire, la majorité acquise à la cause gouvernementale permettra une telle ratification). Or, là encore, ces critiques transcendent les appartenances politiques de chacun des parlementaires.

Certains députés critiquent la manipulation des registres affectif et civique (l'attachement des citoyens à l'édifice) pour justifier la neutralisation du registre juridique (les lois dérogeant au droit commun) : « Nous regrettons que le Gouvernement joue sur les sentiments des Français, comme il l'a déjà fait en d'autres occasions, pour leur faire admettre la nécessité d'adopter des lois dérogeant aux principes de droit commun. » Ils disqualifient également la volonté du Gouvernement de déroger au droit commun en l'imputant à des valeurs relevant des registres économique et ludique, s'appuyant ainsi sur la hiérarchisation des valeurs, qui n'ont pas toutes la même légitimité dans le contexte de la représentation nationale : « Quelle est la raison d'être de cet agenda fixant une échéance butoir à cinq ans, si ce n'est la tenue des Jeux olympiques à Paris en 2024 ? [...] pour ces Jeux incarnant bien davantage la toute-puissance de l'argent roi[1]. » D'autres encore critiquent les effets de ce dispositif à partir du registre juridique : « C'est en effet un blanc-seing qui permet de s'affranchir par ordonnance de l'archéologie préventive, des règles d'urbanisme et de préservation du

1. A. Corbière (La France insoumise), Rapport fait au nom de la commission des affaires culturelles et de l'éducation sur le projet de loi pour la conservation et la restauration de la cathédrale Notre-Dame de Paris et instituant une souscription nationale à cet effet, préc., p. 40.

patrimoine et des procédures de commande publique[1]. » D'autres enfin invoquent également des valeurs civiques :

> Le Gouvernement veut utiliser la procédure des ordonnances, cette fois-ci pour définir les modalités du chantier de restauration de Notre-Dame, empêchant ainsi les représentants d'une nation profondément affectée par l'événement de pouvoir s'exprimer sur le sujet. Il faut prendre garde à ne pas confondre vitesse et précipitation[2].

Cette dernière déclaration s'appuie également sur une disqualification implicite des valeurs d'efficacité, relevant du registre opératoire : l'exigence de rapidité et d'efficience se trouve mise en balance avec le registre juridique assurant, par le respect du principe de légalité, la protection du patrimoine ; aussi demande-t-on (mais l'amendement sera rejeté faute de majorité suffisante[3]) la suppression de la référence aux ordonnances visant à « faciliter la réalisation, dans les meilleurs délais et dans des conditions de sécurité satisfaisantes, des travaux de restauration de la cathédrale[4] ».

Grâce à un large consensus politique[5], les sénateurs vont supprimer l'article du projet de loi habilitant le Gouvernement

1. X. Breton (Les Républicains), *ibid.*, p. 76.

2. V. Bazin-Malgras (Les Républicains), troisième séance du 10 mai 2019, préc., p. 4273. Voir aussi E. Ménard (Rassemblement national), *ibid.*, p. 4272 : « Notre-Dame de Paris ne doit pas devenir une occasion de battre des records de vitesse » ; M. Le Fur (Les Républicains), *ibid.*, p. 4274 : « Le culte de la vitesse est complètement inadapté à ce monument exceptionnel. »

3. Voir troisième séance du 10 mai 2019, préc., en particulier p. 4282.

4. Premier alinéa de l'article 9 du projet de loi pour la restauration et la conservation de la cathédrale Notre-Dame de Paris et instituant une souscription nationale à cet effet, préc.

5. M. Jouve (Rassemblement démocratique et social européen), séance du 27 mai 2019, préc., p. 7471 : « Le chantier qui va s'ouvrir sur l'île de la Cité ne justifie aucun empressement particulier de notre part. Cette opinion est partagée par la quasi-totalité des groupes politiques du Sénat. »

à légiférer par ordonnances et autorisant un certain nombre de dérogations au droit commun[1]. Tentant de rétablir ce dispositif lors de l'examen du texte en séance publique au Sénat le 27 mai 2019, le ministre de la Culture mobilise plusieurs arguments pour contrer cette mise en avant du registre juridique contre le registre opératoire : outre l'argument suivant lequel l'urgence d'une situation exceptionnelle justifierait un traitement juridique d'exception[2], ce procédé vise selon lui à améliorer les procédures pour effectuer les travaux de restauration ; autrement dit, les procédures de droit commun sont complexes et trop longues pour le chantier envisagé. Ensuite, le ministre de la Culture affirme que « n'ayant pas pu achever de façon précise la rédaction des différentes ordonnances, nous souhaitons être habilités à légiférer par ordonnances[3] » : peu claire, cette phrase indique probablement que le diagnostic des travaux à réaliser n'était pas encore établi au moment de la discussion du texte et que les mesures juridiques à prendre ne pouvaient donc être connues. L'ensemble de ces éléments laisse les élus quelque peu dubitatifs car cela ne permet pas de saisir les raisons

1. On retrouve ici des critiques similaires à celles déjà prononcées par les députés : « Le temps est un critère essentiel. Les premiers tailleurs de pierre ne survivaient pas à la cathédrale sur laquelle ils travaillaient et ils le savaient. Il y a un peu de vulgarité à vouloir aller vite » ; « Fixer des dates butoirs, des deadlines, est un non-sens architectural, un non-sens patrimonial. Je vous le dis tel que je le pense : la culture, ce n'est pas le productivisme ou le stakhanovisme » (O. Paccaud, Les Républicains, séance du 27 mai 2019, préc., p. 7532).

2. Ce procédé a d'ailleurs été déjà critiqué par le député J.-L. Bourlanges (Mouvement Démocrate), deuxième séance du 10 mai 2019, préc., p. 4245 : « Je suis d'une façon générale très hostile à l'ensemble de cette loi : je suis pour le droit commun, tout le droit commun et rien que le droit commun. Seule la ferveur est exceptionnelle » ; p. 4249 : « Même si le chantier est exceptionnel, même si la ferveur est exceptionnelle, pourquoi inventer un système dérogatoire ? »

3. F. Riester (ministre de la Culture), séance du 27 mai 2019, préc., p. 7531.

fondamentales ayant conduit le Gouvernement à proposer ce cadre juridique particulier.

En raison de ces désaccords entre les chambres sur l'orientation des travaux et les moyens juridiques projetés, une commission mixte paritaire se réunit le 4 juin 2019 afin d'essayer de trouver une solution de compromis[1]. Mais, à la lecture du compte rendu de cette commission, il apparaît clairement que ces divergences constituent des points d'achoppement fondamentaux pour les parlementaires[2].

La résolution des divergences axiologiques

Après l'échec de la commission mixte paritaire – qualifié par une députée de « fait rarissime pour un texte relevant du champ culturel[3] » – les positions ne vont guère évoluer lors de la deuxième lecture du texte, du 25 juin au 2 juillet 2019 à l'Assemblée nationale et du 8 au 10 juillet 2019 au Sénat. Le clivage entre les deux chambres relatif aux travaux à mener reste toujours aussi insoluble. D'ailleurs, concernant les moyens juridiques projetés pour réaliser les travaux, ni la suppression de la possibilité d'adapter les règles en matière de commande publique et de construction par la commission des affaires culturelles de l'Assemblée

1. Rapport au nom de la commission mixte paritaire chargée de proposer un texte sur les dispositions restant en discussion du projet de loi pour la conservation et la restauration de la cathédrale Notre-Dame de Paris et instituant une souscription nationale à cet effet, préc.

2. B. Studer (La République En Marche, député), *ibid.*, p. 12 : « Il ne semble pas utile de poursuivre plus avant nos travaux, les options défendues par nos deux assemblées étant manifestement inconciliables. »

3. C. Le Grip, première séance du 2 juillet 2019, préc., p. 6866.

nationale[1] ou d'y déroger, ni le « revirement inattendu[2] » du Gouvernement restreignant le champ de l'habilitation à déroger aux règles de droit commun par ordonnances ne permettront de voter le projet de loi dans les mêmes termes.

En application du quatrième alinéa de l'article 45 de la Constitution, le « dernier mot » revient à l'Assemblée nationale en lecture définitive. C'est donc par une disposition constitutionnelle organisant la procédure d'élaboration de la loi que les divergences axiologiques pourront être résolues, au détriment du caractère délibératif supposé des débats parlementaires. Sans grande surprise, le texte adopté ne prend pas en compte les modifications suggérées par le Sénat à propos de la finalité des travaux de restauration :

> Les travaux de conservation et de restauration de la cathédrale Notre-Dame de Paris financés au titre de la souscription nationale mentionnée au premier alinéa du présent article préservent l'intérêt historique, artistique et architectural du monument[3].

Cette posture de neutralité du législateur à l'égard de l'objet sur lequel il légifère laisse un degré de contrainte juridique somme toute relatif, comme le prouve le revirement du président de la République qui, le 9 juillet 2020, se range finalement au parti d'une restauration à l'identique prônée par la majorité des citoyens et des professionnels[4] :

1. Voir Rapport fait au nom de la commission des affaires culturelles et de l'éducation, en nouvelle lecture, sur le projet de loi, modifié par le Sénat, pour la conservation et la restauration de la cathédrale Notre-Dame de Paris et instituant une souscription nationale à cet effet, préc., p. 57.
2. A. Schmitz, séance du 10 juillet 2019, préc., p. 11075.
3. Alinéa 2 de l'article 2 du texte définitif établi à l'Assemblée nationale.
4. Voir par exemple : Le Monde avec AFP, « Emmanuel Macron donne son feu vert à une reconstruction à l'identique de la flèche de Notre-Dame de Paris », *lemonde.fr*, 9 juillet 2020.

étant donné sa plasticité, la notion de préservation de l'intérêt du monument peut accueillir cette décision politique. De même, le mécanisme alliant l'habilitation à légiférer par ordonnances et la possibilité de déroger au droit commun est maintenu pour procéder aux travaux de restauration dans « les meilleurs délais[1] » selon la lettre de la loi. Néanmoins il a été amendé : une liste précise de dérogations au droit commun a été formalisée[2], et le champ de l'habilitation a été réduit aux seules « adaptations ou dérogations aux règles en matière de voirie, d'environnement et d'urbanisme[3] ».

En définitive, les éléments sur lesquels les débats se sont noués proviennent des déclarations présidentielle et gouvernementale concernant, d'une part, le délai de réalisation des travaux et, d'autre part, la possibilité de réaliser un geste architectural contemporain[4]. Prenant appui sur des valeurs d'efficacité à court terme (registre opératoire) et de modernité artistique (registre esthétique amplifié par la nouveauté),

1. III de l'article 11 de la loi n° 2019-803 du 29 juillet 2019 pour la conservation et la restauration de la cathédrale Notre-Dame de Paris et instituant une souscription nationale à cet effet.

2. Selon les I et II de cet article 11, les dérogations prévues au code du patrimoine, au Code de l'environnement ainsi qu'au Code général de la propriété des personnes publiques sont précisées.

3. V. le III de cet article 11.

4. La volonté présidentielle de réaliser les travaux dans un délai de cinq ans a été réitérée le 14 avril 2020 malgré les conséquences de la pandémie liée au coronavirus : https://twitter.com/EmmanuelMacron/status/1250317938357239808?fbclid=IwAR3sTE3nJRVfO2PWEXbgcaaZAPl06-FpMF7piTNGtbwZGkD1guuV1f4HsvQ. Le Premier ministre a évoqué, le surlendemain de l'incendie, l'ouverture d'un concours international d'architecture pour la reconstruction de la flèche de Viollet-le-Duc : É. Philippe, compte rendu du Conseil des ministres du mercredi 17 avril 2019. Voir la vidéo disponible à partir du lien suivant : https://www.elysee.fr/emmanuel-macron/2019/04/17/conseil-des-ministres-du-mercredi-17-avril-2019-consacre-a-la-reconstruction-de-notre-dame-de-paris, en particulier entre 6 min 14 et 7 min 10.

ces annonces allaient à l'encontre des règles de préservation du patrimoine, fondées sur la pérennité comme amplificateur de l'authenticité (registre pur). C'est cette rencontre entre des valeurs hétérogènes voire antinomiques qui déclencha et attisa les divergences entre les acteurs de la procédure d'élaboration de la loi.

Des valeurs et des lois

La loi en elle-même n'autorise pas l'analyse axiologique, en raison du double effet de neutralisation et d'universalisation qu'induit le langage juridique[1]. En revanche, la juridicisation de l'incendie de Notre-Dame de Paris peut s'analyser au prisme axiologique, permettant ainsi de tester la validité du modèle proposé par Nathalie Heinich dans *Des valeurs*. L'on a vu en effet comment les débats parlementaires qui ont présidé à l'adoption de la norme législative offrent la possibilité d'identifier les différents positionnements eu égard aux valeurs, conformément d'ailleurs à un travail familier

1. P. Bourdieu, « La force du droit. Éléments pour une sociologie du champ juridique », *Actes de la recherche en sciences sociales*, 64, 1986, p. 5 : « La plupart des procédés linguistiques caractéristiques du langage juridique concourent en effet à produire deux effets majeurs. L'*effet de neutralisation* est obtenu par un ensemble de traits syntaxiques tels que la prédominance des constructions passives et des tours impersonnels, propres à marquer l'impersonnalité de l'énonciation normative et à constituer l'énonciateur en sujet universel, à la fois impartial et objectif. L'*effet d'universalisation* est obtenu par différents procédés convergents [, notamment] la référence à des valeurs trans-subjectives présupposant l'existence d'un consensus éthique ; le recours à des formules lapidaires et à des formes fixes, laissant peu de prise aux variations individuelles. »

au juriste : sonder l'intention du législateur pour déterminer le sens de dispositions législatives ambiguës[1].

Dans cette perspective, la grammaire axiologique met concrètement en évidence les points de divergences, en révélant les registres de valeurs qui s'affrontent et sur lesquels bute la représentation nationale. Ainsi le clivage entre le registre civique et le registre éthique questionne la nature même du mécanisme de financement retenu, au point qu'aucun compromis sur le plan axiologique ne semble possible. De même, la question de l'orientation des travaux provoque un double affrontement, d'une part entre les registres civique et opératoire, s'agissant de la compétence de ceux qui auront en charge l'aspect futur de Notre-Dame de Paris, et d'autre part avec les registres pur, herméneutique et mystique. Enfin, les discussions portant sur les moyens mis en œuvre pour réaliser les travaux mettent en évidence l'opposition entre le registre juridique et le registre opératoire. En dernier ressort, ce sont la majorité des parlementaires et le président de la République qui règlent, sur le terrain politique, les divergences axiologiques en prenant ou pas en compte les positions dissidentes.

La démarche que nous avons suivie permet d'expliciter les valeurs attachées aux objets juridicisés et de percevoir les principes sous-tendant et guidant la volonté collective du législateur, nécessaire compromis entre plusieurs volontés individuelles. Si ces dynamiques sont classiquement étudiées par la science politique ou la sociologie, leur étude dans une perspective axiologique dévoile un autre aspect de la phase de construction du langage juridique.

1. Voir à ce sujet J. Jeanneney, « Le recours à l'intention du législateur face aux énoncés normatifs ambigus », *Droit & Philosophie*, 9/1, 2017, p. 69-105.

Intermède n° 8

« Fort de ces expériences anciennes... » par Pierre Ouzoulias, sénateur et expert du patrimoine

(Au Sénat, 30 mai 2019)

Lors du débat au Sénat du 30 mai 2019 où fut discuté le projet de loi relatif à la restauration de Notre-Dame, le sénateur communiste Pierre Ouzoulias intervient pour rappeler à la fois la supériorité des lois sur la volonté du pouvoir exécutif (ou, en termes plus crus, le « fait du prince »), et la supériorité du savoir des experts sur l'opinion des profanes. C'est que – comme le commente le journaliste Didier Rykner dans son compte rendu des débats – ce sénateur est aussi un spécialiste du sujet, en tant que conservateur du patrimoine et archéologue, ayant travaillé au ministère de la Culture et au CNRS.

C'est à ce double titre qu'il reprend un argumentaire analogue à celui des experts qui avaient rédigé un mois auparavant une tribune à l'attention du président de la République (voir intermède n° 7 : « Monsieur le Président »), mais adressé cette fois aux élus de la Nation. Il leur rappelle (ou leur apprend) l'existence d'une double contrainte pesant sur leurs décisions : d'une part, la contrainte juridique des chartes encadrant la restauration patrimoniale, qui ont force de loi ; et, d'autre part, la contrainte épistémique du savoir scientifique qui a permis leur élaboration et guide leur mise en œuvre. En revanche aucune référence n'est faite aux contraintes cultuelles, qui appartiennent plutôt au spectre politique de la droite, tandis qu'à gauche est privilégiée la valeur civique de l'intérêt général et la valeur épistémique de la science.

Ainsi le respect des règlements (registre juridique), l'authenticité du patrimoine (registre pur), le soin dû à un être abîmé (registre éthique), le sens de l'honneur (registre réputationnel) et le souci de l'intérêt général (registre civique) se cumulent pour rappeler qu'en démocratie ce sont les contraintes axiologiques pesant sur les élus qui doivent guider les décisions, et non la libre volonté des gouvernants.

N. H.

*

Fort de ces expériences anciennes, notre pays a contribué à l'élaboration d'une doctrine, qui a servi de socle aux traités internationaux destinés à protéger le patrimoine historique : la charte de Venise, la convention de Malte et le document de Nara [JURIDIQUE]. *À propos du concept d'authenticité introduit par la charte de Venise, ce dernier texte précise, je le cite « les couches d'histoire acquises au fil du temps par un bien culturel sont considérés comme des attributs authentiques de ce bien culturel »* [PUR]. *Tous ces travaux ont contribué à la constitution d'une conscience patrimoniale internationale qui a pour dessein de clarifier et d'éclairer la mémoire collective de l'Humanité* [amplificateurs = PÉRENNITÉ + UNIVERSALITÉ]. *Elle s'est manifestée avec force lors de la destruction des bouddhas de Bâmiyân en Afghanistan ou des vestiges archéologiques de Palmyre en Syrie. Par un renversement singulier du destin, cette conscience patrimoniale universelle s'est exprimée dès le 15 avril pour nous témoigner sa tristesse, sa compassion et sa volonté de participer à nos côtés au relèvement de ce qui a été détruit* [ÉTHIQUE]. *Cette mansuétude universelle* [amplificateur = UNIVERSALITÉ] *nous honore et nous oblige* [RÉPUTATIONNEL]. *Elle doit nous astreindre à respecter scrupuleusement les préconisations patrimoniales des chartes internationales* [JURIDIQUE] *pour l'élaboration desquelles notre pays a fortement collaboré* [CIVIQUE]. *La très récente loi du 17 juillet 2016 relative à la liberté de la création, à l'architecture et au patrimoine peut être considérée comme une transposition aboutie dans le droit français de ces principes* [JURIDIQUE]. *Nous ne comprenons donc pas pourquoi vous nous proposez d'y déroger aujourd'hui.* [...] *Sur le fond, cet exercice de contournement de la loi et des services chargés de l'appliquer jette le discrédit* [RÉPUTATIONNEL] *sur toutes nos institutions patrimoniales pour organiser le fait du prince. Comment obtenir de l'élu et du citoyen le respect de la loi* [JURIDIQUE + CIVIQUE] *si le premier magistrat de la République exige de nous par ce texte de s'en affranchir absolument ?*

Chapitre 9

La valorisation du travail des scientifiques

Pablo Fontoura

Dès le lendemain de l'incendie qui a frappé Notre-Dame de Paris, le ministère de la Culture, le ministère de l'Enseignement supérieur, de la Recherche et de l'Innovation et le CNRS se sont associés pour mobiliser les efforts des scientifiques en faveur de l'étude et de la restauration de la cathédrale. Les chercheurs furent l'un des premiers groupes à être recrutés par le gouvernement pour intervenir sur place, et ils sont depuis lors des acteurs privilégiés du vaste chantier établi au cœur de l'Île de la Cité, mis en place par l'État en concertation avec plusieurs laboratoires de toute la France.

Le chantier scientifique de Notre-Dame implique une cinquantaine d'équipes de recherche de divers domaines des sciences dures et des sciences humaines et sociales. Au total, plus de cent soixante-quinze chercheurs travaillent à côté de charpentiers, grutiers et maçons, organisés en huit groupes de travail thématiques : acoustique, bois et charpente, métal, numérique, pierre et mortier, structures, verre et décors monumentaux, et enfin émotions et mobilisations. Ce chantier constitue ainsi un exemple de travail interdisciplinaire d'ampleur, qualifié par le ministère de la Culture de « chantier du siècle », et donc transformé en bien d'exception par le glissement de la valorisation de Notre-Dame au travail de ceux qui se sont mis à son service.

Ce chantier donna lieu à d'importants efforts de valorisation du travail scientifique réalisé, et c'est celle-ci que nous allons analyser ici, à travers deux corpus distincts. Le premier est constitué des textes du site web *La Science pour et par Notre-Dame*[1], mis en ligne un an après l'incendie par le ministère de la Culture de façon à « diffuser la connaissance sur la cathédrale et sur sa restauration », avec l'objectif de valoriser l'ensemble des savoirs scientifiques détenus par les services et opérateurs du ministère de la Culture dans le champ du patrimoine culturel, devenant ainsi une source d'information officielle sur les travaux du chantier. Nous y avons ajouté les textes d'autres sites web institutionnels sur la valorisation du travail des scientifiques, tels que les dossiers publiés sur le site du *Journal du CNRS*[2] portant sur Notre-Dame, et les événements scientifiques sur le thème, comme le colloque « Chimie et Notre-Dame[3] ».

Le second corpus est constitué par des discours des autorités publiques, comme le ministre de la Culture, le ministre de l'Enseignement supérieur, de la recherche et de l'innovation, l'envoyé du représentant du président de l'Institut national du patrimoine (INP) et le président-directeur général du CNRS lors du premier événement scientifique présentant les résultats des travaux entrepris à Notre-Dame, le colloque « Chantier scientifique Notre-Dame : état des lieux et perspectives[4] » organisé à Paris les 19 et 20 octobre 2020. Tous ces énoncés ont en commun d'être triplement officiels : premièrement, par la nature des locuteurs (représentants des institutions) ; deuxièmement, par la nature de leurs objets (chercheurs reconnus, donc soutenus par

1. https://notre-dame-de-paris.culture.gouv.fr
2. https://lejournal.cnrs.fr/notre-dame
3. https://actions.maisondelachimie.com/colloque/chimie-et-notre-dame/
4. https://miti.cnrs.fr/initiatives-transver/notre-dame-fr/

l'autorité de la science) ; et troisièmement, par la nature de leur contexte de publication (colloque).

Il va donc s'agir d'identifier les moyens axiologiques institutionnels mis en œuvre pour valoriser la recherche et la restauration de la cathédrale, en fonction de trois catégories d'objets : successivement un principe abstrait (la science), des personnes (les scientifiques) et un objet (le chantier).

Axiologie de la valorisation de la science

Lorsque le ministère de la Culture définit le chantier de Notre-Dame de Paris comme « le chantier du siècle », il élève celui-ci au rang de bien exceptionnel, bénéficiant ainsi d'une part de la grandeur attribuée à la cathédrale au service de laquelle il a été mis. Ce transfert de valeur de l'une à l'autre apparaît également dans la communication du colloque « Chimie et Notre-Dame » du 9 février 2022, soutenu par le ministère de la Culture et le CNRS, qui met la science « au service d'une résurrection ». Se trouve ainsi mobilisé métaphoriquement le registre mystique du miracle, pourtant au plus loin du registre épistémique de la production de connaissances dont relève normalement l'activité scientifique.

Antoine Petit, président-directeur général du CNRS, affirme dans son discours au colloque « Chantier scientifique Notre-Dame : état des lieux et perspectives » : « Il fallait que nous soyons capables de mettre cette science au service de la reconstruction de la cathédrale », et « l'État, au plus haut niveau, rappelle l'importance qu'il accorde au fait que la science prenne toute sa place dans la société ».

Se trouve ainsi soulignée la capacité de la science à satisfaire des attentes non seulement épistémiques (la production de connaissances) mais aussi civiques, en participant au bien commun.

Du côté du ministre de la Culture, le discours de Roselyne Bachelot lors du même colloque met plutôt en avant le registre technique des savoir-faire mis en jeu et le registre opératoire de la quête d'efficacité, exigeant la capacité des chercheurs à sortir de leurs domaines de compétence habituels :

> De l'étude de l'acoustique [...] et de la structure fortement atteinte de Notre-Dame, à l'usage du numérique dans le travail de restauration, on devine combien les défis singuliers posés par cet incendie poussent les sciences patrimoniales à se déplacer pour les surmonter.

Quant au discours de Frédérique Vidal, ministre de l'Enseignement supérieur, de la Recherche et de l'Innovation, en ouverture du même colloque, il associe deux objets – Notre-Dame d'une part, la recherche d'autre part – en attribuant à la seconde le répertoire axiologique de la première, à savoir la « beauté » (registre esthétique), et la transcendance d'un « infini qui nous dépasse » (registre mystique), amplifiés par la valeur d'ancienneté (« l'histoire ») :

> Lieu de tous les liens, Notre-Dame nous réunit dans la contemplation d'un infini qui nous dépasse, qu'il s'agisse de la beauté ou de l'histoire. Ce vertige c'est aussi celui que provoque la recherche quand elle nous porte aux limites de la connaissance.

Ainsi se trouvent unis, paradoxalement, ces deux registres pourtant diamétralement opposés que sont le registre épistémique (synonyme de rationalité) et le registre mystique (synonyme d'irrationalité), à travers l'invocation d'une expérience hors du commun faisant éprouver le vertige de l'épreuve des limites. Nous retrouvons ici l'écho d'une tension fondamentale dans la culture française, qui s'est particulièrement manifestée au tournant du XXe siècle, entre l'ordre de la foi et l'ordre de la science[1].

Immédiatement après suit l'éloge de l'action, propre au registre opératoire, associé à la mise en avant de la primauté des « chercheurs » – « Et c'est pourquoi, au lendemain du drame, lorsque la déploration a fait place à l'action et qu'en nos hommes des bâtisseurs se sont réveillés, les chercheurs ont été parmi les premiers à se porter au chevet de Notre-Dame » – l'arène scientifique faisant en effet toujours bon ménage avec la nouveauté ou la primauté (amplificateur de valeur temporel en régime de singularité). Enfin le ministre profite de l'occasion pour rappeler la nécessaire association du registre épistémique (« en savoir plus ») au registre civique (« les attentes de la société ») : « Que les chercheurs ne renient en rien leur vocation initiale lorsqu'ils répondent aux attentes de la société. Bref, entre recherche fondamentale et appliquée il n'y a pas à choisir, car au fond il s'agit toujours d'en savoir plus. »

« Bien qu'il soit loin d'être achevé, il y a déjà des leçons à tirer de ce chantier hors normes. Il nous rappelle d'une part que la science, à l'instar de Notre-Dame, est le produit du temps long. Si les chercheurs ont pu aussi rapidement apporter leur expertise, c'est parce qu'ils ne partaient pas d'une page blanche », continue le ministre, associant ainsi régime de singularité (la rareté du « hors normes ») et

1. À titre d'exemple, un emblème de la tension entre la foi et la science dans la culture française est le roman *Jean Barois*, publié par Roger Martin du Gard en 1913.

régime de communauté (la pérennité du « temps long », du savoir accumulé de longue date), en une classique stratégie axiologique de cumul des opposés. De même la science est présentée comme cumulant la valeur d'antériorité (« marche en avant ») et la valeur d'ancienneté (« patrimoine »), retombant ainsi finalement, si l'on peut dire, sur les pieds de l'axiologie patrimoniale : « La recherche est certes une marche en avant, mais la science est un patrimoine, et c'est sur lui que les chercheurs prennent appui chacun pour leur part. La science est en somme une cathédrale de savoir. » Voilà donc finalement associées, par une pirouette métaphorique, ces deux biens incontestables et pourtant si différents que sont un édifice religieux et une activité au service de la connaissance.

La chute renoue avec la préoccupation civique (« l'ouverture sur la cité »), associée à une « collaboration entre les savoirs » qui relève à la fois du registre épistémique de l'interdisciplinarité et du registre éthique de la solidarité, de l'entraide, avec dans les deux cas un appui sur le régime de communauté : « Et en faisant la part belle à l'ouverture sur la cité et la collaboration entre les savoirs, ce chantier, le Chantier de Notre-Dame, indique clairement le chemin à suivre. » Par ces derniers mots le discours de Frédérique Vidal s'éloigne du passé patrimonial pour se tourner vers le futur : ce futur que pavent à la fois les avancées du scientifique et les actions du politique.

Axiologie de la valorisation des scientifiques

Davantage que la science elle-même, ce sont les chercheurs qui sont mis en valeur sur le site du ministère de la Culture, élevés au rang de personnages importants à travers une série de portraits (ainsi distingués des professionnels du chantier) : « Les portraits de chercheurs vous mettent en contact avec les femmes et les hommes impliqués dans cet ambitieux chantier scientifique », est-il écrit pour justifier ce recours, grâce à l'image, à la valeur de visibilité, relevant du registre réputationnel.

Si le terme « ambitieux » est adapté à un objet (le chantier) dont il souligne rhétoriquement la grandeur, en revanche, dès lors qu'il s'agit de qualifier ceux qui y travaillent – les chercheurs – mieux vaut vanter leur « humilité », vertu éthique sur laquelle insiste Antoine Petit (une vertu qui se marie sans problème à la « fraternité » également invoquée : « Et c'est ainsi que s'est ouvert, quelques jours seulement après l'incendie, dans un élan de solidarité spontanée, le chantier scientifique qui nous rassemble aujourd'hui »). Cependant son discours révèle une tension plus profonde entre la « discrétion » du professionnel et la « publicisation » individuelle de ses actions :

> La mission du CNRS, c'est faire de la recherche fondamentale, c'est de faire l'avancée des connaissances. Nous en sommes fiers et nous faisons ça tous les jours. Mais une de nos missions complémentaires, je viens de le dire, c'est de mettre cette science au service de la société de façon noble avec des chercheurs humbles. N'y voyez aucune allusion au fait que pendant la crise sanitaire on a vu quelques chercheurs moins humbles, visiblement plus intéressés par les paillettes des

> plateaux télévisés que par la vérité scientifique. Aujourd'hui, durant ces deux jours vous allez voir des vrais chercheurs, des gens modestes qui ont le souci permanent, encore une fois, de progresser dans les connaissances et de les appliquer.

En d'autres termes, le registre épistémique des valeurs scientifiques (science fondamentale) peut s'associer au registre civique du service à la société (science appliquée), l'un et l'autre ancrés dans le régime de communauté – mais pas au registre réputationnel de la quête de visibilité (les plateaux télé, les paillettes) car celui-ci contrevient à la vertu d'« humilité », de « modestie » qui doit guider individuellement le comportement des chercheurs.

Bref : il ne faut pas moins de trois registres (épistémique, civique, éthique), et d'un registre en position d'antivaleur (réputationnel) pour conférer toute sa valeur au travail des « vrais » chercheurs, ceux qui méritent la « fierté » de l'institution, en les distinguant de certains de leurs pairs qui se mettent au ban de la communauté scientifique non par leur travail mais par leur comportement.

Le discours de Frédérique Vidal au même colloque mobilise à propos des chercheurs l'association des compétences techniques et du savoir :

> L'incroyable inventaire des décombres de la cathédrale n'est pas sans rappeler la moisson d'échantillons récoltée dans le fond des mers par les expéditions Tara. Dans les deux cas, il s'agit de mines d'informations susceptibles d'alimenter la recherche durant des années. Ainsi, dans la pierre meurtrie, le bois calciné, le plomb fondu, les chercheurs lisent l'histoire de l'édifice, mais également, l'évolution du climat ou l'état de la forêt médiévale tout en aiguillant les architectes sur l'origine des matériaux et l'opportunité de leur réemploi. Et pour relever ce double défi, la science a dû donner ce qu'elle

> avait de meilleur : des infrastructures de pointe, comme la très grande infrastructure de recherche [...], aux techniques les plus perfectionnées, comme les études isotopiques ou la spectrométrie Raman, c'est toute l'excellence de la science qui a été non seulement mobilisée, mais aussi adaptée dans un contexte extrêmement singulier.

Ici, l'accumulation des ressources techniques valorise le chantier par la quantité et la qualité des travaux fournis – mais aussi, implicitement, le ministre lui-même, ainsi grandi par l'étendue de ses connaissances.

L'éthique de la collaboration est également sollicitée : « Mais ce qui fait de ce chantier une épopée scientifique particulièrement emblématique et singulière c'est aussi sa dimension profondément collaborative. » S'y ajoute à nouveau l'alliance du souci de l'intérêt général et de la connaissance, c'est-à-dire du civique et de l'épistémique : « À rebours de certaines idées reçues encore trop vivaces, les scientifiques engagés dans cette aventure montrent qu'on peut relever un défi sociétal, tout en repoussant les frontières de la connaissance. »

Même alliance encore du civique et de l'épistémique chez le ministre de la Culture s'adressant aux responsables scientifiques du chantier (« Vos recherches enrichissent considérablement la connaissance que nous avons de notre patrimoine, ainsi que de notre histoire »), et même mobilisation de l'éthique de la collaboration (« Ce chantier scientifique et ce colloque sont pour moi une preuve supplémentaire de la fécondité du dialogue entre chercheurs et professionnels de la protection du patrimoine »). Interviennent en outre deux valeurs plus directement en phase avec la question patrimoniale : d'une part, la valorisation par le « secret », le mystère à déchiffrer, relevant du registre herméneutique (« Cette catastrophe aura au moins un mérite. Pardon d'utiliser ce terme, mais le mérite de nous faire entrer comme jamais auparavant dans les secrets de la construction de cet édifice ») ; et, d'autre part, la valorisation par l'authenticité de la restauration, relevant du registre pur (« Ces découvertes nous permettront non seulement de le restaurer le plus fidèlement possible... »), et qui s'allie à la valorisation par l'augmentation des connaissances : « mais aussi plus généralement de progresser beaucoup dans notre compréhension de ce passé, celui des grands bâtisseurs du Moyen Âge, de cette époque où, pour parler comme Victor Hugo, toute pensée se faisait édifice, où toutes choses étaient écrites en pierre ».

Enfin la dimension patrimoniale se trouve explicitement inscrite dans le registre domestique de l'héritage, associé au registre technique du savoir-faire : « Du travail de la pierre, du bois, du métal, du verre se dessine le savoir-faire unique des artisans bâtisseurs de notre cathédrale et nous en sommes aussi les héritiers. »

Outre les discours officiels ce sont, on l'a vu, les portraits des scientifiques du patrimoine travaillant sur le chantier qui permettent une mise en valeur de leur expérience variée et de leurs capacités techniques, notamment à travers leurs propres commentaires. Ainsi Lise Leroux, ingénieur au Laboratoire de recherche des monuments historiques (LRMH) et appelée au chevet de la cathédrale pour expertiser l'état des pierres de Notre-Dame, décrit le chantier comme une véritable « salle d'opération » : « Une salle d'opération avec ses chirurgiens, ses infirmiers, ses assistants, tous mobilisés avec une unique obsession : panser, soigner, réparer un illustre patient vieux de plus de 800 ans : la cathédrale Notre-Dame de Paris. » Ici le registre technique du haut degré de savoir-faire requis dans une salle d'opération s'allie avec le registre éthique du soin

(« panser, soigner, réparer ») et de la dédication (« mobilisés avec une unique obsession »), tandis que la cathédrale est métaphorisée comme un objet-personne (« vieux patient »). Plus que la description proprement technique des gestes, des savoir-faire, des outils, intéressant prioritairement les spécialistes, c'est la mobilisation implicite du registre affectif, susceptible de parler au grand public, qui prime ici.

Catherine Lavier, spécialiste du bois au Centre de recherche et de restauration des musées de France (C2RMF), est présentée comme tous les autres à travers une valorisation de son savoir-faire, mais elle-même souligne une autre fonction des chercheurs du chantier, consistant à honorer le travail des prédécesseurs, artisans et bâtisseurs : « Nous devons rendre hommage à la cathédrale, ainsi qu'aux artisans qui ont œuvré à sa construction. C'est tout un travail qui a disparu. » Ici la grandeur n'est pas seulement celle de l'objet-personne qu'est la cathédrale, mais aussi – enclose dans ses composantes pour ceux qui savent le voir – celle du résultat des gestes de tous ces humains disparus (« les artisans ») dont ne demeure que la trace matérialisée du savoir-faire, ce « travail » qui conjoint la valeur technique de l'habileté et la valeur éthique du don de soi. Cette dimension éthique du travail des chercheurs apparaît aussi sur le site du ministère de la Culture dédié à Notre-Dame, notamment par la valeur civique de l'implication collective : « Dès le lendemain de l'incendie qui a frappé la cathédrale, de nombreux chercheurs ont souhaité mettre leurs connaissances et leurs compétences au service de l'édifice, de ses œuvres d'art et du chantier de restauration. » Le travail des scientifiques, qui « mettent tous leur science au service de Notre-Dame et du patrimoine », provient de différents domaines du savoir et de plusieurs nationalités, ce qui ne peut qu'en amplifier la valeur par son universalité.

Enfin le registre technique du savoir-faire et le registre épistémique de la connaissance s'allient avec le registre herméneutique du déchiffrement – d'une façon qui serait là encore quelque peu paradoxale s'il ne s'agissait avant tout d'une formule rhétorique – voire au registre mystique du miracle, témoignant du souci de s'adresser à un public de non-spécialistes :

> Appelée au chevet de Notre-Dame pour contribuer à la mission d'expertise sur l'état des pierres de la cathédrale, Lise Leroux, ingénieure au Laboratoire de recherche des Monuments Historiques (LRMH), n'a pas d'autre ambition : « faire parler » les pierres, parfois plusieurs fois centenaires, de la cathédrale.

Axiologie de la valorisation du chantier

Sur le site web du ministère de la Culture dédié à Notre-Dame, la valorisation non plus de la science en général, ni des chercheurs, mais du chantier scientifique, passe par la mise en évidence de tous les outils techniques employés dans les travaux : « frise chronologique, archives écrites et audio-visuelles, photographies, extraits d'actualités, ouvrages numérisés, reconstitutions 3D, portraits des acteurs de la restauration, entretiens avec des spécialistes, extraits musicaux... ». Elle s'associe à une valorisation proprement pédagogique de la production de contenus accessibles à tous (« Des contenus accessibles à tous – Un enjeu pédagogique ») – argument classique de la science comme bien commun.

Toutefois ce n'est pas un scientifique qui a été choisi pour coordonner le chantier de reconstruction de la cathédrale, mais un militaire : l'ancien chef de l'état-major des armées Jean-Louis Georgelin, nommé par décret le 30 septembre 2019 à la tête de l'établissement public dédié à la conservation et à la restauration du bâtiment, « en charge de veiller à l'avancement des procédures et des travaux qui seront engagés pour la restauration de la cathédrale », comme l'indique le site du ministère de la Culture. Pour justifier ce choix inattendu qui, dès le 23 avril 2019, a fait l'objet de questionnements de la part de la presse non institutionnelle (« Notre-Dame : un militaire à la tête du chantier, un camouflet pour les équipes de la Culture ?[1] »), Emmanuel Macron, le président de la République, s'adresse publiquement à lui : « Vous connaissez le fonctionnement de l'État au plus haut niveau, vous êtes un homme de culture et de foi. Je vous demande d'être mon représentant spécial pour la reconstruction de la cathédrale. » La compétence administrative, des dispositions cultivées et une sensibilité religieuse – alliance donc de l'opératoire, du civique, de l'esthétique et du mystique – ne sont pas de trop pour faire passer le choix peu consensuel d'un non-scientifique pour diriger un tel chantier.

Conclusion

L'on ne s'étonne pas que, dans ces discours officiels de valorisation de la science, des scientifiques et du chantier

1. https://www.europe1.fr/politique/un-militaire-a-la-tete-du-chantier-de-reconstruction-de-notre-dame-un-camouflet-pour-les-equipe-de-la-culture-3894613

de Notre-Dame de Paris, il soit fait appel à des valeurs doxales dans ce monde, puisqu'on a affaire ici à un contexte non de controverse (hormis la nomination du général) mais de communication institutionnelle, qui ne peut donc que proposer des modes de valorisation en phase avec les institutions concernées. Elles se situent donc au croisement du civique et de l'épistémique associé au technique – et cette configuration forme, de façon attendue, la « couleur axiologique » de l'objet. Et ce n'est que de façon accessoire que s'y ajoutent quelques références – plutôt métaphoriques – aux registres mystique, herméneutique, esthétique, pur et affectif.

C'est dire que l'analyse axiologique touche ici à ses limites en ne faisant qu'expliciter des ressources attendues, d'où un faible gain heuristique, contrairement à ce qui se produit en cas de controverses. Mais elle n'en présente pas moins l'intérêt de mettre en évidence les fortes contraintes qui encadrent tout discours institutionnel, pris par définition dans des normes axiologiques dont il ne lui est guère permis de s'éloigner.

Intermède n° 9

« Charpente de Notre-Dame : et si on écoutait les scientifiques ? » par Didier Rykner, journaliste et historien de l'art

(*La Tribune de l'art*, 7 mai 2019)

Didier Rykner, très engagé dans la défense du patrimoine à travers *La Tribune de l'art*, qu'il dirige, s'est maintes fois exprimé – de façon le plus souvent critique – sur l'affaire Notre-Dame, que ce soit à propos du non-respect de la charte de Venise par le ministre de la Culture (le 10 mai 2019), des débats au Sénat (30 mai), de la loi Notre-Dame (7 juillet), de l'urgence à avancer dans les travaux en dépit des risques liés au plomb (17 août), de l'attitude du directeur de la reconstruction, le général Georgelin (17 novembre), des projets de réaménagement émis par le diocèse (20 novembre) ou encore, dès le 7 mai, de la reconstruction de la charpente.

Concernant celle-ci, argumente-t-il, il convient de ne pas se contenter de simples opinions mais de s'en remettre à l'expertise scientifique des spécialistes. Il s'appuie ainsi sur les conclusions d'un chercheur au CNRS – membre de l'Association des scientifiques au service de la restauration de Notre-Dame, constituée peu après l'incendie – pour disqualifier les propos de ceux qui entendent s'opposer à une reconstruction de la charpente à l'identique en invoquant divers arguments d'ordre technique : séchage du bois, disponibilité, quantité et qualité du matériau, durée du chantier… Sa cible principale est l'architecte Jean-Michel Wilmotte, ironiquement qualifié de « starchitecte » et suspect de faire passer ses propres intérêts économiques avant l'intérêt général en plaidant pour un « geste architectural » dont la commande pourrait éventuellement lui échoir.

Au plus loin d'une conception esthète du patrimoine, et attaché à ces deux valeurs constitutivement patrimoniales que sont l'authenticité et l'ancienneté, il fait valoir la primauté du registre épistémique – l'autorité de la science – et du registre technique – la confiance dans les savoir-faire experts – pour arbitrer un choix engageant non seulement des valeurs (la pérennité, la sécurité, l'efficacité, la pureté environnementale) mais aussi, un cran au-dessous, des critères, qui font l'objet d'avis d'experts contradictoires (temps de séchage du bois, disponibilité des arbres, risques d'incendie...). Et en stigmatisant plus ou moins explicitement, dans les arguments s'opposant à une reconstruction à l'identique, leurs soubassements économiques, réputationnels et domestiques (par l'imputation de liens cachés servant des intérêts privés), il ramène sur le devant du débat la dimension civique que revêt inévitablement toute question patrimoniale.

N.H.

*

Contrairement à beaucoup, notamment de nombreux hommes politiques, nous essayons de ne pas écrire n'importe quoi à propos de Notre-Dame, surtout sur un sujet auquel nous ne connaissons rien. C'était le cas de la charpente. Entre ceux qui décident déjà qu'il ne faut surtout pas refaire la charpente à l'identique, ceux qui disent que c'est impossible et ceux qui le souhaitent, comment décider qui a raison sans arguments techniques et historiques [TECHNIQUE + ÉPISTÉMIQUE] *? Pourtant, bien peu sont restés* *prudents à ce sujet. Pour notre part, nous nous sommes bien gardés d'écrire qu'il était impossible de refaire une charpente à l'identique car nous n'en avions aucune idée.*

Nous avions raison, car nous aurions sans doute écrit beaucoup d'âneries. Et c'est grâce à l'Association des scientifiques au service de la restauration de Notre-Dame de Paris, créée au lendemain de l'incendie et qui réunit un grand nombre de spécialistes indiscutables [TECHNIQUE + ÉPISTÉMIQUE], *que nous pouvons désormais démontrer les absurdités que l'on a entendues ici ou là.*

L'article qu'ils viennent de publier sur leur site est intitulé « La charpente de Notre-Dame de Paris : état des connaissances et réflexions diverses autour de sa reconstruction ». Son auteur est Frédéric Epaud, chercheur au CNRS, qualifié par ses pairs d'« éminent spécialiste de la charpenterie médiévale » [ÉPISTÉMIQUE + TECHNIQUE], *qui se base sur les plus récents relevés architecturaux faits sur la cathédrale (en 2015), sur un mémoire sur la dendrochronologie réalisée en 1995 et sur un « relevé complet et précis de la charpente » effectué en 2014* [ÉPISTÉMIQUE + TECHNIQUE].

Le contenu en est très riche. Il se base à la fois sur les études citées ci-dessus et sur « les études des autres grandes charpentes du XIII*e siècle ». Nous retiendrons ici pour l'instant trois faits qui contredisent absolument ce qui a pu être dit un peu partout par des gens qui n'y connaissent rien mais se sont soudainement décrétés experts, à moins qu'ils voient dans le chantier à venir un gros gâteau à se partager* [#ÉCONOMIQUE + #DOMESTIQUE] *dont la restauration en bois de la charpente à l'identique viendrait les priver.*

1. Le séchage du bois avant de l'utiliser pour la charpente nécessiterait des mois voire des années. Écoutons Jean-Michel Wilmotte, l'un de ces « starchitectes » [#RÉPUTATIONNEL] *qui s'est immédiatement précipité sur le chantier comme la misère sur le pauvre monde : « Rien que pour sécher le bois, cela impliquerait un stockage sur des années »* [TECHNIQUE + OPÉRATOIRE].

C'est faux. Comme l'explique Frédéric Epaud : « Les bois utilisés dans les charpentes médiévales ne furent jamais séchés pendant des années avant d'être utilisés mais taillés verts et mis en place peu après leur abattage. »

2. Les arbres nécessaires à la reconstitution de la forêt provenaient de « forêts primaires » qui n'existent plus. Cette affirmation, qui a été largement reprise, semble provenir à l'origine d'une phrase prononcée par Bertrand de Feydeau, vice-président de la Fondation du Patrimoine : « Nous n'avons plus sur notre territoire d'arbres d'une taille telle que ceux qui ont été coupés au XIIIe *siècle et qui constituaient ce qu'on appelle la forêt primaire. » Remarquons que celui-ci a été maître d'ouvrage de la restauration du collège des Bernardins avec pour maître d'œuvre... Jean-Michel Wilmotte* [#DOMESTIQUE].

C'est faux. Écoutons Frédéric Epaud : « Outre leur faible diamètre, la majorité de ces chênes [formant la charpente] étaient jeunes, âgés en moyenne de 60 ans avec des croissances rapides. »

3. Il faudrait une quantité énorme de bois, ce qui n'est pas écologique et dévasterait des forêts entières [préservation de l'environnement = PUR + intérêt général = CIVIQUE]. *Écoutons là encore Jean-Michel Wilmotte qui avance le chiffre de 22 hectares de forêt, mais d'autres étaient encore plus alarmistes.*

C'est faux. Comme le rappelle Frédéric Epaud (et nous le citons ici in extenso*) : « L'abattage de 1 000 chênes ne représente pas un inconvénient puisque le pays dispose de la plus grande forêt d'Europe avec 17 millions d'hectares de forêts dont 6 millions en chênaies, en constante* *augmentation depuis des années. Le prélèvement ne se ferait certainement pas par coupe rase comme on l'avait souvent répété puisque les futaies actuelles sont différentes de celles du* XIIIe *siècle (dont 3 hectares suffisaient) et que ces "petits" chênes sont dispersés dans les peuplements actuels. Leur abattage se ferait donc par furetage avec des coupes individuelles ciblées au sein des futaies, limitant ainsi l'impact écologique sur les écosystèmes forestiers. Rappelons que la fabrication du bateau* L'Hermione *a prélevé par furetage 2 000 chênes, soit le double que pour Notre-Dame, sans que cela n'ait causé le moindre souci environnemental. »*

4. La reconstitution d'une charpente en bois serait beaucoup trop longue. « Si on veut utiliser un système traditionnel, ce sera bien plus que cinq ans » affirme ainsi, encore lui, Jean-Michel Wilmotte [OPÉRATOIRE].

C'est faux. Selon Frédéric Epaud : « Le temps nécessaire à la réalisation d'une charpente à chevrons-formant-fermes est connu et n'est pas si important que l'on imaginerait. La construction de la charpente du XIIIe *siècle de la cathédrale de Bourges aurait réclamé seulement 19 mois de travail pour une équipe de 15-20 charpentiers, de l'équarrissage des 925 chênes au levage des fermes. » Cela ne constitue évidemment qu'un élément de la restauration à mener, et seulement une fois que les travaux pourront commencer, c'est-à-dire raisonnablement pas avant deux ou trois ans minimum.*

Il est donc possible de refaire une charpente à l'identique (ou en partie à l'identique) [authenticité = PUR]. *La question désormais est de savoir si cela est souhaitable. Nous n'avons pour notre part, et pour l'instant, aucune opinion à ce sujet. Nous avons entendu pourtant à ce sujet beaucoup de choses, notamment que le bois n'était pas un matériau « moderne »* [amplificateur = NOUVEAUTÉ]. *Or de très nombreux architectes affirment que c'est le contraire qui est vrai (et ils ont raison, le retour du bois en architecture nous avait frappé depuis quelque temps), qu'on construit désormais beaucoup en bois et qu'il s'agit bien d'un matériau contemporain* [amplificateur = NOUVEAUTÉ].

La question semble maintenant plutôt porter sur les risques : la structure peut-elle encore supporter le poids d'une telle charpente ? Celle-ci ne sera-t-elle pas une nouvelle fois trop dangereuse du point de vue de l'incendie ? Veut-on voir à nouveau une charpente en bois flamber ? [OPÉRATOIRE + ÉTHIQUE] *Mais personne, à ma connaissance, ne s'est intéressé aux précautions « modernes » qu'il est peut-être possible de prendre pour une hypothétique nouvelle charpente en bois, ni sur les risques d'incendie et d'écroulement que pourraient présenter aussi d'autres matériaux. On parle beaucoup du métal. Mais sait-on, par exemple, que la nef du Grand Palais, construite en métal, présente ou au moins présentait une résistance au feu absolument dérisoire ?* [OPÉRATOIRE + ÉTHIQUE + TECHNIQUE.]

Tout cela plaide, une fois de plus, sur la nécessité de prendre son temps [lenteur = OPÉRATOIRE + amplificateur = PÉRENNITÉ]. *De laisser faire les spécialistes* [ÉPISTÉMIQUE + TECHNIQUE], *de ne rien décider dans la précipitation. Soit l'inverse de ce que fait aujourd'hui le gouvernement.*

Conclusion

Nathalie Heinich

À la fin des années 1990, le regretté Daniel Fabre avait choisi le thème des « émotions patrimoniales » pour fédérer une équipe de chercheurs réunis au sein du laboratoire qu'il avait créé, le LAHIC[1]. Il s'agissait de travailler collectivement sur des cas de mobilisations populaires en faveur d'un patrimoine menacé soit par des projets de modernisation des abords, soit par des destructions accidentelles[2]. C'est dans la continuité de cette initiative qu'a été conçu le présent ouvrage, hommage à un remarquable anthropologue trop tôt disparu.

Au sein des « émotions collectives » déjà théorisées par les sciences sociales[3], les émotions patrimoniales occupent une place particulière, qui tient bien sûr au fort investissement du patrimoine en tant que bien commun, renvoyant à la fois au passé, par son origine, et à l'avenir, par le devoir de transmission qu'il véhicule. Et parmi ces

1. Laboratoire d'anthropologie et d'histoire sur l'institution de la culture (CNRS-EHESS-ministère de la Culture).

2. Les résultats de ces travaux ont fait l'objet en 2013 d'un ouvrage collectif publié sous sa direction, *Les Émotions patrimoniales*, Paris, Éditions de la Maison des sciences de l'homme, 2013.

3. Voir Laurence Kaufmann, Louis Quéré (dir.), *Les Émotions collectives*, Paris, EHESS, 2020.

émotions patrimoniales certains cas sont particulièrement emblématiques par leur intensité, mesurée à plusieurs indicateurs : le nombre de personnes concernées, l'extension de la diffusion médiatique des manifestations émotionnelles, leur durée dans le temps. À ces trois titres, l'incendie de Notre-Dame de Paris constitue un cas d'école pour l'étude des catastrophes liées au patrimoine : les réactions ont été à la fois immédiates, et elles durent encore ; elles se sont étendues au monde entier ; et leur écho médiatique a été spectaculaire.

Les émotions comme révélateurs de valeurs

Une émotion patrimoniale porte sur un édifice ou un objet considéré comme faisant partie du patrimoine commun, c'est-à-dire de cette catégorie de choses que, selon l'anthropologue Maurice Godelier, une communauté se doit de conserver pour les transmettre, et qu'il est donc interdit de donner ou d'échanger[1]. Ce statut patrimonial résulte de l'attribution d'une valeur exceptionnelle, qui a la particularité de se manifester non pas par l'octroi d'un prix élevé, comme pour les objets ordinaires soumis à la circulation marchande, mais par deux autres catégories de formes d'attribution de valeur : les jugements, qui passent par des mots (« magnifique », « monumental », « sublime », etc.) ; et, surtout, les attachements, qui s'expriment soit par des mots soit par des attitudes (le silence, l'immobilité, le recueillement, l'observation admirative) ou par des expressions

1. Voir Maurice Godelier, *L'Énigme du don*, Paris, Fayard, 1996.

corporelles (exclamations, larmes, etc.)[1]. Dans le cas des émotions patrimoniales, jugements et attachements ont la particularité de ne pas en rester au niveau individuel mais de se produire au niveau collectif, chez un grand nombre de personnes, dans une temporalité restreinte, et qu'elles soient ou non réunies dans un même lieu – les réseaux sociaux permettant de constituer des collectifs émotionnels informels et à distance.

L'émotion est, très souvent, l'indice qu'une valeur a été considérée comme atteinte ou transgressée : d'où, pour le sociologue, l'intérêt d'étudier les manifestations émotionnelles en tant que révélateurs des valeurs partagées par les acteurs[2]. La remarque en a été faite par le philosophe Pierre Livet, qui propose de voir dans l'émotion la réaction à une différence, une dissonance, un « différentiel » entre une situation et nos « orientations » ou nos « dispositions »[3]. Celles-ci incluent les valeurs, en tant que représentations mentales de ce qui vaut, de ce à quoi l'on attribue de l'importance, une certaine grandeur. Ainsi les émotions « nous révèlent nos valeurs, en un sens assez voisin de celui dans lequel nos choix nous révèlent nos préférences[4] ».

Mais les émotions ne sont pas des expressions directes des valeurs : elles n'en sont que des effets indirects, exprimés dans un langage qui n'est pas celui, verbal, du jugement de valeur mais celui, corporel, de la réaction physiologique. L'émotion est alors la réponse à l'activation d'une valeur

1. Voir Nathalie Heinich, « Axiologie du précieux. Essai de modélisation », *Gradhiva*, 30, 2019, p. 93-107.

2. Voir Nathalie Heinich, « Esquisse d'une typologie des émotions patrimoniales », *in* Daniel Fabre (dir.), *Émotions patrimoniales*, *op. cit.*, p. 195-210.

3. Pierre Livet, *Émotions et rationalité morale*, Paris, Puf, 2002, p. 23.

4. *Ibid.*, p. 177-178.

ou, plus encore, à sa transgression : ainsi la preuve du patrimoine est, pourrait-on dire, qu'on en est ému. Et la chose est encore plus patente s'agissant d'émotions collectives, autrement dit, toujours selon Livet, celles qui sont « partagées par d'autres » et éprouvées « dans des activités coordonnées »[1]. Cette question du partage des émotions intéresse directement leur connexion avec les valeurs, tant il est vrai que « partager ses émotions, c'est s'assurer que les autres confirment qu'elles manifestent une sensibilité à des valeurs reconnues »[2].

Les jugements de valeur exprimés à propos de l'incendie de Notre-Dame – qu'il s'agisse de l'incendie lui-même, de la cathédrale, ou des comportements des divers témoins ou protagonistes – possèdent une double fonction, comme le révèle l'analyse des différents corpus constitués pour analyser ce cas remarquable d'émotion patrimoniale. La première fonction est expressive, comme on l'a vu surtout dans les trois premiers chapitres, où les déclarations ont essentiellement pour fonction d'affirmer ou de réaffirmer la « valeur » de Notre-Dame, à la fois au premier sens du terme (sa grandeur : valeur-grandeur) et au deuxième sens (son statut de bien : valeur-objet).

La deuxième fonction est argumentative, comme on l'a vu dans les chapitres dédiés aux différentes controverses, qu'il s'agisse de l'usage des selfies, des dons, de la reconstruction de la charpente et de la flèche, ou des dispositions juridiques : là, c'est la valeur au troisième sens du terme (valeur-principe) qui est sollicitée de façon à justifier critiques et préconisations. Ces deux fonctions, expressive et argumentative, peuvent bien sûr se combiner, comme on

1. *Ibid.*, p. 124.
2. *Ibid.*, p. 134.

le voit notamment au dernier chapitre avec les discours institutionnels vantant les travaux des scientifiques œuvrant pour la cathédrale.

Une troisième fonction enfin est perceptible dans ce large éventail de prises de position : la fonction de production d'un sens qui permette de compenser, fût-ce symboliquement, la perte subie. Face à cet incendie perçu comme un accident dépourvu de sens (sauf celui, assez vite esquivé, des carences en matière de surveillance du bâtiment et d'établissement des responsabilités), l'expression de l'émotion, intimement couplée avec l'affirmation de la valeur, fait peut-être aussi office de récupération d'une capacité d'action par la symbolisation, l'attribution de sens à l'événement ou de significations à l'objet dévasté.

Cette entrée par les émotions éclaire les raisons pour lesquelles Notre-Dame illustre remarquablement toutes les propriétés du bien patrimonial : elle nous relie à la fois, dans l'espace, à une communauté élargie à l'échelle planétaire (valeur d'universalité) et, dans le temps, à nos ancêtres comme à nos descendants (valeur de pérennité) ; son unicité lui confère un statut hors du commun qui la rend irremplaçable (valeur de rareté) ; enfin, elle est porteuse de différentes valeurs hautement prisées, comme on l'a vu au fil des chapitres – y compris des valeurs qui s'opposent à la conception patrimoniale. D'où l'intensité de l'émotion suscitée par l'incendie ; mais d'où aussi, pour le sociologue, le caractère heuristique de cette émotion en tant que révélatrice de la multiplicité des valeurs investies dans un objet patrimonial.

Apports de l'analyse axiologique

L'exercice de sociologie axiologique mené dans cet ouvrage aura sans doute dérouté bien des lecteurs familiers avec une sociologie beaucoup mieux connue. Tout d'abord, l'approche axiologique oblige à dissocier les valeurs des domaines d'activité : valeurs et domaines ne se superposent pas mais sont, si l'on peut dire, orthogonaux les unes par rapport aux autres[1]. Ici ont été traités successivement les domaines relevant de la politique, de la religion, de l'éthique, de l'économie, de la technique, de l'histoire de l'art, du droit et de la science. Or, les mêmes registres de valeurs se retrouvent dans chacun de ces domaines, même si de façon plus ou moins marquée et selon des configurations spécifiques – et c'est cette spécificité qui confère à chaque domaine sa « couleur axiologique ». Par exemple, un monument religieux donne prise à bien d'autres qualifications que par le registre mystique de la spiritualité et de la transcendance, que l'on attendrait spontanément. Et son appartenance au patrimoine n'implique pas que les registres pur, domestique et civique, et la valeur de pérennité et d'universalité, soient exclusifs dans les arguments. Cette absence d'homothétie entre domaines et valeurs est un apport fondamental du modèle axiologique, qui le rend non redondant avec, par exemple, une théorie des « champs » selon Pierre Bourdieu ou des « mondes » selon Howard Becker.

1. Cette orthogonalité avait été bien soulignée par Luc Boltanski et Laurent Thévenot à propos des « cités » ou des « mondes » qu'ils avaient pu repérer dans les processus de justification des actions, relativement aux origines sociales des acteurs (voir *De la justification. Les économies de la grandeur*, Paris, Gallimard, 1991).

Dans le même ordre d'idées, le lecteur aura également pu s'étonner de l'absence de croisement systématique des jugements de valeur analysés avec la position sociale des locuteurs – opération qui fait partie du répertoire de base de la sociologie explicative depuis l'invention des méthodes statistiques de recueil d'opinions ou de conduites. Dans notre modèle d'analyse l'identification des évaluateurs peut, certes, être prise en compte (notamment, ici, lorsqu'il s'agit d'isoler les prises de parole des politiques ou les déclarations des prélats), mais la place des catégories socioprofessionnelles est beaucoup moins centrale dans l'analyse – et en tout cas pas plus que la prise en compte des propriétés de l'objet évalué et des contextes d'évaluation – du fait qu'à l'habituelle perspective explicative (mettre en évidence les causalités extérieures) a été substituée une perspective compréhensive (expliciter les raisons des acteurs, en termes de conformité aux valeurs). Cela n'empêche pas, nous l'avons vu, de repérer des corrélations entre certains choix axiologiques et certaines positions politiques, mais cette prise en compte des variations d'opinions selon les coordonnées partisanes n'est pas plus importante que la mise en évidence d'un répertoire axiologique commun, relevant de l'approche grammaticale.

En conséquence, la moindre attention donnée à l'explication, couplée à la méthode pragmatique consistant à ne travailler que sur des jugements spontanément émis par les acteurs (à l'exclusion de réponses à des questionnaires ou à des entretiens), ôte toute pertinence à la notion de représentativité de l'échantillon, puisqu'il ne s'agit pas d'extrapoler un résultat à une catégorie tout entière : la seule extrapolation qui nous intéresse ici est le passage d'un jugement particulier à la « grammaire » générale dont il fournit un exemple et qu'il permet de mettre en évidence. L'analyse se déporte forcément vers les catégories de locuteurs ayant le plus accès à l'expression publique des opinions, au détriment des catégories les moins favorisées, qui pâtissent des filtres exercés par les médiateurs ou des logiques attentionnelles propres à Internet. Mais cela n'enlève rien à la validité de l'analyse puisque, encore une fois, dans la perspective compréhensive la représentativité n'a pas de pertinence.

Dans le même ordre d'idées, l'on aurait pu attendre un travail de quantification des occurrences correspondant aux différentes valeurs ou registres de valeurs. Mais un tel comptage n'aurait de sens que sur des corpus fermés[1], et dans une optique comparative, d'un corpus à l'autre. Plutôt qu'une quantification, l'analyse axiologique préfère s'intéresser à la « couleur axiologique » d'un domaine ou d'un événement, permettant de considérer certaines évaluations comme doxales, d'autres comme paradoxales.

La métaphore de la « couleur axiologique » renvoie par ailleurs à une autre caractéristique essentielle de l'analyse axiologique : c'est qu'elle suit une logique typologique – en termes de « plus ou moins », sur une échelle continue – et non pas une logique catégorielle, fondée sur des catégories exclusives les unes des autres. Ainsi les valeurs n'entrent pas forcément en compétition les unes avec les autres mais, au contraire, se cumulent volontiers, y compris parfois lorsqu'elles sont très hétérogènes voire antinomiques (par exemple les registres économique et civique, ou aesthésique et éthique). D'ailleurs l'accumulation de valeurs appartenant à des registres variés constitue une modalité très prisée de

1. C'est ce qui avait été tenté avec les graffitis sur les panneaux du chantier de l'installation de Daniel Buren au Palais-Royal en 1986 : voir Nathalie Heinich, *L'Art contemporain exposé aux rejets. Études de cas*, Paris, Jacqueline Chambon, 1998.

valorisation d'un objet, comme le cas de Notre-Dame le montre remarquablement.

Une autre entorse à l'habituel « logicisme » est le respect des ambivalences qui, très souvent, caractérisent les positions axiologiques des acteurs. Là où la politologie tend à opposer des « camps » politiques antinomiques (du type gauche/droite), la sociologie axiologique explicite les soubassements axiologiques propres aux positions des acteurs, beaucoup plus labiles et vulnérables aux contextes que ne le sont des appartenances partisanes. L'ambivalence des acteurs – leur capacité à endosser des valeurs antinomiques – devient dans cette perspective non plus une exception qui mettrait en cause le modèle et qu'il faudrait donc s'attacher à réduire mais, bien plutôt, la norme. L'exception, ce sont plutôt les situations où aucune hésitation, aucune ambiguïté ne vient brouiller l'évidence d'un choix.

Nous avons évoqué à plusieurs reprises l'importance du contexte dans les situations d'attribution de valeur, et le présent ouvrage en aura donné maints exemples, qu'il s'agisse du contexte temporel ou du contexte situationnel, depuis le niveau « micro » d'une interaction jusqu'au niveau « macro » d'une culture. Cette donnée a une conséquence notable : la difficulté (sinon l'impossibilité) à automatiser l'analyse des énoncés, étant donné la complexité et la multiplicité des paramètres qu'il faudrait injecter dans le programme : le statut sémiotique des énoncés (car seuls les jugements de valeur peuvent faire l'objet de l'analyse), les glissements dans la nature des sujets, des objets et des contextes d'énonciation, le facteur temporel et le facteur spatial, les degrés d'explicitation des valeurs (car il existe une différence entre un énoncé explicitement normatif et un énoncé qui ne l'est qu'implicitement, obligeant ainsi l'analyste à interpréter) – etc. Mais il serait intéressant de comparer les résultats du travail qui a été fait ici « à la main » en mobilisant l'intuition des chercheurs, avec ceux qui pourraient être obtenus sur les mêmes corpus par un traitement automatisé. Avis donc aux spécialistes qui souhaiteraient réaliser cette expérimentation...

Enfin, cet exercice collectif aura sans doute dérouté également les lecteurs qui attendent d'une proposition sociologique qu'elle s'inscrive clairement et unilatéralement dans une école de pensée unique, dont elle aurait à charge de démontrer la supériorité[1]. À rebours de cette conception quasi clanique du travail de recherche, le présent ouvrage prétend illustrer empiriquement ce qui avait été énoncé théoriquement dans *Des valeurs*, à savoir l'utilité voire la nécessité de conjoindre des approches communément considérées comme incompatibles : ici, l'approche structuraliste, à laquelle renvoie la notion de « grammaire » axiologique, et l'approche interactionniste, dont relève l'attention systématique aux échanges entre acteurs et aux situations concrètes dans lesquelles ils se produisent[2]. Et seule cette attention conjointe aux soubassements implicites et aux conditions effectives d'apparition des jugements de valeur permet de rendre perceptible et intelligible l'ordre sous-jacent à leur apparente anomie.

1. Pour une critique de cette conception du travail intellectuel, voir Nathalie Heinich, *Le Bêtisier du sociologue*, Paris, Klincksieck, 2009.

2. Cette association – certes paradoxale – entre approche structuraliste et approche interactionniste a été explicitée et défendue au dernier chapitre de *Des valeurs* (*op. cit.*). Pour un développement de cette proposition, voir Nathalie Heinich, *La Cadre-analyse d'Erving Goffman. Une aventure structuraliste*, Paris, CNRS Éditions, 2020.

Conclusion

Un cas particulier

Par rapport à d'autres cas d'émotions patrimoniales, l'incendie de Notre-Dame de Paris revêt plusieurs spécificités. L'une d'elles, sur le plan spatial, est son caractère d'emblée international, qui est la conséquence du statut effectif de son objet, « patrimoine de l'humanité ». Une autre, sur le plan spatiotemporel, est l'extension et l'accélération du partage émotionnel grâce aux réseaux sociaux – phénomène qui n'existait guère encore lorsque la thématique des émotions patrimoniales a été lancée. Mais ces réseaux sociaux ne font qu'étendre dans l'espace et accélérer dans le temps ce besoin de partage qui accompagne l'épreuve émotionnelle : rien n'indique (sous réserve d'une enquête à mener) qu'ils en modifient qualitativement la teneur. De même que, en matière de ragots, ils ne font qu'en élargir la pratique à l'échelle planétaire, de même, en matière d'émotions collectives, ils ne font que les rendre plus largement et immédiatement partagées, en même temps qu'ils imposent une mise à distance puisque, face à son ordinateur, sa tablette ou son smartphone, on ne peut pas pleurer dans les bras les uns des autres.

L'analyse a permis de faire apparaître une autre spécificité encore : la tendance à traiter Notre-Dame comme un « objet-personne », une chose dotée à la fois d'une valeur exceptionnelle et d'une insubstituabilité qui la rendent homologue d'une personne humaine et lui confèrent le statut, à la fois, d'une œuvre d'art, d'un fétiche, et d'une relique – privilège redoublé du fait qu'elle contient aussi des œuvres d'art (les tableaux), des fétiches (la croix) et des reliques (la Couronne d'épines). D'où l'enjeu majeur du sauvetage avec, au cœur du danger, la mise en balance des vies humaines (les pompiers), de l'objet-personne que constitue la cathédrale, et des objets-personnes qu'elle renferme[1].

Une autre spécificité du cas de Notre-Dame est la faible pertinence du premier sens de la « valeur », à savoir la « valeur-grandeur » : il va de soi en effet, pour tout un chacun, que cet objet possède une grande valeur, et il n'est donc pas besoin d'argumenter pour s'en assurer. En revanche le deuxième sens – celui de « valeur-objet » – est très sollicité par ceux qui s'expriment publiquement pour exprimer leur émotion, en rivalisant de qualificatifs laudatifs tels que « joyau », « merveille », « trésor », etc. : il s'agit là, simplement, de réaffirmer le consensus quant au fait que Notre-Dame est bien une « valeur », au deuxième sens du terme, c'est-à-dire un bien commun de tout premier ordre.

Plus complexes sont les prises de position en situation de controverse, qui obligent les acteurs à mobiliser différentes « valeurs » au troisième sens, autrement dit les principes axiologiques au nom desquels de « la » valeur, au premier sens, est attribuée à un objet qui devient de ce fait « une » valeur, au deuxième sens. Ainsi peuvent s'opposer les valeurs de sacralité ou de communauté nationale, selon qu'on mobilise le registre mystique du culte catholique ou le registre civique du bien commun à tous les citoyens ; les valeurs d'ancienneté et d'authenticité, ou bien les valeurs de modernité et d'originalité, selon qu'on préconise la restauration à l'identique ou le « geste architectural » ; les valeurs d'universalité, insistant sur la résonance internationale de

1. Une mise en balance qui trouve toutefois ses limites lorsque, dans le film de Jean-Jacques Annaud, *Notre-Dame brûle* (2022), un responsable des pompiers répond au gradé qui demande des volontaires pour un commando suicide : « Mes hommes ont appris à sacrifier leurs vies pour sauver d'autres vies, mais pas pour sauver des pierres. »

l'événement, ou au contraire de familiarité, avec l'appartenance au cadre de vie des Parisiens, etc.

L'on aura vu ainsi, de chapitre en chapitre, l'affirmation réitérée du statut de trésor conféré à Notre-Dame, accumulant tous les attributs d'une grandeur supérieure ; l'affirmation de son appartenance ontologique à une communauté nationale voire planétaire, avec la mobilisation de ces registres de valeurs typiquement patrimoniaux que sont le registre pur de l'authenticité, le registre civique du bien commun et le registre domestique du lien communautaire, amplifiés par l'ancienneté et l'universalité ; la relativisation du désastre par l'affirmation, à l'inverse, de son appartenance ontologique au catholicisme et à ses valeurs mystiques et éthiques plutôt qu'au patrimoine ; l'affirmation de sa grandeur par l'image et par le rappel à l'ordre des grandeurs relatives à propos des comportements de déploration lorsqu'ils s'appuient sur le registre réputationnel ; l'affirmation de sa grandeur par les dons et le rappel à l'ordre des conditions de légitimité de l'acte de donner ; les raisons axiologiques de la préférence accordée au bois pour la reconstruction de la charpente, avec la prégnance du registre pur associé au registre civique dans l'argument écologique ; les raisons axiologiques de la préférence accordée à la restauration de la flèche conformément au dernier état connu, avec le soutien du registre juridique ; la diversité des appuis axiologiques associés à ce registre dans la discussion et l'établissement de la loi sur Notre-Dame ; et, enfin, les efforts d'association du registre civique et du registre épistémique dans les discours officiels dédiés à la valorisation du chantier scientifique.

Enfin l'analyse a permis de faire apparaître le principal point de discorde, tenant à la double ontologie du bâtiment, à la fois lieu de culte et monument historique. En affirmant son appartenance à l'un ou l'autre domaines, les acteurs semblent énoncer un jugement de fait alors qu'il s'agit d'un choix de positionnement et de définition de l'objet qui n'a rien d'objectif et entraîne des controverses – ce choix ontologique se retraduisant en choix axiologique des principes d'évaluation considérés comme pertinents. L'appartenance est donc bien une modalité de « qualification » de l'objet, au double sens de définition et de valorisation : un objet qui, bien qu'il paraisse d'une grande stabilité (« Notre-Dame de Paris »), voit sa qualification se modifier selon les locuteurs et les contextes. Dans cette controverse plus ou moins explicite entre les deux appartenances se rejoue, plus d'un siècle après, la loi de 1905 sur la séparation des Églises et de l'État, avec la place respective du sacré et du profane, de l'esprit et de la pierre, du culte et de la culture. Cependant, grâce à cette loi, la cathédrale est devenue propriété de la Nation : ce pourquoi s'y applique en priorité la législation sur les monuments historiques, mettant le droit en position de faire triompher l'argument patrimonial sur l'argument clérical.

Un fait axiologique total

Le cas de Notre-Dame va bien au-delà, nous l'avons constaté, des valeurs traditionnellement mobilisées dans les cas d'atteinte au patrimoine, à savoir la beauté, la significativité et, surtout, l'authenticité, valeur fondamentale car commune à tous les maillons de la chaîne patrimoniale en tant qu'elle établit la continuité du lien entre l'état actuel et l'état d'origine : une continuité soumise, bien sûr, à toutes sortes d'aléas, que discutent avec passion les spécialistes, comme nous l'ont notamment rappelé les évocations de Viollet-le-Duc et de ses choix de restauration au XIXe siècle. À ces trois « valeurs-principes » propres à tout objet patrimonial s'ajoutent l'universalité et la pérennité (dont fait partie l'ancienneté), amplificateurs de valeur susceptibles de s'associer aux valeurs-principes pour en augmenter la force axiologique[1]. Même cet autre amplificateur qu'est la rareté est invoqué à l'appui de l'exceptionnalité du monument, ajoutant au régime de communauté le régime de singularité – celui-ci étant également présent, quoique marginalement, dans les propositions de reconstruction de la flèche par un « geste architectural ».

De fait, l'incendie de Notre-Dame de Paris coche le plus grand nombre de cases qu'on puisse imaginer dans le répertoire axiologique propre à notre culture, dans une intrication constante entre l'extrême valorisation de l'objet « cathédrale » et l'extrême dévalorisation, en miroir, de l'objet « incendie ». Il y a tout d'abord le registre pur, appliqué notamment à la question de ce qu'il faut ou pas reconstruire ; le registre esthétique, avec l'accent mis sur la beauté et la monumentalité, ou encore le rôle du bon goût invoqué plus ou moins explicitement par certains historiens d'art ; le registre domestique, avec l'attachement au lieu, la recherche de proximité avec la cathédrale, la présence sur place ; le registre affectif, avec les manifestations émotionnelles d'attachement et de détresse ; le registre économique, avec la question du financement de la reconstruction, ainsi que les effets sur le tourisme et le commerce local ; le registre civique, notamment à propos de la question du

1. Voir Nathalie Heinich, *La Fabrique du patrimoine. De la cathédrale à la petite cuillère*, Paris, Éditions de la Maison des sciences de l'homme, 2012.

deuil national ; le registre mystique, avec la mise en avant du culte religieux face à l'appropriation laïque ; le registre éthique, avec l'héroïsme des pompiers prêts à se sacrifier pour le bien commun, les critiques envers les auteurs de selfies, ou les gestes très commentés des mécènes offrant une part de leur fortune ; le registre réputationnel, avec les risques de détournements des hommages en publicité pour leurs auteurs ; le registre épistémique, avec la référence au savoir et à la science ; le registre technique, avec les discussions sur les matériaux et l'invocation de la compétence des experts ; le registre opératoire, avec les débats sur les choix techniques les plus appropriés pour la résistance aux incendies ou la rapidité d'exécution des travaux ; le registre juridique, avec la question du respect des réglementations et des chartes régissant la restauration des monuments historiques ; les moins présents sont le registre aesthésique (*via* la référence aux sensations éprouvées face au monument ou à l'incendie) et le registre ludique (*via* les plaisanteries publiées sur les réseaux sociaux). Enfin les amplificateurs que sont l'ancienneté et l'universalité sont très sollicités, manifestant l'importance accordée au régime de communauté, dans le temps et dans l'espace. Et l'on voit même à l'œuvre la tension entre régime de communauté et régime de singularité.

Multiplicité des registres de valeurs engagés, force des amplificateurs, basculements entre régimes de qualification et, enfin, sollicitation des trois sens du mot « valeur » (la grandeur, le bien, le principe) : si tout événement est un « fait axiologique », c'est-à-dire une réalité engendrant de multiples attributions de valeur, cet événement exceptionnel que fut l'incendie de Notre-Dame de Paris ne serait-il pas – pour paraphraser Marcel Mauss – *un fait axiologique total* ?

Annexe 1

Liste des registres de valeurs[1]

Aesthésique : plaisir, gourmandise, sensorialité, sensualité...
Affectif : attachement, émotion, amour, tendresse, sensibilité...
Civique : responsabilité, patriotisme, sens de l'intérêt général...
Domestique : proximité, présence, lien, entraide, protection...
Économique : cherté, coût, juste prix...
Epistémique : vérité, connaissance, savoir...
Esthétique : beauté, art...
Éthique : moralité, fraternité, charité, sollicitude, décence, respect...
Herméneutique : sens, significativité...
Juridique : légalité, conformité aux règlements...
Ludique : jeu, humour, distanciation, exploration, expérimentation...
Mystique : spiritualité, foi, sacralité...
Opératoire[2] : efficacité, utilité, commodité, sécurité...
Pur : pureté, authenticité, propreté, intégrité, sincérité...
Réputationnel : renom, réputation, honneur, célébrité, visibilité...
Technique : savoir-faire, performance, virtuosité...

1. Cette liste reprend celle qui est proposée dans Nathalie Heinich, *Des valeurs. Une approche sociologique*, *op. cit.*, p. 257. Sur ses modalités de construction, et ses différences et similitudes avec les « mondes » de justification ou les « cités » de Luc Boltanski et Laurent Thévenot, voir n. 1, p. 250.

2. Le terme « opératoire » a été substitué à « fonctionnel », utilisé dans *Des valeurs*, pour ajouter aux valeurs d'utilité et de commodité celles relatives à l'efficacité et à la force, et pour mieux prendre en compte la qualification des personnes et des actions, et non plus seulement des choses.

AMPLIFICATEURS ET RÉGIMES DE QUALIFICATION

	Régime de communauté	Régime de singularité
Espace	Universalité	Rareté
Temps	Pérennité	Nouveauté

Annexe 2

Analyse axiologique, mode d'emploi

(Consignes pour l'analyse de corpus)

1) Constituer le *corpus* en précisant : critères de sélection des items, support de publicisation, dates de début et de fin, éventuellement types d'énoncés ou statut des locuteurs (si pertinent).
2) Identifier le *genre* du texte : plutôt expressif (en cas de consensus) ou plutôt argumentatif (en cas de controverse). C'est cette seconde catégorie qui se prête le mieux à l'analyse axiologique.
3) Pour chaque énoncé, observer son *statut dialogique* : descriptif, évaluatif ou prescriptif. Attention : il peut s'agir d'une description d'évaluation (description d'attachement : les larmes de l'énonciateur ; description de mesure : le prix ; description de jugement : les propos d'un passant rapportés par un journaliste). L'analyse axiologique ne devrait s'appliquer qu'aux évaluatifs, qu'ils soient directs ou rapportés dans une description.
4) Identifier les *trois dimensions* de toute attribution de valeur : le sujet (statut de l'énonciateur ; ex : un parlementaire), l'objet (ex : NDP, les pompiers, la France...), et le contexte (ex : sur place, représentation nationale, diplomatie internationale...).
5) Pour chaque énoncé, dégager le *type de valeur* mobilisé : valeur-grandeur (souvent implicite à travers attachements

et jugements), valeur-objet (« joyau », « merveille », « trésor », etc.), ou valeur-principe (« sacralité », « beauté », « authenticité », etc.).

6) Pour chaque énoncé, identifier la *forme* d'attribution de valeur : mesure s'il y en a (peu probable dans le cas NDP), attachement (notamment *via* l'expression verbale de l'émotion), jugement de valeur.
7) Pour chaque énoncé, repérer sa place dans la *pyramide axiologique* : explicitation éventuelle des prises, critères, valeurs-principes, amplificateurs de valeurs, régimes de qualification.
8) Reprendre l'ensemble du texte et *surligner* tous les énoncés relevant du sens 3, c'est-à-dire jugements de valeur explicitant une valeur-principe ou un amplificateur, éventuellement accompagnés des prises et des critères.
9) Ensuite seulement, procéder à *l'analyse typologique* des items soulignés en valeurs/registres de valeurs/amplificateurs/régimes de qualification.
10) Faire une synthèse des résultats en faisant ressortir la « *couleur axiologique* » dominante.

Les auteurs

Franck Beuvier est anthropologue, chargé de recherche au CNRS et membre de l'Institut des mondes africains (IMAF – UMR 8171). Attentif aux questions relevant de l'anthropologie de l'art et de la culture, il a travaillé sur différentes modalités d'attribution de la valeur.

Nicole Dyonnet est maîtresse de conférences honoraire en histoire moderne à l'université d'Orléans. Dernière publication : *Nicolas Delamare, théoricien de la police* (2018).

Pablo Fontoura est titulaire d'un doctorat de l'EHESS en esthétique. Il est actuellement post-doctorant au CRAL (EHESS), où il travaille sur l'expérience esthétique du sublime tout en menant des expériences empiriques relatives aux sciences du patrimoine.

Nathalie Heinich est sociologue, directrice de recherche (classe exceptionnelle) au CNRS, membre du CRAL (EHESS), spécialisée en sociologie de l'art, sociologie de l'identité et sociologie des valeurs.

Jacques de La Porte des Vaux est maître de conférences en droit public à l'Université Paris-Saclay, rattaché à l'Institut d'études de droit public (IEDP) et auteur d'une thèse intitulée *La valorisation des biens publics mobiliers* soutenue à la faculté de droit de Sceaux.

Quentin Mazel est docteur en études cinématographiques et audiovisuelles de l'université Sorbonne Nouvelle-Paris 3, chercheur associé au sein de l'Ircav. Il a soutenu une thèse sur l'économie des genres cinématographiques en France et publié plusieurs articles, notamment sur la critique et les publics des films.

Tsolag Paloyan, normalien, certifié en philosophie, doctorant en études théâtrales à l'Institut de recherche en études théâtrales de la Sorbonne Nouvelle, rédige une thèse sur la construction des « couples » littéraires.

Vincent Timsit est doctorant en sociologie au CRAL (EHESS), où il prépare une thèse consacrée à la pratique des selfies devant les hauts lieux patrimoniaux.

Table

Table

Composition et mise en pages
Nord Compo à Villeneuve-d'Ascq

Certifié PEFC
10-31-3532
Ce produit est issu de forêts gérées durablement et de sources contrôlées
www.pefc-france.org

Imprimé en France sur papiers
issus de forêts gérées durablement

Sepec Numérique

1, rue de Prony - ZA des Bruyères
01960 Peronnas

IMPRIM'VERT®

Achevé d'imprimer en mars 2024
Numéro d'impression : N17932240193